Wolfgang Weyrather
Heinz Hillebrands
Walter Lauer

Wir leben und arbeiten in Gemeinschaften

Lehr- und Arbeitsbuch für die gewerbliche und hauswirtschaftliche Berufsvorbereitung

36. Auflage

Bestellnummer 06401

Vorwort

In der **Neuauflage** dieses bewährten Arbeitsbuchs wurden Lerninhalte, Texte und Illustrationen durchgängig aktualisiert und um wichtige Themen wie Einbürgerungsrecht, Pflegeversicherung und Unfallverhütung erweitert.

Das Buch wendet sich an junge Menschen, die in die Arbeitswelt hineinwachsen und auf dem Weg sind, mündige Staatsbürger zu werden. Es beinhaltet Themen der Fächer **Politik/Sozialkunde**, **Wirtschaftslehre/-kunde mit Deutsch** und **Grundlagen der Mathematik**.

Ziel dieses Buches ist es, die Jugendlichen zum kritischen Mitdenken in unserem demokratischen Staatswesen aufzufordern. Wer aber etwas beurteilen und sein Handeln nach dem Urteil richten will, muss zunächst informiert werden.

Jungen Menschen vermittelt dieses Arbeitsbuch Grundkenntnisse über politische Sachverhalte und gibt Orientierungshilfen, die ihnen den Weg zur politischen Kritikfähigkeit ebnen.

Die wirtschaftskundlichen Themen sind so ausgewählt, dass sie einen Einblick in das betriebliche Geschehen und das Gefüge der Wirtschaft geben.

Zur Vertiefung und Wiederholung des Gelernten gehören zu jedem Stoffgebiet Arbeitsblätter. Diese ergänzen sich mit den Informationsblättern zu einer Einheit.

Die Themen aus den Bereichen Deutsch und Grundlagen der Mathematik sind so aufgebaut, dass sie dem jeweiligen Leistungsstand der Lernenden angepasst werden können. Die Mathematik dient in vielen Fällen der Vertiefung der Lernabschnitte in den Fächern Politik und Wirtschaftslehre.

Dieses Lehr- und Arbeitsbuch verhilft dem Jugendlichen zu der Erkenntnis, dass es sich lohnt, in unserem Staat zu leben und mitzuwirken.

Das Buch erleichtert es dem Lehrer, den Unterricht rationell und fruchtbringend zu gestalten.

Diesem Buch liegt „MMM.MathematikMultiMedial" bei, eine CD mit Übungen, Aufgaben und Lösungen zum selbstständigen Mathematiktraining.

Die Verfasser

Haben Sie Anregungen oder Kritikpunkte zu diesem Buch?
Dann senden Sie eine E-Mail an **06401**@bv-1.de
Autoren und Verlag freuen sich auf Ihre Rückmeldung.

www.bildungsverlag1.de

Bildungsverlag EINS
Sieglarer Straße 2, 53842 Troisdorf

ISBN 978-3-427-**06401**-5

© Copyright 2008: Bildungsverlag EINS GmbH, Troisdorf
Das Werk und seine Teile sind urheberrechtlich geschützt. Jede Nutzung in anderen als den gesetzlich zugelassenen Fällen bedarf der vorherigen schriftlichen Einwilligung des Verlages.
Hinweis zu § 52a UrhG: Weder das Werk noch seine Teile dürfen ohne eine solche Einwilligung eingescannt und in ein Netzwerk eingestellt werden. Dies gilt auch für Intranets von Schulen und sonstigen Bildungseinrichtungen.

Inhaltsverzeichnis

Politik/Sozialkunde

Der Einzelne in der Gemeinschaft

1. Der Mensch als Einzelwesen lebt in Gemeinschaften 5
2. Ohne Ordnung geht es nicht ... 9
3. Mit dem Alter wachsen Rechte und Pflichten 13
4. Eine Ehe wird geschlossen 17
5. Jeder lebt in einer Familie 21

Information und Meinungsbildung

6. Zeitungen sind moderne Informationsquellen 25
7. Rundfunk und Fernsehen sind die Fenster zu Welt 29

Politik und Recht

8. Von den Grundrechten der Menschen 33
9. Von der Straffähigkeit 37
10. Der Streit zweier Bürger wird geschlichtet 41
11. Von der Straftat zur gerechten Strafe 45

Die politischen Parteien

12. Parteien vertreten die Meinungen der Bürger 49
13. Neben Parteien gibt es Interessenverbände 53
14. Ein Kandidat wird Abgeordneter 57

Parlament und Regierung als Orte rechtmäßiger politischer Entscheidungen

15. Zur Durchführung ihrer Aufgaben braucht die Gemeinde Geld 61
16. Die Gemeindevertretung wird von den Bürgern gewählt 65
17. Wir sind Bürger eines Staates .. 69
18. Wir leben in einem Bundesland . 73
19. Die Bundesrepublik Deutschland besteht aus Ländern 77
20. Die Symbole unseres Staates .. 81
21. Der Staat hat viele Aufgaben ... 85

Mathematik

Zusammenzählen – Addieren 8
Der Taschenrechner 12
Abziehen – Subtrahieren 16
Addieren und Subtrahieren in einer Aufgabe 20
Die Lebenshaltungskosten einer Familie 24

Addieren und Subtrahieren – Test .. 28
Malnehmen – Multiplizieren ganzer Zahlen 32

Malnehmen – Multiplizieren mehrstelliger Zahlen 36
Malnehmen – Multiplizieren von Dezimalbrüchen 40
Teilen – Dividieren mit ganzen Zahlen 44
Teilen – Dividieren von Dezimalbrüchen 48

Teilen – Dividieren durch Dezimalbrüche 52
Grundrechnungsarten – Test 56
Dreisatz: Einheit – Mehrheit/ Mehrheit – Einheit 60

Dreisatz: Von einer Mehrheit zu einer anderen Mehrheit (1) 64
Bei einer Wahl werden Stimmen gezählt 68
Dreisatz: Von einer Mehrheit zu einer anderen Mehrheit (2) 72
Prozentrechnung 76

Statistische Zahlen der Bundesrepublik und ihrer Länder .. 80
Dreisatz und Prozentrechnung – Test 84
Die Einnahmen und Ausgaben des Staates 88

Deutsch

Die Anschrift auf Postsendungen .. 6
Die Anschrift auf dem Briefumschlag 10
Die Entschuldigung 14
Die Anrede im Brief 18
Der Glückwunsch 22

Straßennamen 26
Das Komma 30

Urlaubsgesuch 38
Der Privatbrief (1) 42
Der Privatbrief (2) 46
Ordnungszahlen 50

Sprechen Sie deutlich und schreiben Sie richtig (1) 62
Sprechen Sie deutlich und schreiben Sie richtig (2) 66
Anforderung einer Urkunde 70
Trennen und schreiben Sie richtig (1) 78
Trennen und schreiben Sie richtig (2) 82
-lich, -ig oder -ich? 86

Inhaltsverzeichnis

Wirtschaftslehre/ Wirtschaftskunde

Der Jugendliche in der Wirtschafts- und Arbeitswelt

22 Der neue Lebensbereich 89
23 Von der Rechts- und Geschäftsfähigkeit 93
24 Der Arbeitsvertrag – Beginn und Kündigung 97
25 Ohne Organisation und Ordnung kann keine Arbeit gedeihen 101
26 Der Staat schützt die Jugendlichen vor körperlicher Überanstrengung 105
27 Bei Arbeitsstreitigkeiten hilft das Arbeitgericht 109

Die Vermittlung der Güter durch den Markt

28 Wir schließen einen Vertrag 113
29 Verträge müssen erfüllt werden 117
30 Wir bezahlen mit Bargeld 121
31 Viele kaufen auf Raten 125
32 Die Post übermittelt Geldbeträge 129

Wirtschaft und Gesellschaft

33 Die Sozialversicherung hilft bei Krankheit und Unfall 133
34 Auch alte Menschen und Arbeitslose sind gesichert 137

Politik und Wirtschaft

35 Der Betriebsrat hat viele Aufgaben 141
36 Die Gewerkschaften vertreten die Interessen der Arbeitnehmer 145

Die Bereitstellung der Güter durch die Produktion

37 Zur Herstellung eines Autos benötigt man Rohstoffe 149
38 Ohne Arbeit und Kapital kann kein Auto gebaut werden 153

Einkommensverwendung und Einkommensverteilung

39 Arbeitnehmer erhalten für ihre Arbeitsleistung Lohn 157
40 Banken und Sparkassen verwalten Geld 161
41 Vor Schulden wird gewarnt 165
42 Privatversicherungen helfen bei Schäden 169

Mathematik

Das Rechnen mit Längen 92
Winkelmaße 96
Flächenberechnung: Rechteck und Quadrat 100
Flächenberechnung: Dreieck 104
Flächenberechnung: Zusammengesetzte gerade Flächen 108
Flächenberechnung: Kreis 112

Flächenberechnung: Test 116
Die Kosten einer Wohnung 120
Rabatt und Skonto 124
Die Kosten bei Ratenkäufen 128
Postgebühren 132

Die Beiträge zur Sozialversicherung 136
Berechnung von Körpern (1) – Volumen 140

Berechnung von Körpern (2) – Oberfläche 144
Berechnung von Gewichten (1) 148

Berechnung von Gewichten (2) 152
Preisberechnungen 156

Lohnberechnungen 160
Währungsrechnen 164
Für Schulden zahlt man Zinsen 168
Abschlusstest 172

Deutsch

s, ss oder ß? 90
z, zz oder tz? 94
Orts- und Ländernamen 98
Erweitern Sie Ihren Wortschatz: Tätigkeitswörter (1) 102
Erweitern Sie Ihren Wortschatz: Tätigkeitswörter (2) 106
Die Klage beim Arbeitsgericht 110

Die Anfrage 114
Die Bestellung 118
Die Mängelrüge 122
Wie oder als? 126
Mir oder mich? 130

Fremdwörter mit -ine und -ieren ...146

Fremdwörter im Wirtschaftsleben ..150
Abkürzungen 154

Die Zeitungsanzeige (Arbeitsgesuch) 158

Der Lebenslauf 166
Die Bewerbung 170

Anlage: CD „MMM.MathematikMultiMedial" Lernprogramm

Information
Politik/Sozialkunde
Der Mensch als Einzelwesen lebt in Gemeinschaften

Auf unserer Erde gibt es zurzeit 6,5 Milliarden Menschen. Alle diese Menschen können im Gegensatz zu den anderen Wesen (Pflanzen und Tiere) denken und bewusst handeln.
Wenn wir uns die Menschen genau ansehen, so gibt es nicht einmal **zwei**, die sich **äußerlich** oder **innerlich** gleichen.

Dass wir äußerlich verschieden sind, können wir überall und jederzeit leicht feststellen:
Ein Mensch ist groß, der andere klein. Sören ist dick, Kevin dagegen dünn. Maria hat dunkle, Eva blonde Haare. Außerdem unterscheiden sich die Menschen in ihren körperlichen und geistigen Anlagen. Diese Anlagen sind bei jedem Menschen anders. So lernt zum Beispiel einer leichter als der andere. Alle Menschen müssen sich jedoch bemühen, durch Übung und Fleiß etwas aus ihren Anlagen zu machen.

Wir können sagen, dass jeder Mensch ein **Einzelwesen** ist, welches es nicht noch einmal gibt. Das Einzelwesen Mensch lebt aber nicht für sich allein.
Der Säugling kann nur durch die Fürsorge der Mutter gedeihen. Es dauert etwa 18 bis 20 Jahre, bis der Mensch so weit ist, sein Leben selbst zu meistern. Bei Krankheit und im Alter sind wir alle auf die Hilfe der Mitmenschen angewiesen. Ohne die **Gemeinschaft** kommen wir nicht aus.
Auch wenn es uns gut geht und wir erwachsen sind, brauchen wir die Gemeinschaft. Oder können wir allein auf einer einsamen Insel wie Robinson Crusoe leben? Wir müssten für Nahrung sorgen, Kleider herstellen, eine Wohnung bauen und für diese Arbeiten auch noch die Werkzeuge anfertigen. Wir hätten keinen Menschen, mit dem wir uns unterhalten könnten. Es gäbe kein Radio oder Fernsehen, keine Zeitung oder ein Buch. Auf alle Bequemlichkeiten unseres heutigen Lebens müssten wir verzichten.

Der Mensch lebt von Geburt an in verschiedenen Gemeinschaften. In die folgenden Gemeinschaften kommt jeder Mensch „von Natur aus".

In die **Familiengemeinschaft** wird er hineingeboren.

Mit 6 Jahren kommt man bei uns in die **Schulgemeinschaft**.

16 bis 19 Jahre sind die meisten alt, wenn sie in die **Berufsgemeinschaft** eintreten.

Der Mensch ist von Geburt an Angehöriger der **Staatgemeinschaft**, deren Volksvertretung (Parlament) er mit 18 Jahren mitwählen kann.

© Bildungsverlag EINS GmbH

Information
Politik/Sozialkunde

1 Der Mensch als Einzelwesen lebt in Gemeinschaften

Diesen Gemeinschaften kann sich jeder Mensch noch **freiwillig** anschließen:

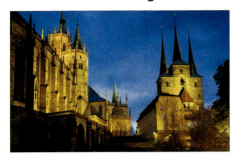

einer **Kirchengemeinschaft**

einer **Sportgemeinschaft**

einer **Hilfsgemeinschaft** oder sonstigen Organisation

Die Eingliederung in die menschliche und vor allem in die **berufliche Gemeinschaft** geschieht jedoch nicht immer reibungslos. In der Arbeitsgemeinschaft findet der Jugendliche viele Regeln vor, deren Wert er noch nicht erfasst. Ihm fehlt die gewohnte Bewegungsfreiheit. Vor allem meint er, seinen Neigungen nicht genug nachgehen zu können, weil er diese vom Berufsleben noch nicht zu trennen vermag. Oft begleitet darum die Eingliederung in die Gemeinschaft Resignation, Kollision mit der Umwelt oder der Versuch, auszuweichen.

Der einzelne Mensch kann nur leben, wenn ihm die Gemeinschaft hilft. Darum ist es Pflicht jedes Einzelmenschen, etwas für die Gemeinschaft zu tun.

Deutsch

1 Die Anschrift auf Postsendungen

Wenn Sie einen Brief oder eine Postkarte schreiben, so müssen Sie die Anschrift des Empfängers und Ihre Anschrift als Absender schreiben. Anstatt Anschrift sagt man auch Adresse.
Die Deutsche Post AG bittet, die Anschriften nach den in der Postordnung festgelegten Regeln zu schreiben. Die Anschrift auf dem Briefumschlag soll so aussehen:

Frau	Name
Katharina Frei	
Hohe Straße 35	Straße
41460 Neuss	Postleitzahl und Ort

Die gestrichelten Linien zeigen, dass auf dem Briefumschlag ein bestimmter Platz für die Anschrift festgelegt ist.

Aufgabe:

Schreiben Sie auf ein DIN A4-Blatt untereinander:
1. Ihre Anschrift,
2. die Anschrift der Berufsschule, die Sie besuchen,
3. die Anschrift eines Arbeitgebers.

Arbeitsblatt
Politik/Sozialkunde

Der Mensch als Einzelwesen lebt in Gemeinschaften

1. Aufgabe:

Ergänzen Sie die folgenden Sätze durch die gegebenen Wörter:

> Arbeiter – Einzelwesen – Eltern – Gemeinschaft – Kunden – Lehrer – Mitspieler

Der Mensch ist zwar ein _____, aber er kommt ohne die _____ _____ nicht aus.

Die Kinder brauchen die _____
Die Schüler brauchen den _____
Die Unternehmer brauchen die _____
Der Kaufmann braucht den _____
Der Fußballer braucht den _____

2. Aufgabe:

Welche Gemeinschaften sind bildhaft dargestellt?

Bilden Sie aus den unten stehenden Silben die richtigen Begriffe und schreiben Sie diese neben die Bilder.

> Be – che – ein – Fa – Kir – le – lie – mi – Schu – Sport – Staat – trieb – ver

| Name: | Klasse: | Datum: | Bewertung: |

Mathematik

1 Zusammenzählen – Addieren

In der Mathematik gibt es vier Grundrechnungsarten. Die folgende Tabelle zeigt dies in einer Übersicht.

Was soll gerechnet werden?	Fremdwort	Rechenart	Rechen-zeichen	Ergebnis	Zusammen-setzung des Ergebnisses
zusammenzählen	addieren	Addition	+	Summe	Summand + Summand
abziehen	subtrahieren	Subtraktion	–	Differenz	Minuend – Subtrahend
malnehmen	multiplizieren	Multiplikation	· oder ×	Produkt	Faktor · Faktor
teilen	dividieren	Division	: oder ÷	Quotient	Dividend : Divisor

Zusammenzählen von ganzen Zahlen und Dezimalbrüchen

Regel:
Beim Zusammenzählen schreibt man Einer unter Einer, Zehner unter Zehner, Hunderter unter Hunderter usw.
Dezimalbrüche sind Zahlen, in denen ein Komma steht. Hinter dem Komma steht ein Bruch, dessen Nenner /10, /100 oder /1000 nicht geschrieben wird. Die erste Stelle hinter dem Komma sind Zehntel, die zweite Stelle Hundertstel usw. Beim Zusammenzählen schreibt man die Zahlen so, dass Komma unter Komma steht. Dann stehen links vom Komma Einer unter Einern, Zehner unter Zehnern usw., rechts vom Komma stehen Zehntel unter Zehnteln, Hundertstel unter Hundertsteln usw.

Beispiel 1:

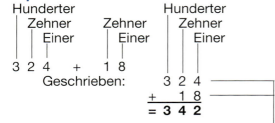

Beim Zusammenzählen muss man mit der kleinsten Zahl, also **von hinten** beginnen.

Beispiel 2:

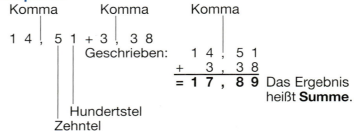

Das Ergebnis heißt **Summe**.

Für solche Rechenvorgänge kann man auch einen **Taschenrechner** benutzen (siehe Kapitel 2).

Aufgabe:
Schreiben Sie untereinander und zählen Sie zusammen. Tragen Sie Ihre Ergebnisse hinter der Aufgabe ein.

1. 515 + 52 = _____
2. 413 + 29 = _____
3. 177 + 358 = _____
4. 2.643 + 759 = _____
5. 2.673 + 55.527 + 1.317 = _____
6. 78.234 + 6.215 + 50.023 + 57 = _____
7. 94.416 + 67.158 + 82.375 + 1.051 = _____
8. Die Erdoberfläche besteht aus 149 Millionen Quadratkilometer (km^2) Landfläche und 361 Millionen km^2 Wasserfläche. Wie viel km^2 umfasst die gesamte Erdoberfläche? _____
9. 272,50 EUR + 47,05 EUR = _____
10. 128,45 EUR + 1.374,36 EUR = _____
11. 5,39 m + 34,00 m + 2,75 m + 1,87 m = _____
12. 631,8 km + 20,08 km + 10,008 km + 158,67 km = _____
13. Die Bevölkerung in den Erdteilen verteilte sich 2006 wie folgt (in Millionen): Afrika 924; Asien 3.968; Europa 732; Amerika 898; Ozeanien 33. Wie viele Menschen sind dies weltweit? _____

Name:	Klasse:	Datum:	Bewertung:

Information
Politik/Sozialkunde

Ohne Ordnung geht es nicht — 2

Die Familie Biermann besteht aus fünf erwachsenen Personen. Die Biermanns wohnen in einem Mietshaus und feiern gerne. Fast jedes Wochenende sind sie mit ihren Freunden in der Wohnung bei Musik und Tanz zusammen. Dabei lärmen sie bis in den frühen Morgen. Die Biermanns stört es nicht, dass ein Teil der Mitbewohner vor Lärm nicht schlafen kann. Biermanns sagen: „Wir zahlen ja die Miete und können in unserer Wohnung machen, was wir wollen."

Ist die Einstellung der Familie Biermann richtig?

Nein! – Wo viele Menschen zusammenleben, geht es ohne gegenseitige Rücksichtnahme nicht. In einer Gemeinschaft kann der Einzelmensch nicht immer tun und lassen, was er will. Er muss sich einordnen. Es ist zwar nicht schön, einen Teil seiner persönlichen Freiheit aufzugeben, aber die Mitmenschen müssen ja auch auf uns Rücksicht nehmen.

Leider hat nicht jeder Mensch einen „Sinn für Ordnung". Darum gibt es für viele Lebensbereiche Regeln und Gesetze, nach denen sich jeder richten muss. Solche Lebensbereiche sind die Wohnung, der Straßenverkehr, die Arbeitsstätte, die Schule, die Gemeinde, der Staat.

Die entsprechenden Gesetze oder Regeln heißen:

1. Die Hausordnung

2. Die Straßenverkehrsordnung

3. Die Betriebsordnung

4. Die Schulordnung

5. Das Grundgesetz und die übrigen Gesetze der Bundesrepublik

GRUNDGESETZ   STGB   BGB

Information
Politik/Sozialkunde

2 Ohne Ordnung geht es nicht

Da viele junge Leute möglichst frühzeitig einen eigenen Hausstand gründen möchten, ist es sehr wichtig, dass sie sich mit den Rechten und Pflichten einer Hausordnung auskennen.
Die Hausordnung ist in der Regel Bestandteil des Mietvertrages. Sie dient der Regelung des Zusammenlebens aller Hausbewohner und der Benutzung von Gemeinschaftsanlagen, z. B. Waschküche, Kabelanschluss. Aber auch Pflichten des Mieters regelt die Hausordnung, z. B. Treppenhausreinigung, Verbot oder Erlaubnis von Tierhaltung.

Auszug aus einer Hausordnung:
- In der Zeit von 22.00–7.00 Uhr und von 13.00–15.00 Uhr keine Lärmbelästigungen.
- Radio- und Fernsehgeräte bitte auf Zimmerlautstärke einstellen.
- Hauseingangstüren stets geschlossen halten und in der Zeit von 22.00–6.00 Uhr abschließen.
- Kellerräume nicht mit offenem Feuer betreten – Brandgefahr.
- Heizkörper bei Frostgefahr nicht ganz abstellen.

Der junge Mensch hat es beim Eintritt in das Berufsleben vor allem mit zwei neuen „Ordnungen" zu tun: der **Betriebsordnung** an der Arbeitsstätte und der **Schulordnung** in der Berufsschule.

Jeder, der sich freiwillig einordnet, trägt seinen Teil zum Gemeinwohl bei. Er wird an den Regeln und Gesetzen keinen Anstoß nehmen. Nur der, der bewusst gegen die Gemeinschaftsordnung verstößt, wird zur Rechenschaft gezogen.

Deutsch

2 Die Anschrift auf dem Briefumschlag

Auf Postkarten und Ansichtskarten ist genau vorgedruckt, wo die Anschrift hingeschrieben wird.
Bei einem Briefumschlag ist dies nicht der Fall. Man muss daher den Platz für die **Anschrift** wissen. Anschrift und Absender haben auch auf dem Briefumschlag ihren festen Platz. Die Anschrift soll auf dem Briefumschlag rechts stehen und deutlich geschrieben sein. Der **Absender** steht entweder auf der Vorderseite oben links, etwas kleiner als die Anschrift oder auf der Rückseite, und zwar auf der Klappe, mit der man den Brief zuklebt.

Beispiel:

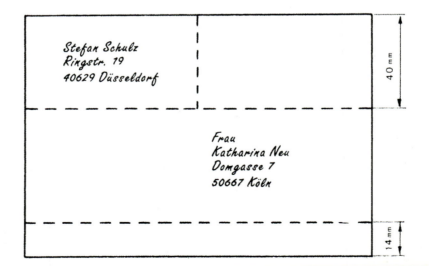

Aufgabe:
Zeichnen Sie auf ein großes kariertes Blatt (A4) einen Briefumschlag, 30 Kästchen lang und 22 Kästchen hoch. Teilen Sie den Briefumschlag so ein, wie das Beispiel zeigt. Schreiben Sie rechts die Anschrift Ihrer Berufsschule und links oben Ihre Anschrift als Absender.

Arbeitsblatt
Politik/Sozialkunde

Ohne Ordnung geht es nicht — 2

1. Aufgabe: Setzen Sie in die gegebenen Sätze die richtigen Wörter ein.

Die Wörter sind: Gesetze – lernen – Ordnung – Regeln

Das Zusammenleben der Menschen gedeiht nicht ohne _____.

Dabei geht es leider nicht ohne _____ und _____ ab.

Auch in der Berufsschule muss Ordnung herrschen, wenn Sie etwas _____ wollen.

So könnte die Schulordnung **Ihrer** Schule aussehen:

2. Aufgabe: Übertragen Sie die unten stehenden Zahlen und Zeichnungen in die entsprechenden Felder.

○	Kommen Sie pünktlich und sauber zur Schule! (Sie wollen ja auch pünktlich gehen.)
○	Vermeiden Sie Lärm und Unruhe! (Nur Ochsen brüllen.)
○	Halten Sie **Ihre** Schule sauber! (Abfälle gehören in den Papierkorb.)
○	Schonen Sie Tische, Bänke und andere Einrichtungen! (Narrenhände beschmieren Tisch und Wände.)
○	Seien Sie stets höflich und hilfsbereit! (Höflichkeit kostet nichts.)
○	Rauchen Sie nicht im Schulgebäude!

Name:	Klasse:	Datum:	Bewertung:

Mathematik

2 Der Taschenrechner

Im Alltag hat der **Taschenrechner** inzwischen einen festen Platz, bei vielen sogar schon der PC. An diesen Buchstaben „PC" wird schon deutlich, dass bei Rechnern und „Computern" die englische Sprache benutzt wird, denn **„Computer"** heißt nichts anderes als **„Rechenautomat"**.

Der **Taschenrechner** ist ein elektronisches Rechengerät, das mit einer Batterie oder über Solarzellen mit elektrischem Strom betrieben wird.
Da die ersten preiswerten Rechner aus dem englischsprachigen Raum kamen, sind viele Bezeichnungen und deren Abkürzungen aus der englischen Sprache.

Beispiele:
Das Anzeigenfeld oder Schau-Fenster heißt **Display**.
Wird eine Zahl errechnet, für die das **Display** zu klein ist, erscheint der Vermerk **Error** oder **E = Irrtum, Fehler**.
Ein **Speicher** im Rechner erhält den Buchstaben **M** von „memory" **= erinnern,** wie auf den Tasten des Rechners rechts zu sehen ist.
Weitere Tasten/Schaltflächen, die Sie rechts finden:
ON / C: ON heißt **einschalten, C** löscht alle Berechnungen.
OFF heißt **ausschalten** (nicht auf allen Rechnern, die meisten Rechner schalten sich nach einiger Zeit selbst aus).

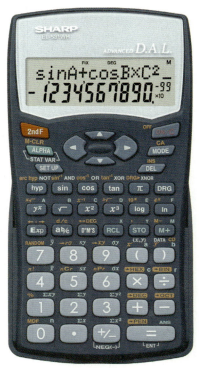

+ heißt **addieren**   – heißt **subtrahieren**
× heißt **multiplizieren**   ÷ heißt **dividieren**
= zeigt das **Ergebnis**   • ist das Zeichen für das **Komma** (,)
± (oder +/−) **ändert** die aktuelle Zahl im **Display** in Minus bzw. Plus
% ist die Taste für die **Prozentrechnung**
√ ist die Taste für die Errechnung der **Quadratwurzel**
Diese Tasten und die Zahlentasten benutzt man, um **Rechenoperationen** durchzuführen.

Beispiele:	Rechenoperationen mit dem Taschenrechner:
245 + 355 + 465 = = 1065	1. Rechner einschalten. 2. Erste Zahl eingeben, in der Reihenfolge 2, 4, 5, im Display erscheint 245. 3. Taste + drücken. 4. Zweite Zahl eingeben, das heißt 3, 5, 5, im Display steht 355. 5. Taste + drücken, im Display erscheint 600, der Rechner hat bereits addiert. 6. Dritte Zahl eingeben, 4, 6, 5, im Display steht 465. 7. Taste = drücken, im Display steht das Ergebnis 1.065.
1024 × 4201 = = 4301824	1. Rechner einschalten oder C drücken. 2. Erste Zahl eingeben, Reihenfolge beachten! 3. Taste × drücken. 4. Zweite Zahl eingeben (immer vorne anfangen!). 5. Taste = drücken, es erscheint das Ergebnis.

Aufgabe:
Benutzen Sie einen Rechner und tragen Sie die Ergebnisse in den freien Raum hinter der Aufgabe ein.

1. 789 + 5.172 + 3.812 + 227 = _____   **2.** 235,89 + 782,11 = _____
3. 8.131 − 1.684 − 4.975 − 1.422 = _____   **4.** 8.974,23 − 125,603 = _____
5. 753 × 357 = _____   **6.** 8.976 × 4.126 = _____
7. 1.575 : 35 = _____   **8.** 95.571 : 123 = _____

An dieser Stelle werden in den folgenden Kapiteln immer wieder kleine Zusatzaufgaben, Knobeleien oder knifflige Fragen stehen, deren Lösung Sie (meist ohne Taschenrechner) versuchen sollten. Manchmal geht es auch weniger um das Rechnen als um logisches Denken.

Name:	Klasse:	Datum:	Bewertung:

Information
Politik/Sozialkunde

Mit dem Alter wachsen Rechte und Pflichten

Das Leben in Gemeinschaften ist nur dann erträglich, wenn bestimmte Vorschriften von allen Menschen beachtet werden. Jeder **Mensch** hat **Rechte** und muss **Pflichten** übernehmen.
Natürlich hat **ein Kind** mehr Rechte als Pflichten. Ein Teil der Rechte und Pflichten wird von den Eltern übernommen, bis das Kind groß genug ist, um selbstständig zu handeln. Mit steigendem **Lebensalter** wächst auch die Fähigkeit, selbstständig zu handeln.

Im **Grundgesetz** stehen die Grundrechte und Pflichten des Staatsbürgers. Das **Bürgerliche Gesetzbuch** regelt die meisten Rechtsfragen des täglichen Lebens. Das **Gesetz zum Schutz der Jugend in der Öffentlichkeit** und die **Straßenverkehrsordnung** geben weitere Regeln für ein geordnetes Zusammenleben.
Das Gesetz spricht von **Mündigkeit** und **Fähigkeit**, wenn jemand alt und reif genug ist, Rechte und Pflichten zu übernehmen. Wir wollen **Oliver und Sandra**, stellvertretend für alle, ein Stück auf ihrem Lebensweg begleiten.

Alter in Jahren	Rechte, die jeder normale Mensch bei uns erwirbt:	Pflichten, die jeder normale Mensch bei bei uns übernehmen muss:
Geburt	Oliver und Sandra erhalten die deutsche **Staatsangehörigkeit**, wenn mindestens ein Elternteil Deutscher ist. Sie haben ein Recht auf **Fürsorge**, sind **rechtsfähig** und können erben, klagen und verklagt werden.	Oliver und Sandra müssen innerhalb von 7 Tagen beim **Standesamt** angemeldet werden.
6 Jahre	Beide haben das **Recht auf Schulbildung**. Sie dürfen sich Filme „ab 6 Jahre frei" ansehen.	Oliver und Sandra haben auch die **Pflicht zum Schulbesuch**. Die Schulpflicht dauert 9 bis 10 Jahre.
7 Jahre	Oliver und Sandra werden **beschränkt geschäftsfähig**. (Siehe „Von der Geschäftsfähigkeit".)	Es beginnt für sie die **beschränkte Deliktsfähigkeit**. (Siehe „Von der Straffähigkeit".)
14 Jahre	Mit 14 Jahren können Oliver und Sandra über ihr **religiöses Bekenntnis** selbst entscheiden.	Sie unterliegen der **Jugendgerichtsbarkeit**. (Siehe „Von der Straffähigkeit".)
15/16 Jahre	Im Berufsleben haben sie das Recht, die **Jugendvertretung** im Betrieb mitzuwählen und beim **Arbeitsgericht** zu klagen. Nach dem Erwerb einer Prüfbescheinigung dürfen sie **Mofa** fahren.	Sie müssen die Pflichten aus dem **Arbeitsvertrag** gewissenhaft erfüllen und als Arbeitnehmer der **Sozialversicherung** angehören. (Siehe „Der Arbeitsvertrag"). Beide haben die **Berufsschule** zu besuchen.
16 Jahre	Beide können ein **öffentliches** Testament errichten. Sie dürfen Filme „ab 16 Jahre frei" besuchen, bis **24 Uhr ausgehen** und den **Führerschein Klasse A1**, **M** und **S** erwerben. Im Betrieb können Sie sich in die **Jugendvertretung** des **Betriebsrates wählen lassen**. Das Mindestalter zum Kauf von Tabakwaren ist ab 1. September 2007 von 16 auf 18 Jahre angehoben worden. Jugendliche unter 18 dürfen nun nicht mehr in der Öffentlichkeit rauchen.	Oliver und Sandra müssen sich einen **Personalausweis** ausstellen lassen. Sie sind **eidesmündig** und können vor Gericht als Zeugen **vereidigt** werden. Sie sind aber auch ohne Eid verpflichtet, vor Gericht die reine **Wahrheit** zu sagen.

© Bildungsverlag EINS GmbH

Information
Politik/Sozialkunde

3 Mit dem Alter wachsen
Rechte und Pflichten

17 Jahre	In einigen Bundesländern können seit Juli 2005 **Jugendliche** schon mit **17 Jahren** den Führerschein für PKW machen. Seit Juli 2007 gilt diese Regelung bundesweit.	Sie dürfen aber bis zum 18. Geburtstag nur in **Begleitung** eines namentlich bekannten **Erwachsenen**, der seit mindestens fünf Jahren den Führerschein der Klasse B besitzt, das Auto fahren. Für Fahranfänger unter 21 Jahren besteht ein absolutes Alkoholverbot.
18 Jahre	Oliver und Sandra sind erwachsen und damit **volljährig**. Sie können die **Führerscheine A (beschränkt) und B** machen. Für Film- und Tanzveranstaltungen gibt es keine Beschränkungen mehr. Sie haben das aktive **Wahlrecht** und können die Volksvertreter in Gemeinde, Land und Bund **wählen**. Oliver und Sandra haben auch das **passive Wahlrecht**: Sie können sich als Abgeordnete in die Parlamente **wählen lassen**.	Alle Erwachsenen sind für ihr Tun und Lassen selbst **voll verantwortlich**. Für Oliver beginnt die **Wehrpflicht** oder der **Ersatzdienst**. Die Wehrpflicht dauert – für Mannschaften bis zum 45. Lebensjahr, – für Unteroffiziere und Offiziere bis zum 60. Lebensjahr. Als Abgeordnete müssen sich Oliver und Sandra für das Wohl des Volkes einsetzen.

Deutsch

3 Die Entschuldigung

Wenn Sie wegen Krankheit in der Schule fehlen, so müssen Sie eine Entschuldigung schreiben und an die Schule schicken. Fehlen Sie nur einmal, so können Sie die Entschuldigung beim nächsten Schulbesuch mitbringen.

Die Entschuldigung an die Schule soll enthalten:

1. Ihre Anschrift und die Klassenbezeichnung Ihrer Klasse,
2. die Anrede,
3. die Bitte um Entschuldigung,
4. den Grund für Ihr Fernbleiben,
5. die Unterschrift des Erziehungsberechtigten.

Beispiel:

Jürgen Hoffmann   19. Januar 20..
Teerstr. 23
30519 Hannover

Sehr geehrter Herr Stahl

in der Zeit vom 5.01. bis 18.01.20.. war mein Sohn Markus, Schüler der Klasse M5, krank. Er hatte die Grippe. Bitte entschuldigen Sie sein Fehlen.

Mit freundlichen Grüßen

Jürgen Hoffmann

Aufgabe:

1. Zeichnen Sie auf ein kariertes Blatt eine Postkarte (30 Kästchen lang und 21 breit).
2. Schreiben Sie eine Entschuldigung, wie sie das Beispiel zeigt.
   Grund: Sie haben eine Mandelentzündung. Schreiben Sie das Datum von heute und entschuldigen Sie sich für eine Krankheitszeit von 10 Tagen.

Arbeitsblatt
Politik/Sozialkunde

Mit dem Alter wachsen Rechte und Pflichten

Das Lebensalter spielt in einer Gemeinschaft eine große Rolle. Mit zunehmendem Alter erhält jeder Bürger mehr Rechte. Er muss aber auch mehr Pflichten übernehmen.

1. Aufgabe: Ergänzen Sie die folgenden Sätze durch die gegebenen Wörter.

> Führerschein – Gericht – Rechtsfähigkeit – Testament – Schule – Staatsangehörigkeit – volljährig – Wehrpflicht

Mit dem Tage der Geburt erlangt man eine _____.

Mit der Geburt beginnt die _____. Mit dem vollendeten 6. Lebensjahr erhält das Kind das Recht und die Pflicht zur _____ zu gehen. Vom 16. Lebensjahr an darf der Jugendliche vor _____ schwören und kann ein _____ bei einem Notar oder Richter machen. Man kann den _____ der Klasse A1 erwerben.

Nach Vollendung des 18. Lebensjahres unterstehen die jungen Männer der _____.

Mit 18 Jahren wird man bei uns _____.

2. Aufgabe:
Setzen Sie in die folgenden Sätze die richtigen Alterszahlen ein.

Mit der _____ ist jeder Mensch **rechtsfähig**.

Mit _____ Jahren dürfen und müssen alle Kinder zur **Schule** gehen.

Mit _____ Jahren kann man ein öffentliches **Testament** errichten, vor Gericht **schwören** und den **Führerschein A1** erwerben.

Mit _____ Jahren müssen die jungen Männer zur **Bundeswehr**.

Mit _____ Jahren wird bei uns jeder **volljährig**.

3. Aufgabe: Was bedeutet es für Sie, wenn Sie **volljährig** werden?

_____
_____
_____
_____
_____

| Name: | Klasse: | Datum: | Bewertung: |

Mathematik

3 Abziehen – Subtrahieren

Abziehen von ganzen Zahlen und Dezimalbrüchen

Regel:
Wie beim Zusammenzählen schreibt man beim Abziehen Einer unter Einer, Zehner unter Zehner, Hunderter unter Hunderter usw.
Das Gleiche gilt für Dezimalbrüche: Es wird Komma unter Komma geschrieben, damit Einer, Zehner, Hunderter vor dem Komma und Zehntel, Hundertstel usw. hinter dem Komma untereinander stehen.

Beispiel:

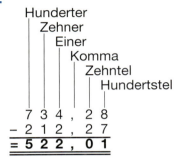

Lösen Sie diese Aufgaben schriftlich und kontrollieren Sie die Ergebnisse mit dem **Taschenrechner**.

Denken Sie daran:
Vor jeder neuen Aufgabe ist die C-Taste zu drücken, da man sonst alte Ergebnisse in die neue Rechnung überträgt.

Aufgabe:
(Sie können die Ergebnisse auf diesem Blatt eintragen):

1. 238
    − 123

2. 529
    − 324

3. 6.879
    − 5.547

4. 3.215
    − 1.123

5. 740
    − 255

6. 3.342
    − 165

7. 800
    − 750

8. 500
    − 382

9. 1.201
    − 1.198

10. 28,23
    − 27,12

11. 947,38
    − 324,12

12. 17,09 EUR
    − 6,05 EUR

13. 2,79 EUR
    − 2,31 EUR

14. 11,97 EUR
    − 9,28 EUR

15. Von einem deutschen Flughafen flogen 273.775 Fluggäste ab. 163.984 davon flogen ins Ausland. Wie viele Fluggäste flogen zu anderen deutschen Flughäfen?

2	7	3	7	7	5
−	1	6	3	9	8	4
=					

16. Auf der Erde lebten 1957 rund 2,733 Milliarden Menschen. 2006 waren es bereits mehr als 6,555 Milliarden. Wie viele Menschen sind das mehr?

6	,	5	5	5
− 2	,	7	3	3
=				

17. Im September eines Jahres kostete 1 Dollar (1 $) noch 0,792 EUR. Im März des darauf folgenden Jahres kostete 1 $ bereits 0,893 EUR. Um wie viel EUR hatte sich der Dollar in dieser Zeit verteuert?   Um _____ EUR

18. Ein Arbeiter hat nach Abzügen einen Nettolohn von 1.245,80 EUR. Er gibt für Nahrung, Kleidung und Wohnung 1.093,39 EUR aus. Wie viel EUR verbleiben ihm?   Rest: _____ EUR

Information
Politik/Sozialkunde

Eine Ehe wird geschlossen 4

Aus Kindern werden Erwachsene. So kommt für die meisten Menschen einmal die Zeit, wo sie weder im Elternhaus wohnen noch alleine durchs Leben gehen wollen. Der junge Mann und die junge Frau suchen sich einen Lebensgefährten. Sie verloben sich zunächst und heiraten später.

Die **Ehe** ist eine **Gemeinschaft** von **zwei Menschen**, die normalerweise das ganze Leben halten soll. Die beiden Partner müssen sich aufeinander verlassen können.

Jörg und Ulrike sollten auf keinen Fall heiraten, wenn ein Partner keine Lust zu arbeiten hat, ein Trinker oder Verschwender ist. Beide sollten bedenken, dass sich eheliche Treue nicht nur in Glück und Freude, sondern auch in Unglück und Leid zu bewähren hat.

Sind sich Jörg und Ulrike einig, so werden sie sich verloben. Eine **Verlobung** ist ein **Eheversprechen**. Die Verlobungszeit soll den Verlobten noch Gelegenheit geben, sich näher kennen zu lernen. Im Gegensatz zur zwingend vorgeschriebenen Form der Eheschließung kennt das Gesetz für die Verlobung keine Formvorschrift.

Jeder Verlobte kann ohne Begründung vom Verlöbnis zurücktreten. Wenn die Verlobung gelöst wird, kann jeder der Verlobten vom anderen die Rückgabe der Geschenke fordern.

In der Regel wird das Eheversprechen jedoch eingehalten und der nächste Schritt ist die **Heirat**.

Voraussetzung für die Eheschließung ist die **Ehemündigkeit**. Jörg und Ulrike sind mit 18 Jahren ehemündig. Mit Genehmigung des Vormundschaftsgerichtes kann ein Jugendlicher schon mit 16 Jahren heiraten, wenn der zukünftige Ehepartner bereits volljährig ist. Minderjährige benötigen nicht mehr die Erlaubnis der Eltern. Diese können allerdings bei Gericht der Eheschließung ihres Kindes widersprechen. Der Gesetzgeber sagt, dass Minderjährige und Blutsverwandte einander nicht heiraten dürfen. Blutsverwandte sind Geschwister, Eltern und Kinder oder Stiefkinder.

Erfüllen Ulrike und Jörg die gesetzlichen Voraussetzungen, müssen sie sich beim Standesamt ihres Wohnortes zur Trauung anmelden (Personalausweis und Geburtsurkunde vorlegen). Man nennt dies „Anmeldung zur Eheschließung".

Am festgesetzten Tag erfolgt vor **dem Standesbeamten** die **Eheschließung**. Wenn Jörg und Ulrike ihr „Ja-Wort" gegeben haben, wird die Eheschließung in das Heiratsregister eingetragen. Die bürgerliche Ehe ist geschlossen. Das Ehepaar bekommt einen Trauschein.

Nach der standesamtlichen Trauung können sich Jörg und Ulrike nun **kirchlich** trauen lassen.

Nach der katholischen Lehre ist die Ehe eine unauflösbare und ausschließliche Gemeinschaft zwischen einem Mann und einer Frau zwecks Familiengründung. Die künstliche Geburtenregelung lehnt die katholische Kirche ab. Durch die Ablehnung der Ehescheidung unterstreicht sie die lebenslängliche Bindung der Ehegatten aneinander.

Information
Politik/Sozialkunde

4 Eine Ehe wird geschlossen

Auch nach Auffassung der evangelischen Kirche ist die Ehe mit der Schöpfung zugleich von Gott gestiftet. Sie umschließt als Forderung die Unauflösbarkeit der Ehe, die Einehe und die Ebenbürtigkeit der Frau.
Eine kirchliche Trauung alleine lässt eine Ehe im rechtlichen Sinne nicht entstehen. Nur die vor einem Standesbeamten geschlossene bürgerliche oder Zivilehe erkennt das bürgerliche Gesetzbuch an.

Eine Ehe wird auf natürlichem Wege durch den Tod eines Ehegatten aufgelöst.

Eine Ehe kann nur durch ein Gerichtsurteil geschieden werden, wenn sie gescheitert ist. Sachlich zuständig ist das Familiengericht, eine Abteilung des Amtsgerichts.

Seit 1. August 2001 wurde eine rechtliche Grundlage für gleichgeschlechtliche Partnerschaften geschaffen. Danach können homosexuelle Paare, welche ihre Gemeinschaft auf Dauer angelegt haben, eine staatliche Beurkundung nach Art der Ehe beantragen.

Deutsch

4 Die Anrede im Brief

Wenn Sie einen Brief schreiben, so müssen Sie den Empfänger des Briefes anreden. Es gibt dafür drei Möglichkeiten:

1. Sie kennen den Empfänger gut und sagen „du" zu ihm. Dann schreiben Sie:
   Lieber Franz, oder Liebe Eltern, oder Mein lieber Harry.
2. Der Empfänger ist Ihnen bekannt, aber Sie sagen „Sie" zu ihm:
   Sehr geehrter Herr Hannen oder Sehr geehrte Frau Dietrich.
3. Der Empfänger ist Ihnen unbekannt. Es handelt sich um ein Geschäft oder um einen Betrieb.
   Dann gilt die Anschrift auf dem Briefkopf als Anrede.

Im Brief selbst stehen für Namen „Fürwörter". Anstatt Franz steht du, dich, dir, euch, euer. Diese Fürwörter können als Anrede in Briefen auch großgeschrieben werden.

Beispiele:
Denke daran, dass **du dir dein** Buch wieder abholst.
Oder: Denke daran, dass Du Dir Dein Buch wieder abholst.

In einem Brief steht anstelle „Herr Hannen" Sie, Ihren, Ihnen. Diese Fürwörter werden in Briefen immer groß geschrieben.

Beispiel:
Ich teile Ihnen mit, dass **Sie Ihre** Aktentasche bei uns vergaßen.

Aufgabe:
Schreiben Sie die folgenden Sätze auf ein besonderes Blatt ab. Die Sätze stehen in Briefen. Setzen Sie die richtigen Buchstaben (groß oder klein) ein.

1. Ich hoffe, dass ___u ___ einen Freund mitbringst.
2. Teile mir bitte mit, wann ___u kommst.
3. Kommen ___ie nicht zu spät.
4. Ich hoffe, dass ___ie sich bei ___ns wohlfühlen.
5. Hiermit teile ich ___hnen mit, dass ich ab Januar bei ___hnen arbeiten kann.
6. Ich hoffe, dass ___hnen ___hre Freizeit Gelegenheit gibt, ___ns zu besuchen.
7. Schreiben ___ie ___ir bitte, wann ___ie ___hren Wagen zurückbekommen.
8. Mache ___ir nichts daraus, wenn ___u nur ___eine Gesundheit behältst.

Arbeitsblatt
Politik/Sozialkunde

Eine Ehe wird geschlossen | 4

1. Aufgabe:

Kreuzen Sie in den folgenden Fragen die Felder für die richtigen Antworten an.

Wann sind Jungen oder Mädchen ehemündig?

mit 14 Jahren	
mit 16 Jahren	
mit 18 Jahren	

Wann können Mädchen frühestens **mit** Einwilligung des Vormundschaftsgerichts heiraten?

mit 14 Jahren	
mit 16 Jahren	
mit 18 Jahren	

Wann können Jungen frühestens **mit** Einwilligung des Vormundschaftsgerichtes heiraten?

mit 14 Jahren	
mit 16 Jahren	
mit 18 Jahren	

Blutsverwandte dürfen einander nicht heiraten.
Wer darf heiraten?

Eltern – Kinder	
Geschwister einander	
Vetter – Kusine	

Andreas ist 17 Jahre alt, Maria 16. Können sie heiraten?

| ja | |
| nein | |

Jörg ist 19 Jahre, Ulrike 17 Jahre alt. Ulrike hat die Genehmigung des Vormundschaftsgerichts. Können die beiden heiraten?

| ja | |
| nein | |

2. Aufgabe:

Die Eigenschaften, die für jede gute Ehe Voraussetzung sind, sehen Sie unten dargestellt. Schreiben Sie die Eigenschaften in die Felder unter die entsprechenden Bilder. Die folgenden Silben helfen Ihnen dabei.

be – der – e – en – Ent – Fa – Fleiß – halt – keit – keit
Kin – li – lie – mi – sam – sam – sinn – Spar – Treu

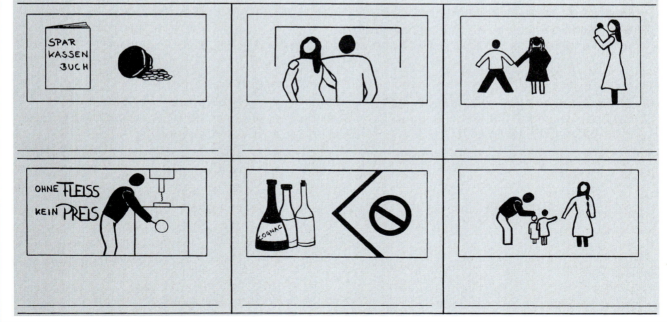

Name: | Klasse: | Datum: | Bewertung:

Mathematik

4 Addieren und Subtrahieren in einer Aufgabe

Regel:
Beim vermischten Zusammenzählen und Abziehen schreibt man zuerst alle Zahlen, die zusammengezählt werden sollen, untereinander und zählt zusammen. Ebenso schreibt man alle Zahlen, die abgezogen werden sollen, untereinander und **zählt sie zusammen**. Dann zieht man das Ergebnis (die Summe) aller abzuziehenden Zahlen vom Ergebnis (der Summe) aller zusammenzuzählenden Zahlen ab. Beim Rechnen von ganzen Zahlen und Dezimalbrüchen **in einer Aufgabe** schreibt man Komma unter Komma, ganze Zahlen versieht man am Ende mit einem Komma und schreibt so viele Nullen hinter das Komma, wie die Dezimalbrüche Stellen hinter dem Komma haben.

Beispiel:
346 + 12,735 − 287,2 − 31,47 + 13,41 =

Einfacher löst man mit dem **Taschenrechner** in folgenden Schritten:

Zusammenzuzählen sind
```
  346,000     Tasten 3, 4, 6
+  12,735     Taste + (plus)
+  13,410     Tasten 1, 2, Punkt, 7, 3, 5
= 372,145     Taste − (minus)
              Tasten 2, 8, 7, Punkt, 2
```

Abzuziehen sind
```
  287,20      Taste − (minus)
+  31,47      Tasten 3, 1, Punkt, 4, 7
= 318,67      Taste + (plus)
              Tasten 1, 3, Punkt, 4, 1
```

Endrechnung:
```
  372,145     Taste = (gleich)
− 318,670     Im Display erscheint
=  53,475     das Ergebnis.
```

Aufgabe:

1. 537 + 124 − 812 + 419 − 19 + 181 =
2. 17 − 3 + 111 − 200 + 385 − 23 + 13 =
3. Ein kleiner Ort hat in einem Jahr folgende **Einnahmen**: Steuern 755.000,− EUR; öffentliche Einrichtungen 22.000,− EUR; Zuschüsse 715.000,− EUR; eigene Betriebe 48.000,− EUR; Gebühren 11.910,− EUR. Dem stehen an **Ausgaben** gegenüber: Verwaltung 315.000,- EUR; Schulwesen 503.000,− EUR; kulturelle Einrichtungen 165.700,− EUR; Bauwesen 134.500,− EUR; Gesundheitswesen und Soziales 251.080,− EUR; Sport und Jugendpflege 148.900,− EUR. Wie viel EUR bleiben am Jahresende übrig?
4. 22,345 m − 32,46 m + 177,7 m − 164,385 m =
5. 2,5 kg + 45,24 kg − 17,004 kg − 1,2 kg =
6. 12 km + 195,473 km − 200 km + 17,22 km − 15,937 km + 832,004 km − 40,76 km =
7. Ein Bote bekommt 148,− EUR und soll damit Rechnungen bezahlen. Er bezahlt 13,87 EUR, 24,85 EUR, 58,15 EUR sowie 48,57 EUR. Wie viel EUR bringt er wieder zurück?

Information
Politik/Sozialkunde

Jeder lebt in einer Familie 5

Solange Menschen auf der Erde leben, gibt es **Familien**. Die Familie ist die **kleinste** und **natürlichste** menschliche **Gemeinschaft**.

Im engsten Sinne gehören Vater, Mutter und Kinder zur Familie. Sie bilden eine **Klein-** oder **Einzelfamilie**. Großeltern, Onkel, Vetter, Kusinen, Schwager und Schwägerinnen bilden mit der Kleinfamilie zusammen die Großfamilie.

Im Laufe ihres Lebens gehören fast alle Menschen mehreren Familien an. Zuerst jener, in die sie hineingeboren werden. Hier wachsen sie heran. Wenn sie alt genug sind, stellen sie sich auf eigene Füße und heiraten vielleicht. Durch die Heirat kommen sie als Schwiegertocher oder -sohn in eine andere Familie. Bekommen sie selbst Kinder, so ist wieder eine neue Familie gegründet. Auch wer keinen Vater mehr hat oder der, dessen Eltern nicht zusammenleben, ist mit einer Familie verbunden.

Aus dem Zusammenleben in der Familie ergeben sich für die einzelnen Mitglieder **Rechte und Pflichten**. Der Staat hat zum Schutz der Familie Gesetze erlassen. Diese stehen im **Bürgerlichen Gesetzbuch (BGB)** und im **Grundgesetz der Bundesrepublik Deutschland (GG)**.

Vater und Mutter haben zunächst einmal gemeinsam die Pflicht, ihre Kinder zu ernähren, zu kleiden und ihnen ein Heim zu geben. Die Eltern müssen ihre Kinder beaufsichtigen und sind bis zu deren Volljährigkeit ihre gesetzlichen Vertreter **(Aufsichtspflicht** und **elterliche Sorge)**.

In der heutigen Zeit sind die überkommenen Vorstellungen, Mutter führt den Haushalt und Vater arbeitet im Betrieb oder Büro, überholt. Jeder Ehegatte kann erwerbstätig sein, soweit das mit seinen Pflichten gegenüber der Familie vereinbar ist. Die Möglichkeiten dazu verbessern sich mit den neuen Familienleistungen (Elterngeld bzw. steuerliche Absetzbarkeit von Kinderbetreuungskosten).

Die Kinder haben ihren Eltern gegenüber das Recht, versorgt zu werden **(Unterhaltsanspruch)**. Sie haben die Pflicht, der elterlichen Erziehung zu folgen. Wenn die Eltern später in Not geraten, müssen ihre Kinder sie unterstützen **(Unterhaltspflicht)**.

Auch die Frage nach Vermögen oder Schulden innerhalb einer Familie hat der Gesetzgeber geregelt. Das Vermögen – Ersparnisse, Haus, Schmuck, Wertpapiere – welches die Ehepartner mit in die Ehe bringen, bleibt deren persönliches Eigentum. Vermögen, welches im Laufe der Ehe hinzukommt, gehört den Ehepartnern gemeinsam. Man nennt dies **Zugewinngemeinschaft**. Für Schulden eines Ehepartners muss der andere nicht aufkommen (Ausnahme: Rechtsgeschäfte zur angemessenen Deckung des Lebensbedarfes).

Nach dem Tod eines Menschen muss geregelt werden, was mit dessen **Hinterlassenschaft** geschieht. Darum gibt es das **Erbrecht**. In diesem heißt es, dass die **Erbschaft** (der **Nachlass**) beim Tode des **Erblassers** auf den oder die **Erben** übergeht.

Die **gesetzliche Erbfolge** tritt dann in Kraft, wenn der Erblasser zu seinen Lebzeiten keine andere Verfügung durch ein Testament getroffen hat.

Ein Beispiel für die gesetzliche Erbfolge: Eine Familie besteht aus Vater, Mutter und drei Kindern. Der Vater stirbt und hinterlässt ein Vermögen im Wert von 10.000 EUR. Nach der gesetzlichen Erbfolge wird das Erbe geteilt: 5.000 EUR erhält die Mutter, 5.000 EUR müssen sich die drei Kinder teilen.

Information
Politik/Sozialkunde

5 Jeder lebt in einer Familie

Man sagt: „Das Erbe geht durch das Blut". Sind keine Kinder da, erben die Ehefrau und die Eltern oder Geschwister des Verstorbenen. Hat der Erblasser überhaupt keine Verwandten, erbt der Staat. Dieser muss die Erbschaft auf alle Fälle annehmen. Die anderen Erben sollten sich gut informieren, ob außer dem Vermögen nicht auch noch Schulden vorhanden sind. Sind die Schulden so groß wie das Vermögen oder sogar größer, sollte man die Erbschaft ausschlagen (Amtsgericht). Man **erbt** nämlich **Vermögen** und **Schulden**.

Will jemand die gesetzliche Erbfolge umgehen, so muss er ein **Testament** machen. Wer 16 Jahre alt ist, kann eine solche „letztwillige Verfügung" vor dem Notar errichten (**öffentliches Testament**). Mit dem 18. Lebensjahr kann jeder zu Hause ein Testament aufsetzen. Dieses muss eigenhändig geschrieben werden, Ort, Datum und Unterschrift dürfen nicht fehlen.
Eheleute können ein **gemeinsames Testament** errichten. In der Regel wählen sie dazu das so genannte „Berliner Testament". Die Eheleute setzen sich wechselseitig als Erben ein. Außerdem bestimmen sie, wer nach dem Tod desjenigen, der länger lebt, erben soll. In den meisten Fällen werden das die Kinder sein.

Deutsch

5 Der Glückwunsch

Wenn ein Freund oder ein guter Bekannter von Ihnen Geburtstag hat, so ist es höflich, wenn Sie ihm schreiben. Sie können dazu eine Postkarte, eine Ansichtskarte oder eine Glückwunschkarte verwenden.

Bei einer Glückwunsch- oder Ansichtskarte stehen Anschrift und Text auf **einer Seite**.

Beispiel:

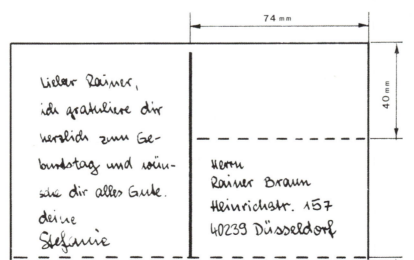

Aufgabe:
Zeichnen Sie auf ein kariertes Blatt eine Postkarte (30 Kästchen lang, 21 breit). Teilen Sie die Karte so ein, wie das Beispiel zeigt. Schreiben Sie einen Glückwunsch zum Geburtstag an einen Ihrer Freunde. Füllen Sie auch die Anschrift richtig aus. Denken Sie an die Postleitzahl.

Arbeitsblatt
Politik/Sozialkunde

Jeder lebt in einer Familie — 5

Aufgabe:

Die Familie ist die kleinste (und engste) menschliche Gemeinschaft.
Beantworten Sie die folgenden Fragen oder kreuzen Sie die richtigen Felder an.

1. Nennen Sie Personen, die zu einer **Kleinfamilie** gehören.
   _____
   _____
   _____

2. Wer zählt noch dazu, wenn man von einer **Großfamilie** spricht?
   _____
   _____
   _____

3. Welche Pflichten haben Ihre Eltern Ihnen gegenüber?
   _____
   _____
   _____

4. Welche Pflichten haben Sie den Eltern gegenüber?
   _____
   _____

5. Wann tritt die **gesetzliche Erbfolge ein?**
   Wenn der Verstorbene etwas „Schriftliches" hinterlassen hat? ☐
   Wenn der Verstorbene nichts „Schriftliches" hinterlassen hat? ☐

6. Ein Vater stirbt und hinterlässt sein Vermögen seiner Ehefrau und seinen zwei Kindern. Wie viele Teile vom Vermögen erben die
   Ehefrau? _____
   die Kinder? _____

7. Wie alt muss man sein, um
   - ein öffentliches Testament zu machen?   _____ Jahre
   - ein privates Testament zu errichten?   _____ Jahre

8. Kann man eine Erbschaft ausschlagen? _____

9. Worauf muss jeder achten, bevor er eine Erbschaft annimmt?
   _____
   _____

Name:	Klasse:	Datum:	Bewertung:

Mathematik

5 Die Lebenshaltungskosten einer Familie

Unter **Lebenshaltungskosten** versteht man alle Aufwendungen, die für die private Lebensführung notwendig sind und die durch das Einkommen der privaten Haushalte finanziert werden. Den amtlichen Berichten über die Lebenshaltungskosten liegen einheitlich Einkommen und Ausgaben eines Haushaltes mit 4 bis 5 Personen mit mittlerem Einkommen zugrunde. Dieses mittlere Einkommen kann in den verschiedenen Wirtschaftsbereichen sehr unterschiedlich sein. 2006 hatte eine solche Familie (Beschäftigung im Handel) monatliche Einnahmen aus Berufstätigkeit von 2.148,00 EUR, aus Zinsen, Vermietung, Nebentätigkeiten usw. 553,00 EUR, also **Brutto 2.701,00 EUR**. Nach Abzug von Steuern und Sozialversicherung blieben als **Nettoeinkommen 2.191,00 EUR**. Die Ausgaben teilt man auf in Wohnungsmiete und Energie (Heizung, Strom), Gesundheits- und Körperpflege, Bekleidung und Schuhe, Persönliche Ausstattung, Haushaltsführung, Bildung/Unterhaltung/Freizeit, Verkehr und Nachrichtenübermittlung sowie Nahrungs- und Genussmittel.

Beispiel: Eine Familie gibt nach statistischen Angaben monatlich aus (in EUR): Wohnungsmiete und Energie 608, Nahrungs- und Genussmittel 455, Verkehr und Nachrichtenübermittlung 358, Bildung/Unterhaltung/Freizeit 235, Bekleidung und Schuhe 143, Möbel/Haushaltsgeräte 138, Gesundheits- und Körperpflege 72, persönliche Ausstattung (Taschengeld usw.) 245. **Dies sind zusammen 2.254 EUR**. Liegt das Einkommen dieser Familie bei 2.460 EUR, so **verbleiben 206 EUR**, um zu sparen, z. B. für eine größere Anschaffung, für den Urlaub, für ein Familienfest usw.

Aufgabe:

1. Ein Rentnerehepaar hat im Monat eine Rente von 1.515 EUR zur Verfügung. Für Wohnung/Heizung geben sie 470 EUR aus, für Nahrung/Genussmittel 348 EUR, Bekleidung 62 EUR, Bildung/Unterhaltung 40 EUR, Körperpflege 40 EUR, Taschengeld 70 EUR, für das Auto 162 EUR. Wie viel EUR bleiben ihnen?

2. Eine Rentnerin hat eine Rente von 640 EUR. Da sie krank ist, muss sie bei Medikamenten mit monatlich 41 EUR Zuzahlungen in der Apotheke rechnen, dazu kommen für Miete und Heizung 370 EUR, Nahrung 143 EUR, Telefon/Fernsehen 41 EUR, Bekleidung 25 EUR. Wie viel EUR hat die Rentnerin für ihre sonstigen Wünsche zur Verfügung?

3. Fragen Sie zu Hause einmal nach den **monatlichen Kosten** und tragen Sie die Zahlen, die Sie erfahren, auf- oder abgerundet, in die folgende Tabelle ein und **zählen Sie zusammen**:

Miete: ....
Strom/Gas (Abschlagszahlung an die Stadtwerke): ....
Genussmittel (Tabakwaren/alkoholische Getränke): ....
Lebensmittel (geschätzt): ....
Telefon/Funk und Fernsehen/Kabelanschluss: ....
Verkehrsmittel (Fahrkarten/Autokosten): ....

Zusammen: _____

Knifflig: Welche Zahl gehört an die Stelle der Fragezeichen?

| 1 | 2 | 3 | 1 | 2 | ? | 1 | 2 | ? | 1 |

Name: Klasse: Datum: Bewertung:

Information
Politik/Sozialkunde

Zeitungen sind moderne Informationsquellen

Die **Massenmedien** (medium = Mittel, Mittler) **Presse**, **Rundfunk**, **Fernsehen** und **Film** sind in unserer modernen Gesellschaft unentbehrliche Mittler von Informationen (Information = Unterrichtung, Nachricht, Mitteilung). Niemand kann sich z. B. ohne gründliche Information eine eigene politische Meinung bilden.

In einer Umfrage wurde festgestellt, dass etwa 75 % aller Jugendlichen ein Presseorgan lesen und dass mit steigendem Alter das Interesse daran wächst. Das Wort **Presse** ist ein Sammelbegriff für alle Erzeugnisse, die aus der Druckpresse kommen und die Öffentlichkeit über das aktuelle Geschehen unterrichten. Zu diesen Erzeugnissen zählen in erster Linie **Zeitungen** und **Zeitschriften**.

Zu den **Zeitungen** gehören **Tages-** und **Wochenzeitungen**. Während die Tageszeitungen täglich erscheinen, werden die Wochenzeitungen nur einmal in der Woche gedruckt.

Zwei Drittel der Gesamtauflagen der deutschen Zeitungen werden durch Abonnement, d. h. dauernd bezogen. Ein Drittel der Gesamtauflage der deutschen Zeitungen wird an den Zeitungskiosken oder auf den Straßen verkauft. Diese Straßenverkaufszeitungen nennt man **Boulevard-Blätter** (Boulevard = große breite Straße).

Neben den Zeitungen erscheinen in der Bundesrepublik etwa 10.000 **Zeitschriften**. Diese werden im Wesentlichen in drei Gruppen unterteilt, in **Fach-, Berufs-** und **Unterhaltungszeitschriften**.

Der Inhalt einer **Zeitung** lässt sich in den Nachrichten-, Meinungs-, Unterhaltungs- und Anzeigenteil unterteilen.

Der **Anzeigenteil** wird den Interessenten gegen Bezahlung zur Verfügung gestellt. Besonders an den Wochenenden haben die meisten Zeitungen einen umfangreichen Anzeigenteil.

Aufgabe des **Nachrichtenteils** ist es, über die Gebiete Politik, Wirtschaft, Technik, Kultur, Sport, Kriminalität, Unfallgeschehen oder allgemein interessante Ereignisse zu berichten. Auch erscheinen hier an den Wochenenden besonders ausführliche Berichte über Mode, Auto und Straße, Reise und Erholung, Wissenschaft und Forschung sowie Rundfunk- und Fernsehprogramme.

Im **Meinungsteil** werden die Informationen des Nachrichtenteils kommentiert (Kommentar = Erläuterung, Auslegung). Die Mitarbeiter der Zeitung, die sachkundig sind, nehmen zu bestimmten Ereignissen Stellung und sagen ihre eigene Meinung dazu.

Eine gute Zeitung bemüht sich stets um eine scharfe Trennung von Nachricht und Kommentar. Das gelingt nicht immer, beispielsweise bei der Berichterstattung über eine Sportveranstaltung. Nachricht und Kommentar müssen deutlich getrennt werden, damit der Leser sich wirklich ein eigenes Urteil bilden kann. Er soll nicht bevormundet, d. h. unbemerkt gesteuert werden.

Im **Unterhaltungsteil** einer Zeitung findet man Romane, Erzählungen, Witze, Kreuzworträtsel, Comics und anderes, das der reinen Unterhaltung dient.

Die Herstellung einer Zeitung geschieht in zwei aufeinander folgenden Vorgängen. In der **Redaktion** wird geschrieben und beschlossen, was in die Zeitung kommt. Die technische Durchführung der Herstellung liegt bei der **Druckerei**, der Vertrieb läuft über den **Versand**. Die **Redaktion** (Schriftleitung) bezieht die Nachrichten und Berichte entweder direkt von Berichterstattern (Journalisten, Reportern, Korrespondenten) oder von Nachrichtenbüros, Presseagenturen genannt. In der Bundesrepublik Deutschland sammelt neben anderen die **D**eutsche **P**resse-**A**gentur (dpa) Informationen aus allen Ländern und übermittelt diese an die angeschlossenen Redaktionen. Weitere Nachrichtenquellen sind die Presse- und Informationsdienste des Bundes und der Länder.

Information — Politik/Sozialkunde

6 Zeitungen sind moderne Informationsquellen

Eine Nachricht muss sachlich sein und der Wahrheit entsprechen. Sie soll auf die Fragen „Wer? Wo? Wann? Was? und Wie?" eine Antwort geben.

Eine staatliche Stelle, die Berichterstatter oder Schriftleiter anweist, was sie schreiben müssen oder dürfen, gibt es bei uns nicht. In der Bundesrepublik Deutschland herrscht nach Artikel 5 des Grundgesetzes (GG) Presse- und Meinungsfreiheit. Artikel 5, Absatz 1 und 2 des GG lautet:

(1) Jeder hat das Recht, seine Meinung in Wort, Schrift und Bild frei zu äußern und zu verbreiten und sich aus allgemein zugänglichen Quellen ungehindert zu unterrichten. Die Pressefreiheit und die Freiheit der Berichterstattung durch Rundfunk und Film werden gewährleistet. Eine Zensur findet nicht statt.

(2) Diese Rechte finden ihre Schranken in den Vorschriften der allgemeinen Gesetze, den gesetzlichen Bestimmungen zum Schutze der Jugend und in dem Recht der persönlichen Ehre.

In totalitären Staaten (Staaten mit einer Diktatur) gibt es eine Zensur, d. h. der Staat stellt die Massenmedien unter staatliche Aufsicht und missbraucht sie zu Propagandazwecken.

Bringt eine Zeitung eine falsche Meldung oder fühlt sich jemand durch eine Veröffentlichung verleumdet, so muss diese Zeitung auf Verlangen eine Gegendarstellung veröffentlichen.

Wie in der übrigen Wirtschaft besteht auch im Zeitungswesen ein Bestreben zur Konzentration, d. h. zum Zusammenschluss zu Großunternehmen. Es gibt etwa 1.400 verschiedene Zeitungsausgaben in der Bundesrepublik Deutschland, aber nur rund 170 selbstständige Redaktionen. Dies bedeutet, dass 1.230 Zeitungen mit Ausnahme des örtlich begrenzten Lokal- und Anzeigenteils die gleichen Nachrichten und Kommentare wie die großen Zeitungen der nahe gelegenen Großstädte bringen. Die Pressekonzentration ist aus nahe liegenden Gründen verständlich, für den Leser bedeutet sie aber geringere Möglichkeiten der Information. Der kritische Zeitungsleser sollte darum wissen, welche Grundhaltung seine Zeitung vertritt, welcher politischen Partei sie eventuell nahe steht und wer der Herausgeber ist.

Deutsch

6 Straßennamen

Wenn Sie sich Straßenschilder ansehen, so können Sie feststellen, dass sie manchmal falsch geschrieben sind. Merken Sie sich für das Schreiben von Straßennamen folgende Regeln:

1. **Zusammen in einem Wort** schreibt man **unveränderte** Haupt- oder Eigenschaftswörter:
   Schloss – Schlossstraße;   Glücksburg – Glückburgstraße
   Goethe – Goethestraße;   Hoch – Hochweg

2. **In zwei Wörtern** schreibt man **veränderte** Wörter als Straßennamen:
   Köln – Kölner Straße;   Hannover – Hannoversche Straße
   Englisch – Englischer Weg;   Klein – Kleine Gasse

3. **Getrennt und mit Bindestrich** schreibt man Straßennamen mit mehr als drei Wörtern, z. B. Namen oder Namen mit Titeln:
   Professor Hahn – Professor-Hahn-Straße
   Friedrich von Schiller – Friedrich-von-Schiller-Straße

4. **Ein Verhältniswort** (am, im, auf ...) schreibt man groß, den Straßennamen getrennt und ohne Bindestrich. Steht noch ein Eigenschaftswort dabei, wird dieses groß geschrieben:
   Am **G**rünen Hang;   **A**m **S**chönenkamp
   Auf der Bleiche;   **I**m **K**ühlen Grund

Aufgabe:

Bilden Sie Straßennamen aus folgenden Wörtern:
Nach Regel 1: Zimmer, Mozart, Neu, Bahnhof, Park
Nach Regel 2: Hamburg, Hoch, Berlin, Lang, München
Nach Regel 3: Bad Aachen, Konrad Adenauer, Professor Sauerbruch

Arbeitsblatt
Politik/Sozialkunde

Zeitungen sind moderne Informationsquellen — 6

1. Aufgabe:

Lesen Sie die folgenden Aussagen durch und kreuzen Sie die richtigen Begriffe an.

Presse, Rundfunk, Fernsehen und Film bezeichnet man als
- Information, ☐
- Kommentar, ☐
- Konzentration, ☐
- Massenmedien. ☐

Eine Nachricht, wie sie die Zeitung bringt, ist eine
- Information, ☐
- Kommentar, ☐
- Konzentration, ☐
- Massenmedien. ☐

Die Stellungnahme zu einem Ereignis, in der die Meinung des Verfassers zum Ausdruck kommt, geschieht durch
- Information, ☐
- Kommentar, ☐
- Konzentration, ☐
- Massenmedien. ☐

Der Zusammenschluss von Zeitungen zu Großunternehmen bringt eine Gefahr für die freie Meinungsäußerung. Man nennt einen Zusammenschluss
- ☐
- Konzentration, ☐
- Kommentar, ☐
- Information. ☐

2. Aufgabe:

Beantworten Sie die folgenden Fragen nach Möglichkeit in kurzen Sätzen!

Wodurch wird bei uns die Informations- und Meinungsfreiheit garantiert? (Siehe Artikel 5 GG)

___

Wodurch unterscheidet sich eine Nachricht von einem Kommentar?

___

Welche Nachteile bringt die Pressekonzentration dem einzelnen Zeitungsleser?

___

| Name: | Klasse: | Datum: | Bewertung: |

Mathematik

6 Addieren und Subtrahieren – Test

Lösen Sie die folgenden **Aufgaben** auf diesem Blatt. Sie können die Aufgaben schriftlich lösen und das Ergebnis mithilfe des **Taschenrechners** überprüfen. Sie erinnern sich: Beim Taschenrechner beginnt man bei der Eingabe von Zahlen am Anfang der Zahl.

Regel:
Denken Sie beim Schreiben der Zahlen immer an die Regeln von Kapitel 1 und 3: Einer, Zehner, Hunderter usw. untereinander schreiben, ebenso ist das Komma immer untereinander zu schreiben.

Aufgabe:

1. 7.531 + 239 + 914 =
2. 12.648 – 859 =
3. 1.234 – 1.123 =
4. 683 EUR + 217 EUR – 325 EUR =
5. 17,045 km + 13,055 km – 12,25 km =
6. 5.792 – 4.325 + 368 – 285 + 1.550 =
7. 57,92 – 43,25 + 36,8 – 2,85 + 15,5 =
8. Frau Berger kaufte im Supermarkt ein, hatte aber nur 30,00 EUR in der Tasche. Sie hatte im Einkaufswagen Brot für 2,87 EUR, Butter für 1,91 EUR, Wurst und Fleisch für 14,87 EUR, Obst für 4,32 EUR, Gemüse für 6,12 EUR und Käse für 5,84 EUR. An der Kasse merkte sie, dass sie zu viel im Wagen hatte. Wie viel EUR fehlten ihr?
9. Herr Klinsmann wollte für Geschenke etwa 100,00 EUR ausgeben. Die Bücher, die er kaufte, kosteten im Einzelnen 18,00 EUR, 16,90 EUR, 38,00 EUR, 6,80 EUR und 12,20 EUR. Wie viel EUR blieben ihm noch?
10. Zwei Lieferwagen liefern Ware aus. Wagen A fährt nacheinander 17,3 km; 2,75 km; 8,17 km; 23,723 km; 21,9 km und 13,27 km. Wagen B fährt 2,715 km; 8,3 km; 25,92 km; 18,237 km; 11,04 km und 27,81 km. Welcher Wagen legte mehr km zurück? Wie viel km sind es mehr?

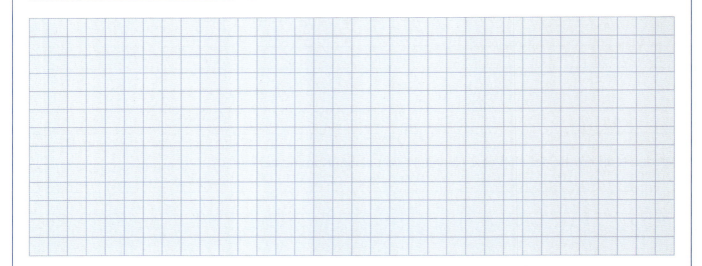

Knifflige Aufgaben:
Im römischen Reich und in Mitteleuropa wurden bis zum Mittelalter folgende **römische Zahlzeichen = Ziffern** zum Rechnen benutzt:

I	II	III	IV	V	VI	VII	VIII	IX	X	L	C	D	M
1	2	3	4	5	6	7	8	9	10	50	100	500	1000

M. D. CC. L X VII heißt:
1.000+500+200+50+10+7=1767

Auf alten Uhren und in alten Büchern findet man noch solche Zahlen. Versuchen Sie die folgenden Zahlen in heute gebräuchlichen Ziffern wiederzugeben.

XII Uhr = _____ Uhr   L.X.IV Jahre = _____ Jahre   M.D.C.L. = _____

M.CCC.XXX.III = _____   M.D.C.L.XX.VIII = _____

Name: Klasse: Datum: Bewertung:

Information
Politik/Sozialkunde

Rundfunk und Fernsehen sind die Fenster zur Welt

„Papier ist geduldig", sagt Jochen, „aber in einer Zeitung sind immer nur die Nachrichten von gestern. Ich höre lieber Radio oder sehe mir das Fernsehen an. Da erhält man Nachrichten vom Tage und sieht Filme, die genau zeigen, wie es gewesen ist."

Hat Jochen Recht? Lesen Sie die folgenden Beispiele und urteilen Sie dann.

Im Fernsehen wird über den Regierungssturz in einer südamerikanischen Hauptstadt berichtet:

In einer Sendung aus dieser Stadt werden brennende Häuser gezeigt. Polizei mit Schlagstöcken drängt eine Menschenmenge in eine Nebenstraße, herumstehende Militärfahrzeuge und ängstliche Menschen werden gezeigt. Die Zuschauer haben den Eindruck, dass hier eine Revolution stattfindet, bei der es zu blutigen Kämpfen gekommen ist und Menschen ihr Leben lassen mussten.

In einer anderen Sendung wird ein Gespräch mit einem in dieser Hauptstadt wohnenden Deutschen gezeigt. Die Straße, in der das Gespräch stattfindet, liegt ruhig da, der Verkehr fließt normal. Der Deutsche berichtet, dass in einem anderen Stadtteil das Büro einer Partei angezündet worden sei, dass es aber weder Verletzte noch Tote gegeben habe. Man hat den Eindruck, dass eine unblutige Revolution stattgefunden hat.

In beiden Berichten steckt etwas Wahrheit. Aber was sich genau ereignet hat, sagt keiner der beiden Berichte.
Werden Nachrichten, Berichte usw. absichtlich so verändert, dass sie entstellt werden, so spricht man von Manipulation (= Machenschaft, Beeinflussung).
Wie kann es zu einer Manipulation kommen?

Wie bei einer Zeitung, so gibt es auch bei den Rundfunk- und Fernsehanstalten Redaktionen, die z. B. die Nachrichtensendungen zusammenstellen. Die Redakteure wählen aus all den Nachrichten, die durch die elektronische Datenübertragung den Redaktionen gemeldet werden, die aus, die ihnen besonders wichtig erscheinen (erste Möglichkeit der Manipulation). Dann werden die Nachrichten so gekürzt, dass innerhalb der Nachrichtensendung möglichst viele Nachrichten verlesen werden können (zweite Möglichkeit der Manipulation). Für das Fernsehen müssen dazu Filmberichte „zusammengeschnitten" werden (dritte Möglichkeit der Manipulation).

Neben der **Information** (= Unterrichtung) durch Nachrichten haben Rundfunk und Fernsehen noch weitere Aufgaben, vor allem, die Hörer zu bilden und zu unterhalten.
Zur **Information** gehören neben den **Nachrichten** noch **Berichte, Kommentare, Direktübertragungen** bedeutender Ereignisse, **Wetter-** und **Straßenzustandsberichte, Sportsendungen** usw.
Um den Hörer oder Fernsehzuschauer zu **bilden,** gibt es verschiedene Sendungen, von denen der **Schulfunk** die älteste und bekannteste ist. In steigendem Maße strahlt das Fernsehen Sendungen zur Weiterbildung aus, vor allem in den dritten Programmen, z. B. **Schulfernsehen, Telekolleg** oder **Kursprogramme.**
Den größten Raum nimmt die **Unterhaltung** ein. Im Hörfunk sind es Musiksendungen und Hörspiele, im Fernsehen Fernsehspiele, Theateraufführungen, Shows, Hitparaden, Quizsendungen usw.
Viele Sendungen, die der Unterhaltung dienen, können durchaus bildenden Inhalt haben und zwar immer dann, wenn der Zuschauer dazu gebracht wird, über eine Sendung nachzudenken und sich mit dem Gesehenen oder Gehörten auseinander zu setzen.
In all diesen Sendungen kann versucht werden, den Zuhörer und Zuschauer so zu beeinflussen, dass dieser die Meinung des Autors der Sendung zu seiner eigenen macht. **Es kann in jeder Sendung manipuliert werden.**

Information
Politik/Sozialkunde

7 Rundfunk und Fernsehen sind die Fenster zur Welt

In der Bundesrepublik Deutschland sind wie in vielen anderen Ländern der Erde Rundfunk und Fernsehen eine Angelegenheit des Staates. Während in Frankreich aber der Staat die Sendeanstalten fast alleine betreibt, ist man in der Bundesrepublik Deutschland einen anderen Weg gegangen.
Bei uns hat der Staat durch Gesetze Rundfunk und Fernsehen als selbstständige Einrichtungen geschaffen. Der Staat bestimmt also nicht, welche Programme gesendet werden. Darüber entscheiden **Ausschüsse**, die als Selbstverwaltungsorgane und Kontrollorgane ins Leben gerufen wurden.

In der Bundesrepublik Deutschland gibt es in den einzelnen Ländern Rundfunkanstalten, die sich in der **ARD** – **A**rbeitsgemeinschaft der **R**undfunkanstalten **D**eutschlands zusammengeschlossen haben.

Neben diesen Rundfunkanstalten gibt es noch Sender, die (vertraglich festgelegt) für die gesamte Bundesrepublik Deutschland zuständig sind. Es sind die **Deutsche Welle**, der **Deutschlandsender** als Hörfunksender und das **Zweite Deutsche Fernsehen (ZDF)** als Fernsehsender.

Seit einigen Jahren gibt es in der Bundesrepublik Deutschland auch **Privat-TV**. Private Sender finanzieren sich hauptsächlich über Werbeeinnahmen. Die bekanntesten Privatsender sind:

Deutsch

7 Das Komma

Beispiel:
Mein Bruder, sagte Nadine, ist verheiratet.
Mein Bruder sagte, Nadine ist verheiratet.
Durch verschiedene Kommasetzung kann der Satz verschiedene Bedeutungen haben.
Das **Komma** oder der **Beistrich** teilt einen Satz in Haupt- und Nebengedanken auf.

Schreiben Sie möglichst kurze Sätze, so dass kein Komma nötig ist!
Selbst in einfachen Sätzen kann jedoch ein Komma vorkommen.

1. **Bei Aufzählungen:**
   Beispiele: Wir essen morgens, mittags, nachmittags und abends etwas. Als Werkzeug braucht er Hammer, Zange, Schraubendreher, Feile, Stecheisen, Hobel und Schmirgelpapier.
2. **Bei angehängten Satzteilen:** Erkennbar ist das Anhängen von Satzteilen an den Bindewörtern **aber, auch, deshalb, nur, also, daher.**
   Beispiele: Er aß regelmäßig, **aber** nicht zu viel.
   Sie war krank, **deshalb** ging sie zum Arzt.

Aufgabe:

Schreiben Sie die folgenden Sätze ab und setzen Sie das Komma richtig ein.
1. Beim Autokauf achtet man auf Reifen Bremsen Kupplung Roststellen Polster Motor und Fahreigenschaften des Wagens.
2. In ihrem Schrank lagen Kugelschreiber Papier Zeitungen Lineal Radiergummi Bleistifte und anderer Bürokram durcheinander.
3. Tom machte allerlei Unsinn **nur** um den zuschauenden Mädchen zu gefallen.
4. Anja machte ihre Arbeit gewissenhaft **auch** wenn sie manchmal deswegen gehänselt wurde.
   Das folgende Beispiel zeigt, dass man ein Komma falsch setzen kann und so einen falschen Sinn herstellt. Eine Übung für die Besten: Schreiben Sie den Satz ab und setzen Sie die Kommas so, dass der Satz richtig wird!
   Da stand das alte Auto auf dem Dach, ein Gepäckständer ohne Scheinwerfer, an den Kotflügeln das Steuerrad, von der Steuersäule gerissen der Kofferraum, mit Abfällen gefüllt alle Räder, ohne Reifen zum Verschrotten.

Arbeitsblatt
Politik/Sozialkunde

Rundfunk und Fernsehen sind die Fenster zur Welt — 7

1. Aufgabe: Setzen Sie die Begriffe richtig in die folgenden Sätze ein.

> Information – Manipulation – Kommunikationsmitteln

Die Berichterstattung über aktuelle Ereignisse und die Erklärung dieser Vorgänge durch Berichte, Kommentare usw. nennt man _____ (Unterrichtung). Zu den _____ _____ (Veröffentlichungsmitteln) zählt man Zeitungen, Zeitschriften, Rundfunk, Fernsehen usw. Werden Berichte, Nachrichten usw. so verändert, dass sie entstellt sind, so spricht man von einer _____ (Machenschaft).

2. Aufgabe: Schreiben Sie die Bedeutung der folgenden Zeichen und Buchstaben auf.

ZDF _____

ARD _____
_____

3. Aufgabe: Lesen Sie die folgenden Beispiele durch und entscheiden Sie, ob es sich um Information, Bildung oder Unterhaltung handelt. Kreuzen Sie im Kästchen den richtigen Begriff an.

Familie B. setzt sich zusammen vor das Fensehgerät, um ein Theaterstück anzusehen. Herr B. hat nämlich gelesen, dass sich das Stück mit einem besonderen Problem aus dem Arbeitsrecht befasst.	Information ☐ / Bildung ☐ / Unterhaltung ☐
Anke und Uwe hatten einen anstrengenden Tag hinter sich. Daher schalteten sie das Radio ein und hörten sich die neuesten Schlager zur Entspannung an.	Information ☐ / Bildung ☐ / Unterhaltung ☐
Eines ließen sich Herr und Frau M. nicht nehmen: Jeden Samstag schauten sie sich die Sendung „Der Markt" an. Sie wussten dann, was sie in der kommenden Woche in den verschiedenen Geschäften beim Einkauf erwartete.	Information ☐ / Bildung ☐ / Unterhaltung ☐
Bei Neumanns war es eine stille Übereinkunft, dass man sich um 19.00 Uhr im ZDF die Sendung „Heute" ansah. Herr Neumann meinte, das gehöre zur Allgemeinbildung. Sohn Udo war da anderer Ansicht.	Information ☐ / Bildung ☐ / Unterhaltung ☐
Frau G. zog sich in ein anderes Zimmer zurück, ihre Tochter folgte ihr. Denn „die Männer" saßen vor dem Bildschirm, um das Fußball-Länderspiel der deutschen Mannschaft gegen Italien zu sehen.	Bildung ☐ / Information ☐ / Unterhaltung ☐

4. Aufgabe: Immer wieder wird versucht, Rundfunkhörer oder Fernsehzuschauer zu manipulieren. Entscheiden und kreuzen Sie an, ob es sich bei den folgenden Beispielen um eine Manipulation handelt.

Manipulation?

Beide Fernsehprogramme übertrugen die Regierungserklärung der neuen Regierung und anschließend die Debatte der Parteien aus dem Bundestag.	ja ☐ / nein ☐
Eine Schallplattenfirma verteilt Postkarten an bestimmte Fans, damit diese für die nächste Hitparade besonders häufig für einen bestimmten Sänger stimmen. Die Plattenfirma verspricht sich eine besonders große Nachfrage nach Platten.	ja ☐ / nein ☐
Im Fernsehen folgte im Anschluss an die Nachrichten ein Spielbericht zu einem Fußballspiel, bei dem überwiegend die etwas unfaire Spielweise eines einzigen Spielers gezeigt wurde. Gerd meinte hinterher, es sei wohl ein hartes und unfaires Spiel gewesen...	ja ☐ / nein ☐

Name: _____ Klasse: _____ Datum: _____ Bewertung: _____

© Bildungsverlag EINS GmbH

Mathematik

7 Malnehmen – Multiplizieren ganzer Zahlen

Regel:
Das Malnehmen oder Vervielfachen ist ein abgekürztes Zusammenzählen gleicher Zahlen. Die Zahlen, die miteinander malgenommen (multipliziert) werden müssen (die Faktoren), kann man vertauschen. Das **Ergebnis** der Rechnung ist das **Produkt**.

Beispiel:

```
  + 46      Statt zusammenzuzählen kann
  + 46      man
  + 46      malnehmen:
  + 46      Zehner
  + 46      | Einer
  =184      |  |
            46 · 4
           1 6+2 4    4 mal 6 Einer = 24 Einer
           1 8 4      4 mal 4 Zehner = 16 Zehner
```

(24 Einer sind 4 Einer und 2 Zehner, 16 Zehner sind 6 Zehner und 1 Hunderter.)
Dann sind wieder Einer, Zehner und Hunderter zusammenzuzählen.

Mit dem **Taschenrechner**:
Tasten 4, 6

Taste × (mal)

Taste 4

Taste = (gleich)

Im **Display** erscheint das **Ergebnis**.

Beim Malnehmen heißt das Ergebnis **Produkt**.

Aufgabe:

1. 143 · 2 =
2. 321 · 3 =
3. 2.122 · 4 =
4. 283 · 3 =
5. 192 · 4 =
6. 1.021 · 8 =
7. 9.321 · 6 =
8. 11.807 · 7 =
9. 156.736 · 8 =
10. Für ein Elektrogerät muss Herr Breuer 9 Monatsraten zu 85,– EUR bezahlen. Wie teuer ist das Gerät?
11. Ein Arbeiter erhält in der Woche nach allen Abzügen 326,– EUR. Wie viel EUR verdient er in 6 Wochen?
12. Ein Musiker einer kleinen Band spielt an 6 Wochenenden im Karneval und verdient pro Wochenende 245,– EUR. Wie viel EUR hat er in der Karnevalszeit verdient?

Gar nicht so knifflig, mehr etwas **zum Raten**: Welche Zahlen passen in die mittleren Kästchen? Es hat mit Malnehmen zu tun!

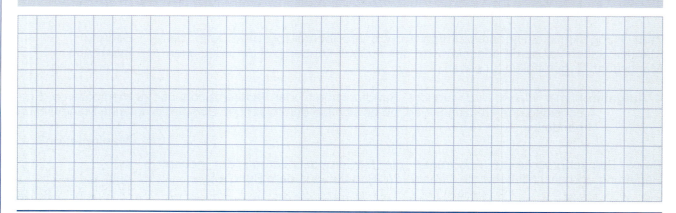

Name: Klasse: Datum: Bewertung:

Information
Politik/Sozialkunde

Von den Grundrechten der Menschen

Solange Menschen leben, versuchen sie, ihr Leben in Freiheit, Sicherheit und gerechter Ordnung zu verbringen.

Aus der Geschichte wissen wir aber, dass ein großer Teil der Menschen früher keine Rechte hatte, z. B. Sklaven oder Leibeigene. Die Herrscher konnten mit ihren „Untertanen" machen, was sie wollten und wegen ihrer Hautfarbe oder Religion wurden schon vor Jahrhunderten Menschen verfolgt und getötet. Während des Dritten Reiches sind politisch Andersdenkende und Angehörige anderer Rassen als „Menschen ohne Rechte" in Konzentrationslagern umgebracht worden.

Nach dem Zweiten Weltkrieg wurde am 10. Dezember 1948 die **Allgemeine Erklärung der Menschenrechte** von den „Vereinten Nationen" (= UN oder UNO) angenommen. Darin heißt es:

„Alle Menschen sind frei und gleich an Würde und Rechten geboren.", und
„Jeder Mensch hat Anspruch auf die in dieser Erklärung verkündeten Rechte und Freiheiten.".

Trotzdem werden auch heute noch die **Menschenrechte** in vielen Ländern eingeschränkt und missachtet. Die Medien berichten täglich davon.

Sind die **Menschenrechte** in unserer **Bundesrepublik gewährleistet**? Hat der Einzelne **Grundrechte**, die ihn vor der Willkür anderer schützen?

Unsere **Verfassung** – das **Grundgesetz** – enthält die Richtlinien für unser Zusammenleben. In 146 Artikeln (Abschnitten) ist der Aufbau unseres Staates festgelegt. Allen anderen Bestimmungen sind aber die **Grundrechte** der Bürger dieses Staates vorangestellt.

Im **Artikel 1** wird ein **Bekenntnis zu den Menschenrechten abgelegt**. Es heißt dort:

„Die Würde des Menschen ist unantastbar ... Das Deutsche Volk bekennt sich darum zu unverletzlichen und unveräußerlichen Menschenrechten ..."

Im 3. Absatz des gleichen Artikels wird gesagt, dass die Grundrechte für Gesetzgebung, Regierung, Verwaltung und Gerichte geltendes Recht sind. Wenn sich jemand in diesen Rechten verletzt fühlt, kann er vor Gericht klagen.

In den Artikeln 2 bis 19 werden die anderen Grundrechte der Staatsbürger aufgezählt. Dort steht auch, wann und wie weit die Grundrechte des Einzelnen im Interesse der Allgemeinheit eingeschränkt werden können.

Für jeden von uns haben die **Grundrechte** große Bedeutung!

Dieser Artikel	bedeutet UNS
Artikel 2 Freie Entfaltung der Persönlichkeit, Recht auf Leben, Freiheit der Person	Jeder kann sein Leben nach eigenem Willen gestalten, darf aber seine Mitmenschen nicht schädigen. Der Staat muss unser Leben schützen und uns in Not helfen. Die Freiheit darf nur im Interesse des Gemeinwohls eingeschränkt werden. Letzteres geschieht z. B. durch ein Rauchverbot in Bahnen, Bussen, Zügen und Behörden.
Artikel 3 Gleichheit vor dem Gesetz. Gleichberechtigung von Mann und Frau	Vor dem Gesetz gelten alle Bürger gleich, ohne Rücksicht auf Armut oder Reichtum, einfache oder vornehme Herkunft. Frauen haben die gleichen Rechte wie Männer.
Artikel 4 Glaubens- und Gewissensfreiheit, Kriegsdienstverweigerung	Jeder kann seine Religion selbst wählen und darf glauben, was er will. Wer aus überzeugenden Gewissensgründen den Dienst mit der Waffe ablehnt, wird nicht bestraft.

© Bildungsverlag EINS GmbH

8 Von den Grundrechten der Menschen

Information — Politik/Sozialkunde

Artikel 5 Meinungs- und Pressefreiheit	Jeder kann sich durch Gespräche, Zeitungen, Bücher, Rundfunk, Fernsehen usw. ungehindert unterrichten. Meinungen und Ansichten darf jeder verbreiten, wenn sie nicht unwahr sind oder gegen Gesetze und Sitten verstoßen.
Artikel 6 Schutz von Ehe und Familie	Der Staat muss die Mütter, Familien und unehelichen Kinder schützen und ihnen helfen, z. B. durch Steuergesetze, Wohnungsbau, Arbeitsrecht usw.
Artikel 7 Recht auf Schulbildung	Alle Bürger haben das Recht auf eine gute Schulbildung ohne irgendwelche Einschränkungen.
Artikel 8 Versammlungsfreiheit	Jeder kann eine Versammlung einberufen oder an ihr teilnehmen, wenn die Leute friedlich und ohne Waffen zusammenkommen. Auf Straßen oder Plätzen dürfen diese Versammlungen jedoch niemanden behindern.
Artikel 9 Recht zur Gründung von Vereinen	Wer will, kann einen Verein gründen. Vereine, die unseren Staat gefährden oder deren Tätigkeit strafbar ist, sind verboten.
Artikel 10 Wahrung des Brief- und Fernmeldegeheimnisses	Wer Telefongespräche abhört oder fremde Brief-, Telegramm- und Paketpost öffnet, macht sich strafbar. Nur nach Genehmigung des Gerichtes darf die Polizei die Post und Gespräche verdächtiger Personen kontrollieren.
Artikel 11 Freizügigkeit im Bundesgebiet	Im Bundesgebiet kann sich jeder frei bewegen und Wohnsitz nehmen, wo er will. Für verdächtige Personen, solche mit ansteckenden Krankheiten oder für Jugendliche kann dieses Grundrecht eingeschränkt werden.
Artikel 12 Freiheit der Berufswahl und des Arbeitsplatzes	Es steht jedem Bürger frei, sich seinen Arbeitsplatz und Beruf selbst zu suchen. Nur straffällig gewordene Bürger können zur Arbeit gezwungen werden.
Artikel 13 Unverletzlichkeit der Wohnung	Wohn- und Geschäftsräume dürfen nur mit Willen des Eigentümers oder Mieters betreten werden. Falls die Polizei einen Täter verfolgt oder einen richterlichen Durchsuchungsbefehl hat, muss man sie einlassen.
Artikel 14 Garantie des Eigentums und Erbrechts	Was jemand erbt oder als Eigentum erwirbt, gehört ihm. Nur im Interesse aller Bürger kann ein Eigentümer gezwungen werden, z. B. ein Grundstück für den Straßenbau, zum Bau einer Talsperre o. Ä. zu verkaufen.
Artikel 15 Überführung von Grund, Boden, Naturschätzen und Produktionsmitteln in Gemeineigentum	Im Interesse der Allgemeinheit könnte z. B. ein See gegen Entschädigung dem Besitzer enteignet werden, wenn ein Elektrizitätswerk gebaut werden soll.
Artikel 16 Recht auf deutsche Staatsangehörigkeit, Asylrecht	Unser Staat darf keinem Bürger gegen dessen Willen die deutsche Staatsangehörigkeit entziehen. Dadurch wird verhindert, dass jemand „staatenlos" wird. Politisch verfolgte Menschen, die zu uns kommen, nehmen wir auf.
Artikel 17 Petitionsrecht (Beschwerden und Eingaben)	Jeder hat das Recht, sich einzeln oder in Gruppen mit seinen privaten oder politischen Angelegenheiten an die Volksvertretung zu wenden. Alle Eingaben müssen geprüft und nach Möglichkeit verwendet werden.
Artikel 18 Schutz dieser Grundrechte	Die Grundrechte dürfen nicht zum Kampf gegen die Verfassung ausgenutzt werden. Wer das tut, dem kann das Gericht einen Teil der Grundrechte entziehen.

© Bildungsverlag EINS GmbH

Arbeitsblatt
Politik/Sozialkunde

Von den Grundrechten der Menschen

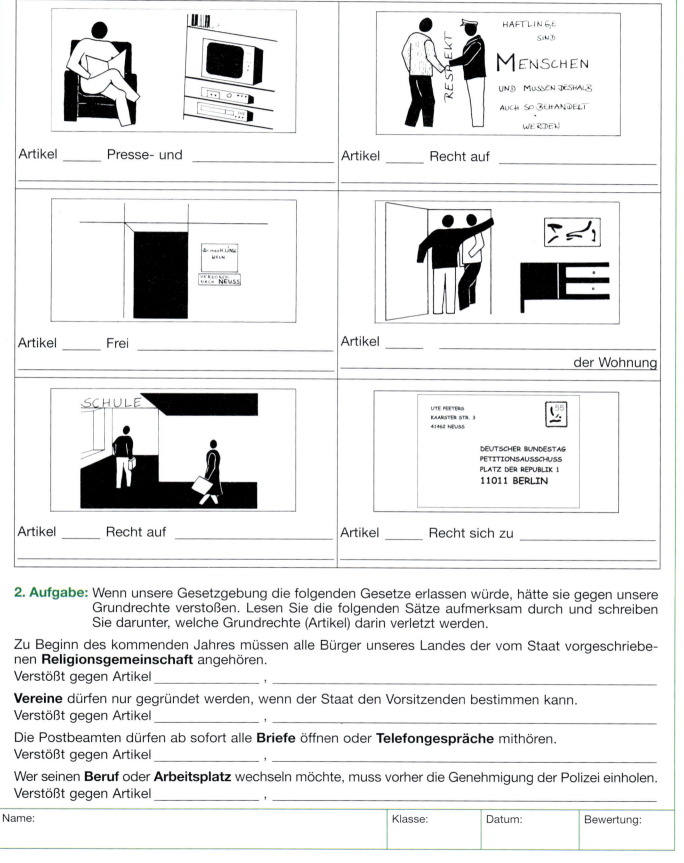

1. Aufgabe: Einige Grundrechte sind unten bildhaft dargestellt. Um welche Grundrechte handelt es sich? Schreiben Sie die Nummer des Artikels unter das Bild und vervollständigen Sie den Wortlaut!

Artikel _____ Presse- und _____

Artikel _____ Recht auf _____

Artikel _____ Frei _____

Artikel _____ _____ der Wohnung

Artikel _____ Recht auf _____

Artikel _____ Recht sich zu _____

2. Aufgabe: Wenn unsere Gesetzgebung die folgenden Gesetze erlassen würde, hätte sie gegen unsere Grundrechte verstoßen. Lesen Sie die folgenden Sätze aufmerksam durch und schreiben Sie darunter, welche Grundrechte (Artikel) darin verletzt werden.

Zu Beginn des kommenden Jahres müssen alle Bürger unseres Landes der vom Staat vorgeschriebenen **Religionsgemeinschaft** angehören.
Verstößt gegen Artikel _____ , _____

Vereine dürfen nur gegründet werden, wenn der Staat den Vorsitzenden bestimmen kann.
Verstößt gegen Artikel _____ , _____

Die Postbeamten dürfen ab sofort alle **Briefe** öffnen oder **Telefongespräche** mithören.
Verstößt gegen Artikel _____ , _____

Wer seinen **Beruf** oder **Arbeitsplatz** wechseln möchte, muss vorher die Genehmigung der Polizei einholen.
Verstößt gegen Artikel _____ , _____

Name:	Klasse:	Datum:	Bewertung:

Mathematik

8 Malnehmen – Multiplizieren mehrstelliger Zahlen

Regel:
Bei mehrstelligen Zahlen nimmt man erst mit den Einern, dann mit den Zehnern usw. mal. Dabei rückt man von den Einern zu den Zehnern eine Reihe nach unten und eine Stelle nach links.

Beispiel:

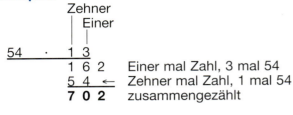

Einer mal Zahl, 3 mal 54
Zehner mal Zahl, 1 mal 54
zusammengezählt

Mit dem **Taschenrechner**: geht es einfacher

Taste 5, 4

Taste × (mal)

Taste 1, 3

Taste = (gleich)

Im **Display** erscheint das **Ergebnis**.

Aufgabe:

1. 41 · 21 =
2. 85 · 31 =
3. 361 · 12 =
4. 426 EUR · 15 =
5. 3.287 EUR · 28 =
6. 6.307 EUR · 47 =
7. 694 m · 10 =
8. 694 m · 100 =
9. 848 m · 621 =
10. In einer Lampenfabrik fertigt eine Arbeiterin täglich 14 Lampenschirme an. Wie viele Lampenschirme fertigt sie in einem Jahr mit 240 Arbeitstagen an?
11. Für ihre Steuererklärung rechnet Frau Jansen ihren Weg zur Arbeitsstätte aus. Sie fährt mit dem Auto 35 km zur Arbeitsstätte und das an 234 Tagen im Jahr. Die einfache Entfernung wird (ab 2007) um 20 km gekürzt. Wie viel km kann sie in die Steuererklärung eintragen?
12. Für seinen neuen Fernseher hat Herr Kramer mit dem Händler Ratenzahlung vereinbart und zwar 24 Raten zu 29,50 EUR. Wie teuer war das Fernsehgerät?

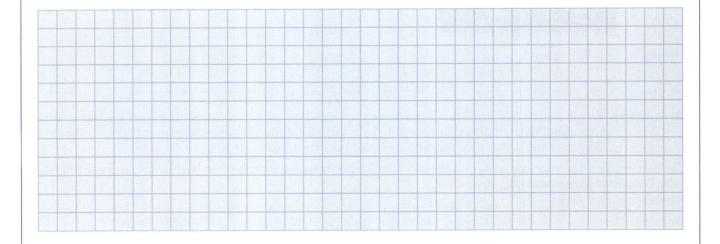

Zum Knobeln:

Setzen Sie die folgende Zahlenreihe richtig fort: 3 5 7 9 11 13 _____ _____ _____

| Name: | Klasse: | Datum: | Bewertung: |

Information
Politik/Sozialkunde

Von der Straffähigkeit 9

Wenn Menschen in Ruhe und Ordnung miteinander leben wollen, müssen sie sich an bestimmte Spielregeln halten. Wer gegen diese **„Spielregeln"** verstößt, kann bestraft werden.
Es ist ein Unterschied, ob ein Kind oder ein Erwachsener einen Schaden anrichtet. Bei uns in der Bundesrepublik geht man davon aus, dass ein junger Mensch erst mit entsprechender Einsichts- und Erkenntnisfähigkeit voll verantwortlich wird. Der Gesetzgeber hat dies berücksichtigt. Er spricht von

Kindern von der Geburt bis zum 14. Lebensjahr
Jugendlichen von 14 bis 18 Jahren
Erwachsenen über 18 Jahren.

Wenn ein 6-jähriger Junge mit seinem Ball eine Schaufensterscheibe zertrümmert, muss jemand für den Schaden aufkommen. Der Junge hat ein Delikt begangen. Ein Delikt ist eine **Schadenszufügung** oder **unerlaubte Handlung**. Da der Junge die Folgen seines Tuns noch nicht erkennen kann, haftet er nicht für den Schaden. Dafür haften die **Eltern**, vor allem, wenn sie ihre **Aufsichtspflicht** verletzt haben.
Der Gesetzgeber sagt: „Von der **Geburt bis zum 7. Lebensjahr** besteht keine Schadenshaftung." Das Kind ist **deliktsunfähig**. Vom 7. bis zum 18. Lebensjahr muss man für den Schaden aufkommen, den man anderen zufügt. Es muss aber die nötige Einsicht vorhanden sein.

Beispiel:

Zwei 16-jährige Mädchen spazieren durch die Straße und lassen Apfelsinenschalen auf den Gehweg fallen. Ein alter Mann rutscht auf den Schalen aus, fällt hin und Brille und Uhr gehen entzwei.
Müssen die Mädchen den Schaden ersetzen? – Ja! Sie müssen für den angerichteten Schaden mit ihrem selbst verdienten Geld aufkommen, da sie alt genug waren, die Gefährlichkeit ihres Handelns einzusehen. Wenn die Mädchen nicht freiwillig den entstandenen Schaden ersetzen, kann der alte Mann ein Gerichtsurteil auf Zahlung des Schadens erwirken. Das Urteil hat dann 30 Jahre Gültigkeit.

Im Gesetz heißt es: Vom **7. bis zum 18. Lebensjahr** ist man **beschränkt deliktsfähig**. Wer älter als 18 Jahre ist, muss selbst verantworten, wenn er anderen einen Schaden zufügt. Ab **18 Jahren** ist man **voll deliktsfähig**.

Wer anderen Schaden zufügt, kann außerdem dafür **„Im Namen des Volkes"** bestraft werden. Dazu folgendes Beispiel:

Drei Jungen haben ein Auto aufgebrochen. Sie haben ein Fenster zerschlagen, sind eingestiegen und ein Stück mit dem Wagen gefahren. Das beschädigte Fahrzeug ließen sie irgendwo stehen. Ein Junge war zur Tatzeit 13 Jahre, der zweite 14 und der dritte 16 Jahre alt. Alle drei haben dem Autobesitzer Schaden zugefügt und sich des Diebstahls schuldig gemacht. Müssen die Jungen den Schaden gutmachen? – Ja!
Können die Jungen bestraft werden? – Ja und nein.
Den Schaden müssen sie auf jeden Fall wieder gutmachen, denn alle drei sind älter als 7 Jahre und daher beschränkt deliktsfähig. Außerdem können die beiden älteren Jungen vom Jugendgericht bestraft werden. Nach dem **Jugendgerichtsgesetz** vom 11.12.1974 beginnt mit **14 Jahren** die **beschränkte Strafmündigkeit**.

Information
Politik/Sozialkunde

9 Von der Straffähigkeit

Der 13-jährige Junge ist noch **strafunmündig**, wie alle Kinder bis zum 14. Lebensjahr. Wer **14 bis 18 Jahre** alt ist, kann nach dem Jugendstrafrecht bestraft werden. Nach Vollendung **des 18. Lebensjahres** ist jeder strafmündig. Es gilt das Erwachsenenstrafrecht, wenn eine Straftat begangen wird.
Voraussetzung für eine Bestrafung ist, dass jemand eine Schuld auf sich geladen hat. Man muss jedoch reif genug sein, das Unrecht der Tat zu erkennen. Daher kann der junge Mensch vom 18. bis zum 21. Lebensjahr noch nach dem Jugendstrafrecht verurteilt werden, wenn er in seiner geistigen Entwicklung Jugendlichen gleicht. Die strafrechtliche Verantwortung des Jugendlichen, die Strafarten und das Verfahren sind im Jugendgerichtsgesetz – JGG – geregelt.
Nach dem Jugendstrafrecht gibt es folgende Strafen:

1. Erziehungsmaßregeln:
   a) Weisungen, z. B. Erbringen von Arbeitsleistungen, Teilnahme am Verkehrsunterricht, Verbot des Besuchs von Vergnügungs- oder Gaststätten
   b) Erziehungsbeistand
   c) Fürsorgeerziehung

2. Zuchtmittel:
   a) Verwarnung – Sie hält dem Jugendlichen sein Unrecht eindringlich vor.
   b) Auferlegung besonderer Pflichten (Auflagen) wie z. B. Schaden wieder gutmachen oder einen bestimmten Geldbetrag an eine gemeinnützige Einrichtung zahlen.
   c) Jugendarrest – Er wird als Freizeit-, Kurz- oder Dauerarrest verhängt.
      Der Freizeitarrest umfasst als Wochenendarrest 1- bis 4-wöchentliche Freizeiten.
      Der Kurzarrest wird in einer zusammenhängenden Zeit von 2 bis 6 Tagen vollzogen.
      Der Dauerarrest beträgt mindestens 1 Woche, höchstens 4 Wochen.

3. Jugendstrafen:
   Freiheitsentzug in einer Jugendstrafanstalt. Diese Strafe wird verhängt, wenn der Jugendliche mit seiner Tat gezeigt hat, dass Erziehungsmaßnahmen und Zuchtmittel nicht ausreichen oder wenn wegen der Schwere der Schuld diese Strafe erforderlich ist. Die niedrigste Strafe beträgt 6 Monate, das Höchstmaß in der Regel 5 Jahre. Bei Gewaltverbrechen, z. B. Mord, beträgt das Höchstmaß 10 Jahre. Unter bestimmten Voraussetzungen kann die Strafe zur Bewährung ausgesetzt werden. Zweck des Jugendgerichtsgesetzes ist es, straffällig gewordenen jungen Menschen Selbstbesinnung und Einkehr zu ermöglichen und ihnen den Weg in ein normales Leben offen zu halten.

Deutsch

9 Das Urlaubsgesuch

Es kann sein, dass Sie aus dringenden Gründen dem Unterricht fernbleiben müssen. Wenn Sie dies vorher wissen, so müssen Sie ein Gesuch um Urlaub an die Schule schicken oder Ihrem Lehrer geben.

Beispiel:

> Karin Baier   12. Juni 20..
> Klasse U2
>
> Sehr geehrter Herr Baum,
>
> am 6. Juni wird mein Bruder heiraten. An dieser Hochzeit möchte ich teilnehmen. Ich bitte Sie, mich vom Unterricht zu beurlauben.
>
> Mit freundlichem Gruß   Für die Richtigkeit:
>
> Karin Baier   Klaus Baier

Sie können eine Entschuldigung oder ein Urlaubsgesuch selbst unterschreiben. Wenn Sie aber noch **keine 18 Jahre alt sind, muss der Vater oder die Mutter auch** unterschreiben.

Aufgabe:
1. Zeichnen Sie eine Postkarte auf (30 Kästchen lang, 21 breit).
2. Schreiben Sie ein Urlaubsgesuch an Ihren Lehrer. Sie möchten einen Tag in der Schule fehlen, weil Ihr Sportverein Sie acht Tage zu einem Lehrgang schickt.

Arbeitsblatt
Politik/Sozialkunde

Von der Straffähigkeit — 9

1. Aufgabe:
In der Gesetzgebung haben die Altersstufen der Menschen bestimmte Bezeichnungen. Setzen Sie das richtige Alter ein.

Kind heißt man von der _____ bis zum _____ Lebensjahr.
Jugendlicher ist man vom _____ bis zum _____ Lebensjahr.
Erwachsener ist man vom _____ Lebensjahr an.

2. Aufgabe:
Was versteht man unter **Straffähigkeit**? Kreuzen Sie das richtige Feld an.

Man kann für eine Untat **bestraft** werden. ☐
Man kann für eine Untat **nicht bestraft** werden. ☐
Man kann **andere** für eine Untat **bestrafen**. ☐

3. Aufgabe:
Kinder **unter 14 Jahren** erdrosseln beim Indianerspiel einen Mitspieler.
Können die Kinder deshalb bestraft werden? – ja – nein –
Warum können die Kinder bestraft oder nicht bestraft werden?

_____
_____

Der **16-jährige Dennis** stiehlt ein Moped.
Kann er dafür bestraft werden? – ja – nein –
Warum kann er dafür bestraft oder nicht bestraft werden?

_____
_____

Ein **19-Jähriger** überfällt eine Frau und entreißt ihr die Handtasche.
Kann er dafür bestraft werden? – ja – nein –
Warum kann er dafür bestraft oder nicht bestraft werden?

_____
_____
_____

4. Aufgabe:
Setzen Sie die richtigen Alterszahlen ein.

Von der _____ bis ____ Jahre ist man **strafunfähig**.
Von ____ Jahren bis ____ Jahre ist man **beschränkt straffähig**.
Ab ____ Jahre ist man **voll straffähig**.
Von ____ Jahren bis ____ Jahren kann man vielleicht noch nach dem Jugendstrafrecht verurteilt werden.

Name: Klasse: Datum: Bewertung:

Mathematik

9 Malnehmen – Multiplizieren von Dezimalbrüchen

Regel:
Dezimalbrüche nimmt man wie ganze Zahlen mal und streicht vom Ergebnis – von rechts nach links – so viele Stellen ab, wie die Zahlen, die miteinander malgenommen werden, zusammen Stellen hinter dem Komma (Dezimalstellen) haben.

Beispiele:

```
  3,54 · 4,65    ← Zusammen 4 Stellen
   1 7 7 0         hinter dem Komma
   2 0 7 0
 1 4 1 6
 1 6,4 0 7 0   ← 4 Stellen hinter dem
                  Komma
```

Mit dem **Taschenrechner**:
Taste 3
Taste · (= Komma)
Tasten 5, 4
Taste × (mal)
Taste 4
Taste · (= Komma)
Tasten 6, 5
Taste = (gleich)
Im **Display** erscheint das **Ergebnis**.

Aufgabe:

1. 19,4 · 2 =
2. 68,51 · 9 =
3. 375,103 · 7 =
4. 13,25 · 15 =
5. 284,03 · 42 =
6. 4.232,7 · 32 =
7. 23,7 · 67,9 =
8. 2,37 · 6,79 =
9. 8,45 · 1,006 =
10. Ein Quadratmeter (m^2) Bauland kostet 56,80 EUR. Wie viel kostet ein Grundstück, das eine Fläche von 465 m^2 hat?
11. Für einen Zaun braucht der Gartengestalter 715 Latten, die 1,74 m lang sein müssen. Wie viel m Latten muss er insgesamt haben?
12. Für eine Fete kauft jemand 4 Kästen Bier zu 10,99 EUR, 2 Kästen Wasser zu 3,99 EUR und 3 Kästen Cola zu 3,89 EUR. Wie viel Geld gibt er insgesamt aus?

Fangfrage:
Bei der Angabe von Dezimalstellen sagt man z. B. „Vier Komma Fünfundzwanzig". Stehen hinter dem Komma tatsächlich 25? Hier die Frage: Wie groß ist der Unterschied zwischen „Null Komma Neun" und „Null Komma Zehn"?

Name:	Klasse:	Datum:	Bewertung:

Information
Politik/Sozialkunde

Der Streit zweier Bürger wird geschlichtet — 10

Elvira hat ihrer Freundin Petra im Sommerurlaub 100,– EUR geliehen. Petra wollte das Geld bis zum Weihnachtsfest desselben Jahres zurückzahlen. Sie tat dies aber nicht.

Petra ist ihren Zahlungsverpflichtungen also nicht nachgekommen. Sie ist in Zahlungsverzug geraten.

Als Petra trotz wiederholter Mahnungen ihre Schuld bis März des folgenden Jahres noch nicht beglichen hat, sagt Elvira zu ihr: „Nun reicht es mir aber. Da Du die 100,– EUR bisher nicht an mich zurückgezahlt hast, werde ich mein Recht einklagen!"

In diesem Beispiel handelt es sich um den Streit zweier Bürgerinnen oder um einen **bürgerlichen Rechtsstreit**. Für solche Fälle ist das **Zivilgericht** zuständig. (Das Wort ZIVIL heißt bürgerlich.)

Die Zivilgerichte entscheiden in Streitigkeiten, die sich aus den privaten Beziehungen der Menschen zueinander ergeben. Zu diesen Rechtsstreitigkeiten gehören: Nichteinhaltung von Verträgen, Kauf, Miete, Pacht, Ansprüche auf Schadensersatz, z. B. als Folge eines Verkehrsunfalles, Unterhaltsforderungen, Ehescheidungsklagen, Beleidigungen und üble Nachrede.

Das Verfahren – der Gang der Verhandlung – vor den Zivilgerichten ist durch **die Zivilprozessordnung – ZPO –** gesetzlich geregelt.

Die Grundsätze des Zivilprozesses lauten:

1. Die Parteien bestimmen den Gegenstand des Prozesses durch ihre Anträge. Hier besteht nicht der Grundsatz, dass das Gericht alles von sich aus untersuchen muss.
2. Zu den richterlichen Pflichten gehört die Aufklärungs- und Fragepflicht. Das Gericht soll im Verfahren um eine gütliche Beilegung des Rechtsstreites bemüht sein.
3. Die streitenden Parteien müssen Erklärungen über den Sachverhalt wahrheitsgemäß abgeben. Sie müssen auf Anordnung des Gerichtes persönlich erscheinen.
4. Die Verhandlung vor dem Gericht findet mündlich statt. Dadurch soll der Rechtsstreit rasch und richtig zu Ende gebracht werden.
5. Jede Partei erhält die Gelegenheit, sich sachlich zu äußern.

Wie kommt Elvira zu ihrem Recht und zu ihrem Geld?

Da **sie** etwas von Petra will, muss **sie** sich um ihr Recht kümmern. Elvira kann das zuständige Gericht um Hilfe anrufen. Sie ist dann die **Klägerin**, Petra ist die **Beklagte**.

Der Kläger kann seine **Klage** entweder selbst mündlich bei der **Rechtsantragsstelle** des **zuständigen Gerichtes** vortragen oder schriftlich einreichen. Der Schriftsatz muss in doppelter Ausfertigung vorgelegt werden. Aus ihm muss zu ersehen sein, wer der Beklagte ist, aus welchen Gründen er verklagt wird und was man von ihm verlangt.

Wer nicht schreibgewandt ist, wendet sich am besten an einen **Rechtsberater** oder **Rechtsanwalt**. Dieser fertigt die erforderlichen Schriftstücke an und vertritt seine Partei auch vor Gericht.

Beim Einreichen der Klage muss der Kläger einen Kostenvorschuss entrichten. Wer nachher tatsächlich zahlen muss, ergibt sich aus dem Urteil. Auch der Arme kann zu seinem Recht kommen. Wenn sein Rechtsstreit nicht aussichtslos erscheint, übernimmt der Staat den Kostenvorschuss (Armenrecht)!

Information
Politik/Sozialkunde

10 Der Streit zweier Bürger wird geschlichtet

Der **Richter** lädt beide Parteien zu einer mündlichen Verhandlung. Der Beklagte erhält mit der Vorladung die Abschrift der Klage, damit er weiß, um was es geht. Auch der Beklagte kann sich von einem Rechtsanwalt vertreten lassen.

Wenn zum festgesetzten Termin der oder die Richter den Verhandlungsraum betreten, erheben sich die Anwesenden von ihren Plätzen.

Der Richter stellt zunächst die Anwesenheit fest. Fehlt eine Partei, so ergeht ein **Versäumnisurteil**. Sind jedoch beide Parteien erschienen, wird die Klage verlesen. Nun versucht der Richter zunächst, die streitenden Parteien zu einer gütlichen Einigung zu bringen. Kommt es jedoch nicht zu einem Vergleich, wird die **Beweisaufnahme** vorgenommen.

Sagen Kläger und Beklagter das Gleiche aus, kann der Richter schnell zu einem Urteil kommen. Sehr oft widersprechen sich aber die Aussagen der Streitenden. Dann muss das Gericht versuchen festzustellen, welche Behauptung richtig ist. Dazu werden **Zeugen** vernommen, **Sachverständige** herangezogen und **Urkunden** eingesehen. Die Zeugen können zum **Eid** aufgefordert werden.

Der Rechtsstreit wird durch das **Urteil** beendet. Dabei gibt es zwei Möglichkeiten: Entweder wird das Gericht der Klage ganz oder teilweise stattgeben oder es weist die Klage ab.

Der **Verlierer** muss **alle Kosten** bezahlen, auch die des Gegners und der Rechtsanwälte.

Ist der Kläger oder der Beklagte nicht mit dem Urteil einverstanden, kann er beim nächsthöheren Gericht **Berufung** einlegen. In besonderen Fällen kann auch **Revision** beantragt werden.

Deutsch

10 Der Privatbrief (1)

Wenn Sie einen Brief schreiben, müssen Sie sich zuerst fragen: An wen schreibe ich? Denn es gibt verschiedene Arten, einen Brief zu schreiben: Sie können an Verwandte oder Bekannte schreiben, an einen Vorgesetzten, eine Behörde usw.

Der Brief an Verwandte oder Bekannte soll in einem freundlichen, herzlichen Ton geschrieben werden.

Beachte:
1. Oben rechts auf dem Briefblatt steht der Absenderort und das Datum.
2. Es folgt die Anrede, danach
3. der eigentliche Brieftext.
4. Am Schluss grüßen und unterschreiben Sie.

Beispiel:

> Moers, den 15. August 20..
>
> Liebe Eltern,
>
> seit einigen Tagen bin ich nun hier in meiner neuen Wohnung. Ich habe mich gut eingelebt und muss noch
>
> zum Schluss grüßt euch herzlich
> euer Andreas

Aufgabe:

Schreiben Sie auf einem Blatt (A 4) einen Brief an Ihren Freund und danken Sie ihm für die Einladung zur Geburtstagsparty.

Achten Sie darauf: Kurze Sätze bilden. Links einen breiten Rand lassen und alle Reihen genau untereinander beginnen!

Arbeitsblatt
Politik/Sozialkunde

Der Streit zweier Bürger wird geschlichtet — 10

1. Aufgabe:
Lesen Sie die folgenden Fragen und kreuzen Sie die **richtigen Antworten** an.

1. Vor welchem Gericht können zwei Bürger ihren privaten Rechtsstreit austragen?
- Arbeitsgericht — A
- Strafgericht — E
- Zivilgericht — R

2. Welche Streitigkeiten werden im Einzelnen vor einem Zivilgericht verhandelt?
- Beleidigungen — E
- Diebstahl eines Autos — Z
- Ehescheidung — C
- Entführung eines Kindes — X
- Nichtbeachtung der Vorfahrt — F
- Nichtzahlung eines Kaufpreises — H
- Verstoß gegen einen Mietvertrag — T
- Widerstand gegen die Staatsgewalt — U

3. Wie kommt man bei bürgerlichen Streitigkeiten zu seinem Recht?
- Man muss vor einem Zivilgericht Klage erheben, — G
- das Gericht wird von sich aus allein tätig, — H
- der Staatsanwalt erhebt Anklage. — I

4. Wie nennt man die Person, die einen Rechtsstreit vor ein Zivilgericht bringt?
- Ankläger — D
- Angeklagter — V
- Beklagter — O
- Kläger — U

5. Warum ist es in vielen Fällen zweckmäßig, einen Rechtsanwalt zu Rate zu ziehen?
- Ein Rechtsanwalt macht vor Gericht einen guten Eindruck. — B
- Es sind Fachleute, die jeden gut beraten und vertreten können. — T
- Rechtsanwälte kennen die Richter, die dann ein Auge zudrücken. — V

Schreiben Sie jetzt die Buchstaben neben den angekreuzten Feldern der Reihe nach in die leeren Kästchen. Es entsteht der Spruch:

TUE, WAS ☐☐☐☐ UND ☐☐☐ IST!

2. Aufgabe:
Die unten stehenden Bilder zeigen die beteiligten Personen bei einem Zivilprozess vor dem Amtsgericht. Die Parteien sind selbst zur Verhandlung erschienen, sie haben keinen Rechtsanwalt genommen. Wie heißen die beteiligten Personen in der Amtssprache?

Mathematik

10 Teilen – Dividieren mit ganzen Zahlen

Regel:
Das Teilen ist die Umkehrung des Malnehmens oder auch das verkürzte Abziehen gleicher Zahlen. Man teilt von links nach rechts, beginnt also mit der größten Zahl, z. B. in der Reihenfolge Hunderter, Zehner, Einer.

Beispiel:

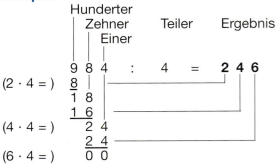

Rechnen Sie zur Probe   246 · 4 =

Mit dem **Taschenrechner**: zu rechnen:

Tasten 9, 8, 4
Taste + (geteilt durch)
Taste 4
Taste = (gleich)

Im **Display** erscheint das **Ergebnis**.

Aufgabe:

1. 426 : 3 =
2. 2.608 : 8 =
3. 236 : 7 =
4. 63.775 : 5 =
5. 25.641 : 9 =
6. 8.704 : 8 =
7. 8.991 : 9 =
8. 2.304 : 48 =
9. 6.715 : 79 =
10. 3.663 : 11 =
11. 78.900 : 100 =
12. 17.461 : 19 =
13. Ein Kraftfahrer hat mit seinem Wagen in einem halben Jahr 24.702 Kilometer (km) zurückgelegt. Wie viele km fuhr er im Durchschnitt im Monat?
14. Ein Arbeitnehmer bekommt in der Woche bei 5 Tagen Arbeit netto 360 EUR. Wie viel EUR verdient er an einem Tag?

Zum Knobeln:

Sehen Sie sich die Zahlenreihe genau an. Welche Zahl gehört an die Stelle des Fragezeichens?

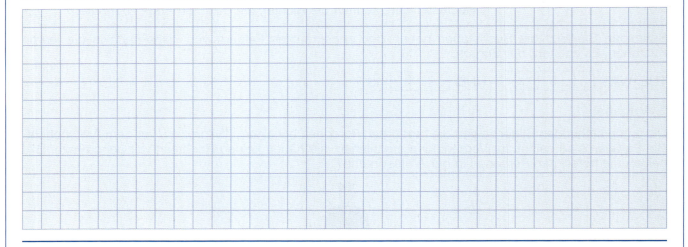

Name: Klasse: Datum: Bewertung:

Information
Politik/Sozialkunde

Von der Straftat zur gerechten Strafe — 11

Auto-Aufbruch verhindert – Serientäter geschnappt

Aufmerksame Zeugen beobachteten am Mittwoch gegen 7:30 einen 39-Jährigen, der in der Sieglarer Straße einen Audi aufbrechen wollte. Ein Zeuge rief mit seinem Handy die Polizei, die anderen Zeugen hielten den Mann fest. Als die Polizei eintraf, stellte sich heraus, dass den Beamten ein „großer Fisch" ins Netz gegangen war. Der Mann, ein vorbestrafter Facharbeiter, hatte seit einigen Monaten immer wieder Luxuswagen aufgebrochen und Navigationsgeräte, Radios sowie einen Laptop aus den Autos gestohlen. Ein Teil der Beute konnte in seiner Wohnung sichergestellt werden. Gegen den Mann wurde ein Strafverfahren eingeleitet.

Dreifachmord – Haftbefehl gegen Familienvater

Nach dem Mord an seiner Ehefrau und seinen 6-jährigen Zwillingen hat sich in Köln der Familienvater selbst bei der Polizei gestellt. Gegen den 45-Jährigen wurde Haftbefehl erlassen. Wie die Polizei mitteilte, hat die Putzfrau am Freitag morgen die Leichen im Haus der Familie gefunden. Kurz darauf erschien der Tatverdächtige bei einer Kölner Polizeistation und gestand, zuerst seine Frau und dann die beiden Kinder erschossen zu haben. Zu den Gründen für diese Tat machte er jedoch keine Angaben. Die Staatsanwaltschaft ermittelt.

Wehrhafter Penner

Heftig wehrte sich der 34 Jahre alte wohnsitzlose Günter H. gegen die vorläufige Festnahme durch einen Polizeimeister des Schutzbereiches 1. H. war gegen 20 Uhr dabei beobachtet worden, als er sich am Rhein in verdächtiger Weise an mehreren parkenden Wagen zu schaffen machte und versuchte, eine unverschlossene Wagentür zu finden. Nach seiner Festnahme gab der Täter offen zu, dass er einen Wagen stehlen wollte. H. wurde der Kriminalpolizei übergeben.

Solche oder ähnliche Berichte über Straftaten können wir täglich in der Zeitung lesen. In diesen Berichten handelt es sich um Einbruchdiebstahl, Widerstand gegen die Staatsgewalt, Mord und Totschlag. Jeder vernünftige Bürger wird verlangen, dass die Täter vor Gericht gestellt und angemessen bestraft werden.

Straftaten sind unerlaubte Handlungen, die sich gegen die öffentliche Ordnung und Sicherheit von Leben und Eigentum richten. **Strafbare Handlungen** nennt man auch Delikte.

Delikte werden vor einem **Strafgericht** verhandelt. Die Zuständigkeit der verschiedenen Strafgerichte richtet sich nach der Schwere der Straftat. Das gerichtliche Verfahren zur Sühne strafbarer Handlungen heißt **Strafprozess**. In einem Strafprozess stehen sich der **Staatsanwalt** und der **Angeklagte** mit seinem Verteidiger gegenüber.

Der Staatsanwalt hat die Aufgabe, die Interessen der Allgemeinheit zu vertreten. Erhält der Staatsanwalt durch Anzeige der Polizei, des Geschädigten oder auf andere Weise Kenntnis von einer Straftat, so muss er ein **Ermittlungsverfahren** einleiten. Ergeben sich hinreichende Gründe für die Schuld eines Verdächtigen, so erhebt der Staatsanwalt **Anklage** beim zuständigen **Gericht**. Anklage erheben heißt: Ein Gericht soll die Schuldfrage in einer öffentlichen und mündlichen Verhandlung prüfen und eventuell eine Strafe festsetzen.

So verläuft der Weg „von der Straftat bis zur gerechten Strafe":

1. Eine Strafe wird begangen.

2. Die Straftat wird von dem Geschädigten oder einem Zeugen bei der Polizei oder der Staatsanwaltschaft angezeigt. Es kann auch sein, dass die Polizei eine Straftat selbst entdeckt.

   Staatsanwalt und Kriminalpolizei ermitteln und fahnden nach dem mutmaßlichen Täter. Dabei wird die Bevölkerung teilweise um Mithilfe gebeten (Steckbrief in Zeitungen, durch Rundfunk oder Fernsehen).

3. Nach erfolgreicher Fahndung wird ein Verdächtiger festgenommen. Es erfolgt eine erste Vernehmung durch die Polizei. Diese macht Meldung an die Staatsanwaltschaft. Innerhalb von 24 Stunden muss der mutmaßliche Täter dem Haftrichter vorgeführt werden.

4. Bei begründetem Verdacht erhebt der Staatsanwalt Anklage oder beantragt einen Haftbefehl. Die Anklageschrift wird dem Beschuldigten und seinem Verteidiger zugestellt. Hat jemand kein Geld, einen Verteidiger zu bezahlen, wird ihm ein Pflichtverteidiger zugewiesen.

   Nach Prüfung der Anklageschrift beschließt das Gericht die Eröffnung des Hauptverfahrens oder es setzt den Beschuldigten außer Verfolgung.

Information
Politik/Sozialkunde

11 Von der Straftat zur gerechten Strafe

Die Hauptverhandlung gegen den Täter aus dem Auto-Aufbruch wird vor einem Schöffengericht stattfinden. Die nebenstehende Zeichnung zeigt die Zusammensetzung eines Schöffengerichtes und die Personen, die an der Gerichtsverhandlung teilnehmen. Der Gerichtsvorsitzende eröffnet die Verhandlung, stellt die Anwesenheit fest und belehrt die **Zeugen**. Diese müssen dann den Saal verlassen und werden zur **Aussage** einzeln hereingerufen.

Der **Staatsanwalt** verliest die Anklageschrift.

Es folgt die Feststellung der Personalien des Angeklagten und seine Vernehmung zur Tat. Das Gericht muss dem Angeklagten die Schuld nachweisen. Ein **Geständnis** des Täters genügt meist noch nicht als Beweis.

Nach der **Beweisaufnahme** hält der Staatsanwalt seine **Rede (Plädoyer)**. Er erwähnt alles, was **gegen den Täter** spricht. Liegen Entlastungsgründe vor, muss er sie beachten. Zum Schluss stellt er seinen Antrag.

Der **Verteidiger** spricht nach dem Staatsanwalt. Er spricht **für den Angeklagten** und versucht, strafmildernde Gründe zu nennen.

Danach erhält der Angeklagte selbst das „letzte Wort". Er kann sich noch einmal zu der Tat äußern.

Nun zieht sich das Gericht zur Beratung, Abstimmung und Abfassung des Urteils zurück.

Hierauf verkündet der Richter „Im Namen des Volkes" das **Urteil** und begründet es. Kann die Schuld nicht bewiesen werden, erfolgt Freispruch.

Wird der Täter bestraft, muss der Richter ihm noch sagen, welche Mittel er hat, um gegen das Urteil anzugehen (Rechtsmittelbelehrung).

Das Urteil schließt den Prozess ab.

Deutsch

11 Der Privatbrief (2)

Schreiben Sie einen Brief an einen Vorgesetzten oder eine Persönlichkeit, die Ihnen fremd ist, so soll Ihr Brief sachlich und genau sein.

Zur Beachtung:
1. Schreiben Sie auf einen Briefbogen oben links Ihren Namen und Ihre volle Anschrift.
2. Oben rechts soll das Datum stehen.
3. Die Anrede soll respektvoll sein.
4. Schließen Sie mit einem Gruß und unterschreiben Sie mit vollem Namen.
5. Der eigentliche Brieftext soll etwas über der Mitte des Blattes stehen.

Beispiel:

```
Thomas Franke                    12. September 20...
Tannenweg 12
47447 Moers

Sehr geehrte Frau Krüger,

ich möchte Ihnen mitteilen, dass ich am 15.9.20...,
also in wenigen Tagen schon, mit meiner Familie
den langs...

Für Ihre Mühe danke ich Ihnen herzlich.

Mit freundlichem Gruß
Thomas Franke
```

Aufgabe:

Schreiben Sie einen Brief an Ihren Arbeitgeber oder einen Vorgesetzten. Sie sind im Urlaub krank geworden. Leider können Sie deswegen Ihre Arbeit nicht rechtzeitig wieder beginnen.
Schreiben Sie den Brief auf ein großes Blatt (A 4). Schreiben Sie kurze Sätze.

Arbeitsblatt
Politik/Sozialkunde

Von der Straftat zur gerechten Strafe

1. Aufgabe:

Die Bilder zeigen den Ablauf „von der Straftat bis zur Verurteilung des Täters".
Von den darunter stehenden Sätzen gehört jeweils ein Satz zu einem Bild. Welcher Satz gehört zu welchem Bild?
Schreiben Sie die Nummer des Satzes in das Quadrat des entsprechenden Bildes.

1. Die Zeugen machen ihre Aussage und werden vereidigt.
2. Eine Straftat wird verübt.
3. Der Verdächtige wird dem Vernehmungsrichter vorgeführt.
4. Der Einbruch wird bei der Polizei angezeigt.
5. In der Gerichtsverhandlung wird zuerst der Angeklagte vernommen.
6. Die Polizei nimmt einen hinreichend Verdächtigen fest.
7. Der Angeklagte kann sich noch einmal äußern: Er hat das letzte Wort.
8. Nach der Beweisaufnahme halten Staatsanwalt und Verteidiger ihre Reden.
9. Nach der Beratung verkündet der Richter das Urteil „Im Namen des Volkes".

2. Aufgabe:

Unten ist eine Gerichtsverhandlung vor einem Schöffengericht dargestellt.
Überlegen Sie und schreiben Sie dann die Bezeichnungen der beteiligten Personen in die entsprechenden Kästchen.

| Name: | Klasse: | Datum: | Bewertung: |

Mathematik

11 Teilen – Dividieren von Dezimalbrüchen

Regel:
Teilt man einen Dezimalbruch durch eine ganze Zahl, so muss man im Ergebnis ein Komma setzen, wenn man die Einer (Zahl links vom Komma) geteilt hat, also wenn man das Komma überschreitet.

Beispiele: Einer ↓

```
  569,32 EUR : 4 = 142,33 EUR
−  4          (= 1 ×)
  16
−  16         (= 3 ×)
   09
−   8         (= 2 ×)
   13         (Komma!)        Probe:
−   12        (= 3 ×)         142,33 EUR · 4
    12                        569,32 EUR
−    12       (= 3 ×)
     0
```

Auf dem **Taschenrechner** muss man bei dieser Aufgabe **9 Tasten** drücken (die siebte Taste ist +), dann erscheint im **Display** das **Ergebnis**.

Einer ↓

```
  485,40 m : 23 = 21,10 m     Rest 0,10 m
−  46          (= 2 ×)
   25                         Probe:
−   23         (= 1 ×)        21,10 m · 23
    2 4        (Komma!)          6 3 3 0
−    2 3       (= 1 ×)           4 2 2 0
     10   Rest nicht teilbar   4 8 5,3 0 m
                              + Rest  0,1 0 m
                               4 8 5,4 0 m
```

Wird diese Aufgabe mit dem Taschenrechner gelöst, so erscheint auf dem Display als Ergebnis **kein Rest**, sondern die Zahl **21,104347826**. Bei dieser Zahl muss auf- oder abgerundet werden. Sinnvoll ist es, bei Metern auf 3 Stellen hinter dem Komma **abzurunden**, also auf **21,104 m**, weil hinter der 4 eine 3 folgt.

Aufgabe:

1. 54,64 EUR : 2 =
2. 7,889 km : 7 =
3. 188,8 : 8 =
4. 2,979 : 6 =
5. 546,48 m : 24 =
6. 21,3760 m : 80 =
7. 12 : 9 =
8. 25 : 4 =
9. 463,76 : 17 =
10. Ein Baugrundstück von 380 Quadratmetern (m²) kostet 23.040 EUR. Wie teuer ist 1 m²?
11. Ein Maler und Lackierer arbeitet in einer Woche 39 Stunden und erhält dafür netto (nach allen Abzügen) 321,36 EUR. Wie viel Nettolohn (EUR) erhält er in einer Stunde?

Zum Knobeln:
Die linke Waage befindet sich im Gleichgewicht. Bei wie viel A's gilt dies auch für die rechte Waage?

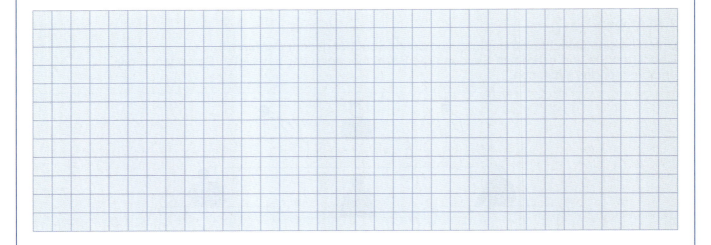

AAA   B   ?   BB

Name: Klasse: Datum: Bewertung:

Information
Politik/Sozialkunde

Parteien vertreten die Meinungen der Bürger — 12

In einem kleinen Dorf „kennt jeder jeden". Die Einwohner wissen auch genau, welche Aufgaben (Straßenbau, Wasserversorgung, Sportplatz usw.) in ihrer Gemeinde noch gelöst werden müssen. Vor wichtigen Entscheidungen kann sich der Gemeinderat auf einer Versammlung die Ansichten und Meinungen der Bürger anhören.

Viele Entscheidungen, die getroffen werden müssen, gehen jedoch über die Dorfgrenzen hinaus. Bei uns in der Bundesrepublik müssten rund 60 Millionen wahlberechtigte Bürger über die öffentlichen Aufgaben aufgeklärt und befragt werden. Ein solcher Volksentscheid über jedes zu erlassende Gesetz lässt sich aber nicht durchführen. Darum hat man die **Volksvertretung**, das **Parlament**, geschaffen. Der einzelne Bürger kann das, was er für richtig hält, also nicht allein verwirklichen. Deshalb muss er sich mit anderen zusammenschließen, die gleicher oder ähnlicher Meinung sind. Mit diesen anderen kann er Männer und Frauen „abordnen", die seine Belange und Interessen am besten wahrnehmen. Die Zusammenschlüsse dieser gleich oder ähnlich denkenden Menschen sind die **politischen Parteien**.

Unter Politik versteht man alles „Handeln", welches auf das Staatsleben bezogen ist. Das Wort **Partei** kommt vom lateinischen „pars" und bezeichnet einen „Teil vom Ganzen".

Eine **politische Partei** ist eine **Vereinigung** von Bürgern, die über die Ordnung des Staates gleicher oder ähnlicher Meinung sind. Da **eine Partei** nur die **Meinungen eines Teiles** der Bevölkerung vertreten kann, wird es in einem **freiheitlichen Staat immer mehrere Parteien** geben müssen.

Die ersten Parteien entstanden in Deutschland um 1850.

Im Artikel 21 unseres **Grundgesetzes (GG)** heißt es: **Die Parteien wirken bei der politischen Willensbildung des Volkes mit. Ihre Gründung ist frei. Ihre innere Ordnung muss demokratischen Grundsätzen entsprechen.**

Nach dem Grundgesetz stehen die Parteien als Bindeglied zwischen Bürger und Parlament.

© Deutscher Bundestag/Lichtblick/Achim Melde

Die politischen Parteien haben viele **Aufgaben** zu erfüllen. Sie müssen die Ansichten und Wünsche ihrer Mitglieder und Wähler in der Öffentlichkeit zum Ausdruck bringen. Weiter müssen sie versuchen, die Meinungen ihrer Anhänger in die Tat umzusetzen. Dies können sie nur, wenn es ihnen gelingt, die staatliche Macht zu erringen oder an ihr beteiligt zu sein. Darum ist es das **Ziel** jeder Partei, möglichst viele ihrer Kandidaten in die Parlamente zu bekommen, weil dort die Mehrheit entscheidet.

Jede Partei hat ihre Gedanken und Überlegungen, wie man das Allgemeinwohl fördern und sichern kann, in einem **Parteiprogramm** festgelegt. Durch die Einrichtungen der öffentlichen Meinungsbildung – Film, Fernsehen, Rundfunk, Zeitung, Kundgebung, Vortrag – versuchen die Parteien, die Bürger für sich zu gewinnen.

Zur **Gründung** einer Partei benötigt man keine besondere Erlaubnis. Nur Parteien, die gegen die demokratische Grundordnung unseres Staates verstoßen, können verboten werden.

Wer in einer politischen Partei mitarbeiten will, sollte sich nach bestem Wissen und Gewissen **seine** Partei suchen. Jeder muss aber die politische Meinung eines anderen achten, auch wenn diese der eigenen Meinung nicht entspricht.

12 Parteien vertreten die Meinungen der Bürger

Information — Politik/Sozialkunde

Die Parteien in der Bundesrepublik Deutschland haben zusammen etwa 1,5 Millionen Mitglieder. Die Mehrheit von ihnen ist in folgenden Parteien zusammengeschlossen.

CDU	= Christlich-Demokratische Union	561.000 Mitglieder
SPD	= Sozialdemokratische Partei Deutschlands	557.000 Mitglieder
CSU	= Christlich-Soziale Union (nur in Bayern)	166.400 Mitglieder
FDP	= Freie Demokratische Partei	44.570 Mitglieder
GRÜNE	= Bündnis 90/ Die GRÜNEN	60.500 Mitglieder
„Die Linke"	=	60.500 Mitglieder

Zusammensetzung des 16. Bundestages nach der Wahl am 18. September 2005

Von 614 Abgeordneten entfielen auf:

CDU/CSU	35,5 %	=	226 Sitze	Frauenanteil 19,9 %
SPD	34,2 %	=	222 Sitze	Frauenanteil 36,0 %
FDP	9,8 %	=	61 Sitze	Frauenanteil 24,6 %
„Die Linke"	8,7 %	=	54 Sitze	Frauenanteil 48,1 %
Grüne	8,1 %	=	51 Sitze	Frauenanteil 56,9 %

Die Bürger, die keiner Partei angehören, sollen sich vor einer Wahl nicht von „Schlagworten" beeinflussen lassen. Jeder muss die Arbeit der Parteien ständig beobachten und aus deren bisherigen Leistungen zu einer klaren Entscheidung kommen.

12 Ordnungszahlen

Deutsch

Werden Aufzählungen geordnet und mit Zahlen versehen, so nennt man diese Zahlen „Ordnungszahlen". Ordnungszahlen haben einen Punkt hinter der Zahl.

Beispiel:

Als Schüler der Berufsschule benötigen Sie:
1. einen Block kariertes Papier Größe A 4,
2. einen Füllfederhalter
3. einen Kugelschreiber,
4. .....

Man spricht die Ordnungszahlen aus: 1. heißt **erstens**, 2. = **zweitens** usw. In der gleichen Art schreibt man das Datum. Dabei sind Tag und Monat Ordnungszahlen, die Jahreszahl nicht. Man schreibt daher 25.8.2004 (die Jahreszahl ohne Punkt).

Beispiele:

Düsseldorf, den 16.7.2007
geboren am 16.7.1981
Ich besuche die Berufsschule seit dem 2.9.2006. (Hier steht ein Punkt als Satzende.)

Bei wichtigen Urkunden wird der **Monatsname** ausgeschrieben, nicht nur die Ordnungszahl. Dann muss also geschrieben werden:
Berlin, den 15. **Oktober** 2007

Aufgabe:

1. Schreiben Sie ab und vervollständigen Sie die oben begonnene Aufstellung über die Schreibsachen, die Sie in der Berufsschule benötigen, schreiben Sie die Ordnungszahlen dazu.
2. Schreiben Sie **drei** kurze Sätze, in denen ein Datum (mit Ordnungszahl geschrieben) vorkommt.
3. Schreiben Sie **drei** Beispiele für das Datum auf wichtigen Urkunden.

Arbeitsblatt
Politik/Sozialkunde

Parteien vertreten die Meinungen der Bürger

1. Aufgabe:

Lesen Sie folgende Aussagen aufmerksam durch und kreuzen Sie die richtigen Antworten an.

Eine politische Partei ist eine Vereinigung von Menschen, die
- ähnliche oder gleiche politische Meinungen haben, ☐
- ähnliche oder gleiche sportliche Meinungen haben, ☐
- verschiedene politische Meinungen haben. ☐

Es gibt **verschiedene** politische Parteien, weil eine Partei nur die Meinung
- eines einzigen Bürgers vertreten kann, ☐
- eines Teiles der Bevölkerung vertreten kann, ☐
- der gesamten Bevölkerung vertreten kann. ☐

In Deutschland entstanden die **ersten** politischen Parteien
- um das Jahr 1650, ☐
- das Jahr 1750, ☐
- das Jahr 1850. ☐

Die Parteien haben die **Aufgabe**, die Ansichten und Wünsche ihrer Mitglieder und Wähler
- immer in die Tat umzusetzen, ☐
- nach Möglichkeit in die Tat umzusetzen, ☐
- nie in die Tat umzusetzen. ☐

Die Parteien haben das **Ziel**, in die Parlamente
- keinen ihrer Kandidaten zu bekommen, ☐
- wenige ihrer Kandidaten zu bekommen, ☐
- möglichst viele ihrer Kandidaten zu bekommen. ☐

Die **Gründung** einer politischen Partei ist bei uns nach
- Artikel 21 des Grundgesetzes frei, ☐
- Artikel 21 des Bürgerlichen Gesetzbuches niemand gestattet, ☐
- Artikel 21 des Handelsgesetzbuches nur Männern gestattet. ☐

Die **Gedanken** und **Überlegungen** einer Partei werden festgelegt im
- Festprogramm, ☐
- Spielprogramm, ☐
- Parteiprogramm. ☐

Jeder Bürger sollte vor dem **Eintritt** in eine politische Partei
- genau prüfen, welche Partei für ihn richtig ist, ☐
- ohne Prüfung in eine Partei gehen, ☐
- einfach in die Partei eines Freundes gehen. ☐

Nach jeder **Wahl** zum Parlament sollte der Bürger sagen können:
- „Ist doch egal, welche Partei ich gewählt habe.", ☐
- „Ich weiß genau, warum ich diese Partei gewählt habe.", ☐
- „Ich habe einfach nach dem Lottosystem ein Kreuz gemacht.". ☐

2. Aufgabe:

Schreiben Sie zu den Abkürzungen die vollständigen Bezeichnungen. Zwei Parteien haben keine Abkürzung. Wie heißen diese Parteien?

CDU = _____

CSU = _____

FDP = _____

SPD = _____

_____

_____

Name:	Klasse:	Datum:	Bewertung:

Mathematik

12 Teilen – Dividieren durch Dezimalbrüche

Regel:
Ist der Teiler (Divisor) ein Dezimalbruch, muss die Aufgabe durch Malnehmen mit 10, 100, 1000 usw. so umgeformt oder erweitert werden, dass **der Teiler** eine ganze Zahl wird. Es ist aber darauf zu achten, dass beim Erweitern beides, die zu teilende Zahl (Dividend) und der Teiler (Divisor) mit der gleichen Zahl erweitert werden.

Beispiele:

1. Erweitern: 76,35 : 0,5 = ← mit 10 erweitern
   mal 10   mal 10
   763,5 : 5 = 152,7
   − 5
   ─────
     2 6
   − 2 5
   ─────
       1 3
   −   1 0
   ─────
         3 5   (Komma überschritten)
   −   3 5
   ─────
           0

   474 : 1,25 = ← mit 100 erweitern
   mal 100 mal 100
   47400 : 125 = 379,2
   − 3 7 5
   ─────
       9 9 0
   −   8 7 5
   ─────
       1 1 5 0
   −   1 1 2 5
   ─────
           2 5 0 ← (neue Null hinzufügen)
   −   2 5 0
   ─────
               0

Mit dem **Taschenrechner** sind beide Aufgaben ohne weiteres leicht zu lösen. Rechenzeichen für Teilen ist ÷.

Aufgabe:

1. 46,98 : 0,9 =
2. 37,44 : 0,6 =
3. 637,7 : 0,7 =
4. 35,28 : 1,2 =
5. 483 : 1,4 =
6. 763,2 : 1,8 =
7. 1,75 : 1,25 =
8. 14,75 : 2,36 =
9. 2.751 : 52,4 =
10. Ein Winzer will eine Weinsorte, von der er 885 Liter (l) hat, in Flaschen von 0,75 l Inhalt umfüllen. Wie viele Flaschen benötigt er?
11. 500 Kilogramm (kg) Butter sollen in Pakete gepackt werden. Jedes Paket wiegt dann 0,25 kg. Wie viele Pakete müssen gepackt werden?

Knifflig:
Jedes Symbol stellt eine Zahl dar. Zählt man die Zahlen einer Reihe zusammen, so ergibt sich die Zahl, die rechts neben den Reihen steht. Zählt man die Zahlen einer Spalte von oben nach unten zusammen, so ergibt sich eine Zahl, die an der Stelle des Fragezeichens eingetragen werden soll.

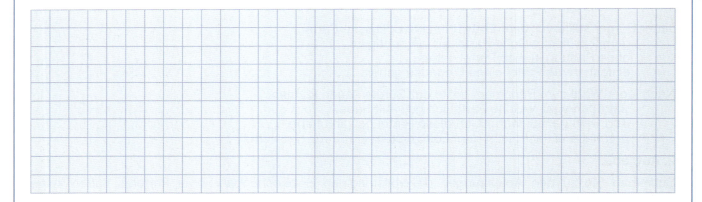

●	●	●	●	8
▲	▲	▲	▲	20
✖	✖	✖	✖	4
			?	

Name: Klasse: Datum: Bewertung:

Information
Politik/Sozialkunde

Neben Parteien gibt es Interessenverbände

Wer etwas erreichen will, kann dies nur selten alleine tun. So schließen sich viele Menschen Vereinen oder Verbänden an, um etwas durchzusetzen.

Alle wissen, dass ein einzelner Arbeitnehmer zu schwach ist, seine Vorstellungen über Entlohnung, Arbeitszeit, Urlaub und Mitbestimmung dem Arbeitgeber gegenüber durchzusetzen. Er kann sich aber einem entsprechenden Interessenverband, einer Gewerkschaft, anschließen (siehe: Die Gewerkschaften vertreten die Interessen der Arbeiter).

In einer **politischen Partei** vereinigen sich Menschen, die über die Aufgaben und die Führung eines Staates gleicher oder ähnlicher Meinung sind. **Interessenverbände** vertreten in der Hauptsache die beruflichen, sozialen und wirtschaftlichen Interessen ihrer Mitglieder. Die rechtlichen Grundlagen für solche Vereinigungen sind im **Artikel 9** des **Grundgesetzes** festgelegt:

1. Alle Deutschen haben das Recht, Vereine und Gesellschaften zu bilden.
2. Das Recht, zur Wahrung und Förderung der Arbeits- und Wirtschaftsbedingungen Vereinigungen zu bilden, ist für jedermann und für alle Berufe gewährleistet. Abreden, die dieses Recht einschränken oder zu behindern suchen, sind nichtig, hierauf gerichtete Maßnahmen rechtswidrig...

In der Bundesrepublik gibt es viele Interessenverbände.
Die folgende Übersicht zeigt einige der größten **Spitzenverbände** und ihre **Mitgliederzahlen**.

Bundesvereinigung der Deutschen Arbeitgeberverbände (BDA)	54 Bundesfachverbände, 14 Landesvereinigungen
Bundesverband der Deutschen Industrie (BDI)	36 Industrieverbände, die 107.000 Unternehmen repräsentieren
Deutscher Industrie- und Handelstag (DIHK)	82 Industrie- und Handelskammern mit etwa 3,5 Mio. Unternehmen
Deutscher Bauernverband (DBV)	380.000 Betriebe in 18 Regional- und 43 Fachverbänden
Deutscher Beamtenbund und Tarifunion (dbb)	1.223.719 Mitglieder in 16 Landesverbänden, 14 Bundesbeamten- und 25 Bundesfachgewerkschaften
Deutscher Gewerkschaftsbund (DGB)	6,77 Mio. Mitglieder in 8 Gewerkschaften
Christlicher Gewerkschaftsbund Deutschlands (CGD)	306.679 Mitglieder
Bund der Vertriebenen (BdV)	2,0 Mio. Mitglieder in 21 Bundeslands-Mannschaften
Sozialverband VdK – Kriegsopfer, Behinderte und Rehabilitation	1,4 Mio. Mitglieder in 14 Landesverbänden
Deutscher Sportbund (DSB)	27,2 Mio. Mitglieder in 16 Landes-, 55 Spitzen- und 19 weiteren Verbänden
Deutscher Bundesjugendring (DBJR)	5,5 Mio. Mitglieder; Dachverband von 24 Jugendverbänden, 9 angeschlossene Jugendverbände und 16 Landesjugendringen mit 6 Anschlussverbänden

Quelle: Statistisches Jahrbuch 2006

13 Neben Parteien gibt es Interessenverbände

Information
Politik/Sozialkunde

Bei allen genannten **Interessenverbänden** handelt es sich um Zusammenschlüsse mit freiwilliger Mitgliedschaft und dem Ziel, die jeweiligen wirtschaftlichen und sozialen Interessen der Mitglieder zu vertreten. Um dieser Aufgabe gerecht zu werden, versuchen die Vertreter der Interessenverbände auf politische Organe einzuwirken und sie zu beeinflussen. Ziele der Einflussnahme sind die Abgeordneten der Parlamente, die Parteien, die Regierungen und Behörden. Dadurch wird versucht, eigene Vorstellungen und Vorschläge in geplante Gesetze, Gesetzesänderungen und Verordnungen einzubringen.

Große Verbände, die über erhebliche Geldmittel verfügen, unterstützen vor allem die Partei finanziell, die den Vorstellungen dieses Verbandes besonders nahe kommt. Außerdem versuchen die Verbände, eigene Vertreter in einflussreiche Parteistellungen zu bringen. Sie legen Wert darauf, dass möglichst viele ihrer Vertreter als Abgeordnete und damit als Fachleute in die Parlamente gewählt werden. Die Parteien wiederum stellen Verbandsvertreter als Kandidaten auf, um die Mitglieder dieser Verbände als Wähler für sich zu gewinnen.

Interessenverbände versuchen, die Öffentlichkeit durch Zeitungsanzeigen, Plakatanschläge, Flugblätter, Versammlungen und Demonstrationen auf ihre Forderungen aufmerksam zu machen.

Andererseits wird die Öffentlichkeit z. B. durch die Presse über die Ziele und Aussagen der Interessenverbände informiert. Verbände, deren Tätigkeit vor allem auf die Durchsetzung ihrer eigenen Interessen ausgerichtet ist, nennt man **„pressure groups"**, d. h. **Druckgruppen**. Sie üben als „heimliche Parteien" Druck auf die politischen Organe aus.

Um ihre Wünsche und Vorstellungen „am richtigen Ort" vorzubringen, haben viele dieser „pressure groups" in der Bundeshauptstadt Büros eingerichtet. Von hier aus können die Funktionäre der Interessenverbände leicht versuchen, auf die parlamentarische Gesetzgebung Einfluss zu nehmen. Dies geschieht teilweise durch Gespräche mit den Abgeordneten in der **„Lobby"** (engl.), d. h. in der Vor- oder Wandelhalle des Parlaments.

Da der einzelne Politiker nicht über alle Probleme unserer Gesellschaft informiert sein kann, können die **Interessenverbände** eine wichtige **Mittlerrolle** einnehmen. Sie kennen die Wünsche der einzelnen Gruppen und können Parlament, Regierung und Verwaltung durch ihre Sachverständigen **beraten**. Dies geschieht z. B. in so genannten „Hearings" (engl.), d. h. „Anhörungen".

Wenn auch bei vielen Staatsbürgern die Parteien und Interessenverbände noch auf Ablehnung stoßen, so sind sie als Bindeglieder zwischen dem einzelnen Bürger und dem Staatsapparat notwendig. Fast jeder Erwachsene gehört einem oder mehreren Verbänden oder Vereinen an oder bejaht deren Forderungen. In einem demokratischen Staat ist es das Recht der Interessenverbände, die Wünsche der Bürger an die entsprechenden Organe heranzutragen. Andererseits müssen Bürger und Politiker dafür sorgen, dass einzelne Verbände nicht zu mächtig werden und dann ausschließlich die eigenen Interessen gegen den Willen der Mehrheit durchsetzen und damit dem **Gemeinwohl** schaden.

Arbeitsblatt
Politik/Sozialkunde

Neben Parteien gibt es Interessenverbände — 13

1. Aufgabe: Setzen Sie die folgenden Begriffe richtig in den Lückentext ein.

> Beeinflussung – Gemeinwohl – Gewerkschaft – Interessenverbände – Partei – Verbände

In einer politischen _____ vereinigen sich Bürger, die über den Aufbau des Staates gleicher oder ähnlicher Meinung sind. Die meisten _____ vertreten die wirtschaftlichen und beruflichen Interessen ihrer Mitglieder. Man bezeichnet sie daher auch als _____.

Durch _____ der Staatsorgane versuchen die Verbände, die Wünsche und Forderungen ihrer Mitglieder durchzusetzen. Parteien und Politiker müssen jedoch das _____ über die Interessen der Verbände setzen. Ein Interessenverband der Arbeitnehmer ist die _____.

2. Aufgabe: Die im nachstehenden Text genannten Personen wollen sich einem Interessenverband oder mehreren Verbänden anschließen. Folgende Verbände kommen in Frage:

> Allgemeiner Deutscher Automobil-Club (ADAC)
> Bund der Vertriebenen (BdV)
> Industriegewerkschaft Metall (IG Metall)
> Sportverein
> Rotes Kreuz

Setzen Sie den oder die entsprechenden Namen richtig ein.

Florian Nolte arbeitet in einer Maschinenfabrik. Er möchte, dass seine Arbeitsbedingungen noch verbessert werden. Darum wird Nolte Mitglied der

_____

Norbert Schneider hat einen Erste-Hilfe-Kurs gemacht und möchte sich einer Hilfsorganisation anschließen. Er schließt sich dem

_____ an.

Jonas Bertelt ist nicht nur begeisterter Fußballanhänger, sondern auch ein großer Autofan. Er möchte in zwei Verbänden aktiv werden. Darum meldet er sich bei dem örtlichen _____ und dem _____ an.

Anna Hofer wurde nach dem Zweiten Weltkrieg aus Ostpreußen vertrieben. Sie hängt noch sehr an ihrer alten Heimat und wird Mitglied im

_____

3. Aufgabe: Welchem Interessenverband würden Sie sich am ehesten anschließen? Beantworten Sie die Frage und begründen Sie Ihre Meinung.

_____

_____

Name:	Klasse:	Datum:	Bewertung:

Mathematik

13 Grundrechnungsarten – Test

In diesem Test kommen die Grundrechnungsarten miteinander vermischt vor. Sie können auch mit dem **Taschenrechner** arbeiten, dann sollten Sie aber auch die Aufgaben „für Könner" lösen.
Bei großen Zahlen trennt man die Zahlen durch Punkte in Dreiergruppen, um die Zahlen besser lesen zu können, wie Sie bei den folgenden Aufgaben feststellen können. Verwechseln Sie den hierzu verwendeten Punkt nicht mit dem Komma, das vor den Dezimalbrüchen steht.

Aufgabe:

1. 3.456 + 6.544 =
2. 256 · 265 =
3. 9.999 + 1 =
4. 12.000 − 889 =
5. 6.868,75 : 78,5 =
6. 579 : 579 =
7. 7.677 + 2.323 =
8. 99 · 99 =
9. 10.000 − 7.778 =
10. 500 · 31 =
11. 34.567 + 65.433 =
12. 30,8025 : 5,55 =

Für Könner:

13. 234 + 345 + 456 + 165 =
14. 1.200 − 1.201 + 2 =
15. 63 · 31 : 21 : 3 =
16. 15 : 3 + 15 − ? = 15

Aufgaben, die in **Texten** enthalten sind:

17. Zu einer Hochzeitsparty werden 45 Gäste erwartet. Der Gastgeber bestellt beim Partyservice Essen und muss pro Person 22,50 EUR bezahlen. Wie viel EUR muss er bezahlen?
18. Frau Muster gibt täglich für die Familie beim Einkaufen rund 16,40 EUR aus (ohne Miete, Gas, Wasser usw.). Davon sind 2,70 EUR nicht dringend nötig. Wie viel EUR gibt sie für dringend nötige Dinge im Monat (mit 30 Tagen) aus?
19. Frank Meyer hat ein Sparbuch mit folgenden Eintragungen des laufenden Jahres (alle Angaben in EUR):

01.01.	Guthaben	957,80	15.03.	Einzahlung	150,00
03.01.	Zinsen 2003	32,18	15.04.	Einzahlung	150,00
15.01.	Einzahlung	150,00	10.05.	Auszahlung	− 420,00
15.02.	Einzahlung	150,00	15.05.	Einzahlung	50,00
01.03.	Auszahlung	− 270,00	01.06.	Auszahlung	− 115,00

Hat Frank Meyer am 02.06. mehr Geld auf dem Konto als am 01.01.? Wie viel? Wenn er von Juni bis Dezember monatlich 150,00 EUR nur einzahlt (nichts abhebt): Wie viel EUR hat er am 31.12. auf dem Konto?

Für Könner:

20. Harry Baum hat teure Hobbys. Im Monat gibt er aus (in EUR): Sportklub 9,50; Kino 26,80; Rockkonzerte 32,60; CDs 65,80; für das Motorrad 280,20. Wie viel EUR gibt er im Jahr für Hobbys aus? An Wochenenden (48 im Jahr) verdient er sich jeweils 85,20 EUR für seine Hobbys hinzu. Wie viel EUR muss er im Jahr von seinem normalen Lohn für die Hobbys ausgeben?

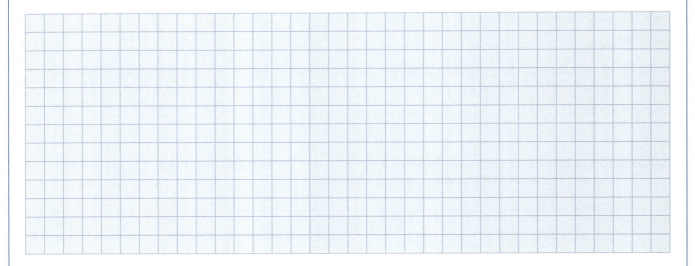

Name: Klasse: Datum: Bewertung:

Information
Politik/Sozialkunde
Ein Kandidat wird Abgeordneter
14

Wer sich als Kandidat zur Wahl für ein Parlament – Bundestag, Landtag, Kreistag, Stadt- oder Gemeinderat – stellen will, kann dies fast nur noch über eine Partei tun.

Ein Bewerber kann Unterschriften sammeln und als „unabhängiger" (parteiloser) Kandidat versuchen, eine Wahl zu gewinnen. Aber schon das Sammeln von Unterschriften, um in eine Wahlliste zu kommen, ist schwierig. So erscheinen auf den Stimmzetteln fast nur Mitglieder von Parteien.

Aus dem Bundeswahlgesetz:

§ 19 (1) Wahlvorschläge können von Parteien und ... von Wahlberechtigten eingereicht werden.
§ 21 (2) Kreiswahlvorschläge von Parteien müssen von dem satzungsmäßig zuständigen Landesvorstand ... unterzeichnet sein.
§ 22 (3) Andere Kreiswahlvorschläge müssen von mindestens 200 Wahlberechtigten des Wahlkreises persönlich und handschriftlich unterzeichnet sein.

Abgeordneter zu werden ist nicht leicht. Abgeordneter zu sein auch nicht. Wie jemand tatsächlich Abgeordneter werden kann, zeigen die folgenden Beispiele. Hier die Personen:

Karl G. (48), Meister in der Dreherei einer Maschinenfabrik. Seit 20 Jahren Mitglied der CDU, dazu Mitglied in der IG Metall und Angehöriger verschiedener Vereine seiner Heimatstadt. Verheiratet, drei Kinder. Seit der letzten Wahl Abgeordneter und daher Mitglied des Bundestages.

Heike M. (37), leitende Angestellte eines Kaufhauses. Seit 15 Jahren Mitglied der SPD, auch Mitglied der Ver.di Gewerkschaft. Verheiratet, ein Kind, gute Schulbildung, Studium der Volkswirtschaftslehre. Bei der letzten Wahl bereits Kandidatin, aber Karl G. (CDU) unterlegen.

Karl G. bewarb sich innerhalb seiner Partei zum zweiten Mal um die Kandidatur in dem Wahlkreis, den er zur Zeit vertrat. Seine Partei hatte in dieser Stadt von 90.000 Einwohnern rund 420 Mitglieder. Auf den Mitgliederversammlungen waren meist nur 40 bis 50 Mitglieder anwesend. Bei der entscheidenden Versammlung zur Aufstellung des Wahlkreiskandidaten kamen dann 186 Mitglieder.

Es ging hoch her. Ein anderes Parteimitglied, Günther H. (31), hatte unter den jüngeren Parteimitgliedern viele Freunde. Mit großem Einsatz war es ihm gelungen, in seiner Freizeit unter seinen Freunden zu werben. So kam es nach heftigen Diskussionen zur Abstimmung, deren Ergebnis lautete:

Günther H. 93 Stimmen,
Karl G. 81 Stimmen,
8 Stimmenthaltungen.

Das bedeutete, dass Karl G., obwohl bekannt, erfahren, Mitglied des Bundestages usw, nicht mehr Wahlkreiskandidat war. Der gewählte Günther H., in der Bevölkerung verhältnismäßig unbekannt, würde es sehr schwer haben, sich bei der Wahl gegen die Kandidatin der SPD durchzusetzen. Es bestand also die Gefahr, dass der Wahlkreis an die SPD „verloren ging".

Bei den Bundestagswahlen ist das Bundesgebiet in 299 Wahlkreise eingeteilt. In jedem Wahlkreis kann ein Kandidat gewählt werden. Die Parteien stellen für jeden Wahlkreis einen Kandidaten auf. Der Kandidat, der im Wahlkreis die Mehrheit der Stimmen erhält, ist gewählt. Diese Art der Wahl heißt daher **Mehrheitswahl**.

Der Gegenkandidat für Günther H. ist tatsächlich Heike M., die es leichter hatte, von ihren Parteifreunden gewählt zu werden. Ihr Name stand ja bereits bei der letzten Wahl auf den Stimmzetteln. Sie gilt seit langem in Parteikreisen als zuverlässig, besonnen, ist bekannt, hat einen guten Kontakt zu den Wählern, ist Wirtschaftsexpertin und hat diesmal gute Aussichten, gegen Günther H. den Wahlkreis zu gewinnen. Bei der Mitgliederversammlung wurde natürlich auch hierüber diskutiert, denn man kannte inzwischen den Kandidaten der Gegenpartei. So stimmten von den 438 anwesenden Parteimitgliedern 385 für Heike M., die übrigen für Heinrich V. (63), ein ebenfalls bekanntes Mitglied der Partei, der aber eigentlich zu alt war und nur auf die Bitte einiger älterer Parteifreunde hin kandidiert hatte.

14 Ein Kandidat wird Abgeordneter

Information
Politik/Sozialkunde

Ein aussichtsreicher Kandidat muss einige Bedingungen erfüllen:
Er soll bei den Wählern „gut ankommen" und eine ausgeprägte Persönlichkeit haben.
Er muss sich innerhalb der Partei bewährt haben, um eine gute Zusammenarbeit mit den anderen Parteimitgliedern und mit der Parteispitze zu gewährleisten.
Er muss ein gutes Sachwissen haben, um innerhalb des Parlaments mitreden zu können, auch wenn es nur um bestimmte Bereiche geht.
Ein Kandidat, der schon einmal Abgeordneter war, hat eine größere Erfahrung und genießt bei den Wählern mehr Ansehen als ein unerfahrener Bewerber.
Er muss einen „guten Ruf" haben, denn ein Bewerber, dem man nicht trauen kann, wird vom Wähler abgelehnt.

So standen nun in diesem Wahlkreis u. a. die Namen Heike M. (SPD) und Günther H. (CDU) auf den Stimmzetteln für die kommende Wahl. Die Landesparteileitung der CDU möchte aber auch, dass Karl G. für das Parlament kandidiert. So wird Karl G. bei der Landesdelegiertenkonferenz in die Landesliste aufgenommen. Neben den Wahlkreiskandidaten werden nämlich noch weitere Kandidaten aufgestellt. Diese werden von den Landesparteileitungen in Listen erfasst und zur Wahl gestellt. Der Wähler wählt eine Partei und Abgeordnete werden dann die auf dieser Landesliste stehenden Kandidaten.

Allerdings steht der Name von Karl G. nicht ganz oben auf der Liste. Auf der Versammlung, bei der die Landesliste aufgestellt wird, geht es darum, wer an erster Stelle auf der Liste steht. Nicht alle Listen-Kandidaten werden Abgeordnete, sondern nur so viele, wie im Verhältnis zu anderen Parteien diese Partei an Stimmen erhält. Erhält die Partei viele Stimmen, so kommen auch viele Kandidaten von der Liste in den Bundestag. Aus Erfahrung weiß man, dass die ersten Kandidaten auf jeden Fall Abgeordnete werden, da man mit einer Mindestzahl von Stimmen rechnen kann. So will dann auch jede Gruppe in der Partei, z. B. die Arbeitnehmer oder die selbstständigen Handwerker, dass ihre Kandidaten an die erste Stelle der Landesliste kommen. Nach vielen Stunden ist die Landesliste fertig. Auf den ersten Stellen stehen der Landes-Parteivorsitzende, zwei ehemalige Minister, ein Gewerkschaftsführer und andere bekannte Parteimitglieder. Erst auf einem der hinteren Plätze erscheint der Name Karl G. Trotzdem hat er noch gute Aussichten, ins Parlament zu kommen.

Während in 299 Wahlkreisen je ein Wahlkreiskandidat mit Stimmenmehrheit gewählt wird, werden weitere 299 Abgeordnete den Landeslisten entnommen, und zwar im Verhältnis zu den für die Partei abgegebenen Stimmen. Diese Art der Wahl heißt daher **Verhältniswahl**. Man spricht aber auch von **Listenwahl**. Jeder Wähler hat zwei Stimmen. Die **erste Stimme** gilt dem Wahlkreiskandidaten für die **Mehrheitswahl**. Die **zweite Stimme** gilt der Partei mit ihren Listenkandidaten für die **Verhältniswahl**.

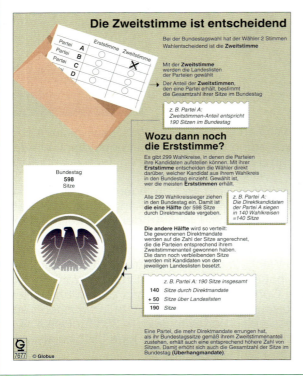

In der Nacht nach der Wahl stand das Ergebnis fest: Heike M. (SPD) hatte den Wahlkreis gewonnen. Günther H. hatte verloren, kaum jemand sprach noch von ihm. Über die Landesliste kam Karl G. doch noch ins Parlament. Trotzdem musste die CDU diese Wahl insgesamt als verloren ansehen, denn bei der Parteien- oder Listenwahl hatte die SPD so viel Stimmen bekommen, dass sie nach der Verhältnisausrechnung die Mehrheit der Abgeordneten im Bundestag stellte.
So muss die Verliererpartei auf die nächste Wahl warten, um wiederum zu versuchen, die Mehrheit im Parlament zu erreichen. Wieder wird es innerhalb der Parteien zu Diskussionen kommen, wieder werden Kandidaten aufgestellt, wieder können die Wähler mit der **Erststimme** einen Kandidaten wählen, der auf dem Stimmzettel steht, wobei der Kandidat im Wahlkreis gewählt ist, der die meisten Stimmen erhält.
Mit der **Zweitstimme** können die Wähler eine Partei wählen, wobei dann Parteimitglieder, die vor der Wahl in eine Liste aufgenommen wurden, im Verhältnis zu den abgegebenen Stimmen als Abgeordnete in das Parlament kommen.

Arbeitsblatt
Politik/Sozialkunde

Ein Kandidat wird Abgeordneter

1. Aufgabe: Tragen Sie in den nachstehenden Text folgende Wörter richtig ein.

> Erststimme – Listen – Parteien – Wahlberechtigten – Wahlkreise – Zweitstimme

Nach dem Bundeswahlgesetz können Wahlvorschläge von _____ und von _____ eingereicht werden. Für die Bundestagswahlen werden zwei Wahlvorschläge eingereicht. Einmal werden Kandidaten für die _____ benannt. Die Wähler wählen diese Kandidaten mit der _____ . Zum anderen werden Landes-_____ eingereicht und die Wähler wählen mit der _____ die Partei und ihre Liste.

2. Aufgabe: Sie sind Mitglied einer Partei. Auf der Versammlung, die den Kandidaten für den Wahlkreis zu wählen hat, sollen Sie sich für einen der folgenden Kandidaten entscheiden. Welchen würden Sie wählen? Begründen Sie mit ein paar Bemerkungen, warum Sie diesen Kandidaten wählen würden.

Kandidat 1: Matthias P., Beamter, 41 Jahre, bewirbt sich um die Kandidatur für den Bundestag, war zweimal Abgeordneter des Landtages. Erfahrung in der Parteiführung, Experte für Verwaltungsangelegenheiten, Mitglied des Deutschen Beamten-Bundes (DBB), früher einmal Bezirks-Parteivorsitzender. Verheiratet, 3 Kinder, Besitzer eines Eigenheimes.

Kandidat 2: Otto F. (53), Maschinenschlosser, Betriebsratsvorsitzender in einer Firma mit 1.230 Beschäftigten, Mitglied der IG Metall, stellvertretender Bürgermeister einer Kleinstadt, Gemeinderatsmitglied seit 9 Jahren, bewirbt sich zum zweiten Mal um einen Sitz als Bundestagsabgeordneter. Verheiratet, zwei erwachsene Söhne.

Kandidat 3: Christian V. (37), Versicherungsangestellter, mit 16 Jahren der Jugendorganisation der Partei beigetreten, als deren Landesvorsitzender er sich einen Namen gemacht hat. Sprecher der Gruppe der jüngeren Parteimitglieder, mit deren Hilfe er bereits einige „Bürgerinitiativen" ins Leben gerufen hat. Stadtbekannt wegen seiner Einsatzbereitschaft. Bewirbt sich zum ersten Mal um ein Mandat. Verheiratet, keine Kinder.

Ich würde Kandidat Nr. _____ den Vorzug geben, weil er _____
_____
_____

3. Aufgabe: Wer hat die Wahl gewonnen? Sehen Sie sich die Zahlen genau an und kreuzen Sie im Kästchen für jeden Wahlkreis den Sieger an.

Wahlkreis A
Hans F., SPD,   2.871 St. ☐
Karl D., CDU,   2.753 St. ☐
Anna Z., FDP,   874 St. ☐
Tobias H., Grüne,   726 St. ☐

Wahlkreis B
Otto M., SPD,   3.452 St. ☐
Gerd B., CDU,   4.031 St. ☐
Kurt W., FDP,   1.149 St. ☐
Ute F., Grüne,   1.263 St. ☐

Wahlkreis C
Jens F., SPD,   5.247 St. ☐
Maria S., CDU,   5.334 St. ☐
Robert T., FDP,   2.365 St. ☐
Eva G., Grüne,   2.431 St. ☐

4. Aufgabe: In der Aufgabe 3 hat sich ergeben, dass zwei Parteien bisher keinen Abgeordneten erhalten haben. Versuchen Sie jetzt herauszufinden, wie es nach der Verhältnisrechnung aussieht. Tragen Sie die Prozentzahlen und die Zahl der Abgeordneten richtig ein.

Die Listenwahl ging so aus:

SPD   146.173 Stimmen, das sind rd. 41 %;
CDU   139.492 Stimmen, das sind rd. 39 %;
FDP   36.862 Stimmen, das sind rd. 10 %;
Grüne 35.010 Stimmen, das sind rd. 10 %;

Von den 100 zur Verfügung stehenden Abgeordnetensitzen erhält die

SPD _____ %, das sind _____ Sitze;
CDU _____ %, das sind _____ Sitze;
FDP _____ %, das sind _____ Sitze;
Grüne _____ %, das sind _____ Sitze.

Name: | Klasse: | Datum: | Bewertung:

Mathematik

14 Dreisatz: Einheit – Mehrheit/ Mehrheit – Einheit

Regel:
Beim **Dreisatz** wird mithilfe von bekannten Zahlen eine unbekannte Zahl errechnet. Um aus einem Text eine Rechenaufgabe zu erstellen, sind zur Klärung des Sachverhaltes drei Sätze notwendig. Daher der Begriff **Dreisatz**.
Die ersten Schritte zur Anwendung des Dreisatzes sind einfache Fragesätze und gehen
1. von der **Einheit** zur **Mehrheit** und
2. von der **Mehrheit** zu einer **Einheit**.

Beispiel: Von der Einheit zur Mehrheit

Wie viel EUR kosten 5 kg Äpfel, wenn 1 kg 2,– EUR kostet?
① 1 kg kostet 2,– EUR
② 5 kg kosten wie viel?
③ Lösung: 5 kg kosten 5 mal soviel,
   5 · 2 EUR = 10,– EUR

Antwort: 5 kg kosten 10,– EUR

Beispiel: Von der Mehrheit zur Einheit

10 m² Bohlen, 50 mm dick, sägerau kosten 24,– EUR. Wie viel EUR kostet 1 m²?
① 10 m² kosten 24,– EUR
② 1 m² kostet ? EUR
③ Lösung: 1 m² kostet den 10ten Teil
   von 10m²,
   80 : 10 = 8

Antwort: 1 m² kostet 2,40 EUR

Aufgabe:
1. Ein Arbeiter hat einen Stundenlohn von 9,12 EUR. Wie viel verdient er in einer Woche mit 39 Stunden?
2. Für eine Wohnung mit 70 m² wird pro m² monatlich eine Miete von 7,12 EUR bezahlt. Wie hoch ist die Monatsmiete?
3. Ein Händler verkauft auf dem Markt 120 Zentner Kartoffeln. Er erhält pro Zentner 33,40 EUR. Wie viel EUR nimmt er ein?
4. Ein Teppichboden kostet pro m² 19,75 EUR. Ein Büro hat eine Fläche von 258 m² und wird mit diesem Bodenbelag ausgelegt. Wie teuer wird der Boden?
5. Ein Facharbeiter erhält für 44 Stunden Arbeit 543,40 EUR. Wie hoch ist sein Stundenlohn?
6. Auf seiner 12-tägigen Urlaubsreise gibt jemand 774,– EUR aus. Wie viel gibt er pro Tag aus?
7. Ein Astronaut legt in seiner Raumkapsel 28.800 km in der Stunde zurück. Wie viel km legt er in einer Minute zurück?
8. Wie viel km legt der Astronaut aus Aufgabe 7 in der Sekunde zurück?
9. 6 Personen teilen sich einen Lottogewinn von 37.500,– EUR. Wie viel EUR erhält jeder?

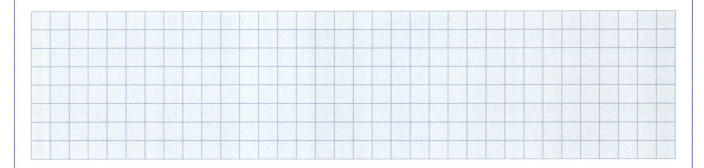

Knifflig?

Setzen Sie in die folgenden Kästchen an Stelle der Fragezeichen die richtigen Rechenzeichen zwischen die Zahlen.

| 2 | ? | 3 | ? | 1 | = | 4 |

| Name: | Klasse: | Datum: | Bewertung: |

Information
Politik/Sozialkunde
Zur Durchführung ihrer Aufgaben braucht die Gemeinde Geld — 15

Nach Familie und Horde ist die Gemeinde die älteste menschliche Gemeinschaft. In Deutschland haben die heutigen Gemeinden nicht alle ihren Ursprung in germanischen Siedlungen. Manche Städte sind aus römischen Heerlagern entstanden, z. B. Xanten, Neuss, Köln, Koblenz, Trier, Regensburg, Augsburg. In der Umgebung von Pfalzen (Königshöfen) und Bischofssitzen bildeten sich ebenfalls Gemeinden, beispielsweise Aachen, Goslar. Andere Gemeinden verdanken ihre Entstehung der günstigen Lage an Furten, Gebirgspässen und Kreuzungen von Handelsstraßen wie Frankfurt/Main, München. Später entstanden neue Gemeinden auch im Schutz von Burgen – Nürnberg – und um befestigte Klöster – Mönchengladbach. In einer echten **Gemeinde** soll sich jeder **Einwohner** dem anderen gegenüber **verantwortlich** fühlen. Einer sollte dem anderen **hilfreich** zur Seite stehen.

In unserer Bundesrepublik gibt es etwa 25.000 Gemeinden, darunter über 80 Großstädte mit mehr als 100.000 Einwohnern.

Im Mittelpunkt jeder Gemeinde steht auch heute der Mensch. Er allein kann aber nicht alle Aufgaben bewältigen, die sich aus dem Zusammenleben ergeben. Auch die einzelne Familie kann nicht alle Anlagen und Einrichtungen schaffen, die sie zu ihrem Wohlergehen und ihrer Bequemlichkeit benötigt. Hier beginnt die Aufgabe der Gemeinde: Sie muss die Sorgen und Nöte aller Einwohner kennen, um das Gemeinwohl zu fördern.

Nach dem Grundgesetz (Artikel 28, Satz 2) haben die Gemeinden das Recht, in ihrem Gebiet die eigenen Angelegenheiten selbst zu regeln. Man nennt dies „**Selbstverwaltungsaufgaben**".

Hauptaufgaben der Gemeinden sind:

1. Die Sorge für **Sicherheit** und **Ordnung**. Dazu benötigt man Einrichtungen wie Feuerwehr und Polizei, Wege und Straßen müssen gebaut, Straßen und Plätze müssen beleuchtet und gereinigt werden. Größere Gemeinden müssen Verkehrszeichen und Ampeln aufstellen. Straßenbahnen und Omnibusse dienen der schnellen und sicheren Beförderung.

2. Die Erhaltung der **Gesundheit** und die Möglichkeit der **Erholung** der Bürger durch Wohnungsbau, Anlage von Wasserleitungen und Kanalisation. Kindergärten, Spiel- und Sportplätze, Turnhallen, Grünanlagen, Schwimmbäder und Jugendheime müssen gebaut und unterhalten werden. Das Gesundheitsamt dient der Gesundheitspflege ebenso wie Krankenhäuser oder Lebensmittelüberwachung. Die Bestattung Verstorbener ist genau so wichtig wie die Anlage und Pflege des Friedhofes.

3. Einrichtungen der **Fürsorge** sind Altenheime, Waisenhäuser und Heime anderer Art. Dazu kommt die Unterstützung in Not geratener Menschen.

4. Damit jeder etwas **lernen** und sich **bilden** kann, muss die Gemeinde für Schulen, Museen, Theater, Büchereien und Vortragsveranstaltungen sorgen.

5. Die Förderung des Erwerbslebens geschieht durch das Abhalten von Märkten, Messen und Ausstellungen. Manche Gemeinden fördern den Fremdenverkehr, andere bemühen sich um Ansiedlung von Fabriken.

6. Weitere Aufgaben muss jede Gemeinde im **Auftrage** des Landes oder Bundes durchführen (**Pflichtaufgaben**). Dazu gehören Einrichtungen wie Standesamt, Einwohnermeldeamt, Pass- und Gewerbeaufsichtsamt und die Preisüberwachung.

Wer die Aufgaben einer Gemeinde kennt, wird einsehen, dass zur Durchführung dieser Aufgaben viel Geld benötigt wird.

Information
Politik/Sozialkunde

15 Zur Durchführung ihrer Aufgaben braucht die Gemeinde Geld

Woher bekommt die Gemeinde dieses Geld?

1. Gemeinden haben das Recht, eigene **Steuern** zu erheben. Haus- und Grundbesitzer müssen eine Grundsteuer zahlen. Die Inhaber eines Gewerbebetriebes entrichten die Gewerbesteuer. Wer ein Kino, Theater, eine Sport- oder Tanzveranstaltung besucht, zahlt mit der Eintrittskarte Vergnügungssteuer. Die Getränkesteuer wird nur noch in wenigen Gemeinden erhoben. Hundebesitzer müssen, von wenigen Ausnahmen abgesehen, Hundesteuer bezahlen.

2. Außer den Steuergeldern fließen **Beiträge** und **Gebühren** in die Gemeindekassen. Wir müssen z. B. für Straßenreinigung und Müllabfuhr bezahlen. Auch die Benutzung von Frei- und Schwimmbädern oder von Kuranlagen ist nicht kostenlos.

3. Weitere Einnahmequellen sind der **Gemeindebesitz** (Wald, Ackerland) und die **Gemeindebetriebe**. Hierzu gehören die Gewinne des Gas-, Wasser- und Elektrizitätswerkes. Wohnungen und Land erbringen den Miet- und Pachtzins.

4. Von den Ländern oder dem Bund erhalten die Gemeinden **Zuschüsse**. Es sind Anteile an anderen Steuerarten (z. B. Mehrwert-, Einkommen- und Lohnsteuer), die vom Bund oder den Ländern eingenommen werden.

Wie jede Familie, so muss auch die Gemeinde dafür sorgen, dass sie nicht mehr Geld ausgibt, als an Einnahmen zu erwarten ist. Darum wird in einem **Haushaltsplan (Etat)** genau festgelegt, welche Aufgaben in Angriff genommen werden können.

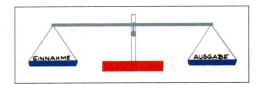

Deutsch

15 Sprechen Sie deutlich und schreiben Sie richtig (1)

Viele Fehler in der deutschen Sprache entstehen durch mundartliches oder undeutliches Sprechen. Eine Reihe von Wörtern erhält je nach Aussprache eine völlig andere Bedeutung.

Beispiele:

1. Blatt – vom Baum
   platt – flach, eben

2. Seide – Stoffart
   Seite – im Buch

3. versengen – etwas anbrennen
   versenken – in etwas hineintauchen

4. Wogen – dichterischer Ausdruck für Wellen
   Wochen – Teile des Jahres

Aufgabe:

Schreiben Sie auf ein Blatt (A4) folgende Begriffe ab und erklären Sie diese. Orientieren Sie sich an den Beispielen oben.

1. Fund –
   Pfund –
2. Schweizer –
   Schweißer –
3. hingen –
   hinken
4. Greis –
   Kreis
5. backen –
   packen
6. kriegen –
   kriechen

Arbeitsblatt
Politik/Sozialkunde

Zur Durchführung ihrer Aufgaben braucht die Gemeinde Geld

1. Aufgabe:

Einige Aufgaben, die jede Gemeinde erfüllen muss, sind unten bildhaft dargestellt. Schreiben Sie die richtigen Bezeichnungen in die entsprechenden Felder.

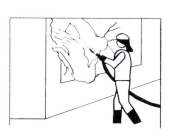 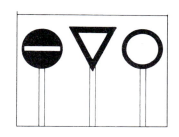 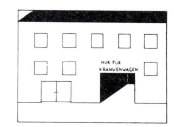

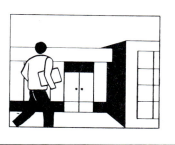 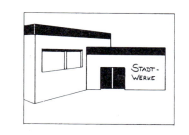 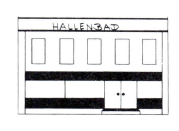

2. Aufgabe:

Lesen Sie die folgenden Fragen aufmerksam durch und beantworten Sie diese dann. Durch welche Einrichtungen oder Anlagen sorgt die Gemeinde für **Ordnung** und **Sicherheit** ihrer Bürger?

Welche Einrichtungen und Anlagen der Gemeinde dienen der **Gesundheit** und **Erholung** der Bewohner?

Wie oder wodurch sorgt die Gemeinde dafür, dass jeder Einwohner etwas **lernen** oder sich **weiterbilden** kann?

Durch welche Maßnahmen versuchen viele Gemeinden, **Arbeitsplätze** zu schaffen und das **Erwerbsleben** zu fördern?

Die Aufgaben, welche die Gemeinde zum Wohle der Bürger durchzuführen hat, kosten viel Geld. Welche **Einnahmequellen** der Gemeinde kennen Sie im Einzelnen?

Name:	Klasse:	Datum:	Bewertung:

© Bildungsverlag EINS GmbH

Mathematik

15 Dreisatz: Von einer Mehrheit zu einer anderen Mehrheit (1)

Regel:
Mithilfe des **Dreisatzes** kann man von einer gegebenen Mehrheit aus über die Einheit eine andere, gesuchte Mehrheit errechnen.
Erste Möglichkeit: Die **Einheit** ist **kleiner als** die **Mehrheit** *(einfacher direkter Dreisatz)*.

Beispiel: 8 kg Farbe kosten 72,– EUR. Wie viel kosten 15 kg Farbe?

1. Satz: Mehrheit (gegeben)	8 kg Farbe kosten 72,– EUR	
2. Satz: Einheit	1 kg Farbe kostet 72,– EUR : 8 = 9,– EUR	
3. Satz: Neue Mehrheit	15 kg Farbe kosten 72 : 8 = 9 · 15 = 135,– EUR	

Antwort: 15 kg kosten 135,– EUR

Andere Schreibweise:

$$\frac{72}{8}$$

$$\frac{72 \cdot 15}{8} = 135$$

Aufgabe:
Dreisatzaufgaben ergeben sich aus Texten, in denen die Angaben für die Dreisatzrechnung enthalten sind. Rechnen Sie die Aufgaben so, wie es das Beispiel zeigt.

1. Für die 12 Stockwerke eines Hauses benötigt man 36 m³ (Kubikmeter) Mauerwerk. Wie viel m³ Mauerwerk benötigt man für ein Haus mit 9 Stockwerken?
2. Ein Auto fährt in 4 Stunden 280 km. Wie viel km fährt es bei gleichbleibender Durchschnittsgeschwindigkeit in 6 Stunden?
3. 5 m² Bretter kosten 142,50 EUR. Wie viel EUR kosten 9 m²?
4. Ein Eisenträger ist 4 m lang und wiegt 150 kg. Wie schwer ist ein gleicher Eisenträger von 7,5 m Länge?
5. Eine Wasserpumpe liefert in 8 Minuten 192 l Wasser. Wie viel Liter Wasser liefert die Pumpe in 15 Minuten?
6. Eine Bahnfahrt für eine Schülergruppe von 14 Personen kostet 174,30 EUR. Wie viel müsste man bezahlen, wenn es 5 Schüler mehr wären?

Zum Knobeln:
Vervollständigen Sie die unterbrochene Zahlenreihe.

27	24	?	?	15	12	?	6	3

Name: | Klasse: | Datum: | Bewertung:

Information
Politik/Sozialkunde

Die Gemeindevertretung wird von den Bürgern gewählt 16

Um das Jahr 1800 lebten in Deutschland von 100 Menschen noch 80 auf dem Lande und nur 20 in der Stadt. Heute ist das Verhältnis umgekehrt.

Daher können nur noch in wenigen kleinen Gemeinden alle Bürger gemeinsam „direkt" oder „unmittelbar" über wichtige Gemeindefragen beraten, abstimmen und den Willen der Mehrheit feststellen.

In größeren Gemeinden ist es praktisch unmöglich, die Gemeindemitglieder persönlich in Versammlungen abstimmen zu lassen. Deshalb wählen die stimmberechtigten Einwohner aus ihren Reihen Männer und Frauen für 4 bis 6 Jahre als ihre „Vertreter" und senden diese als **Abgeordnete** in das **Gemeindeparlament**. Die Abgeordneten heißen Gemeindevertreter, Gemeinde- oder Stadträte, Ratsherren oder Senatoren. Sie beraten und entscheiden im **Gemeinde-** oder **Stadtrat** alle Gemeindeaufgaben und ihre Durchführung. Außerdem wählen sie einen Vorsitzenden, der in den meisten Bundesländern den Titel **Bürgermeister** hat. In kleinen Gemeinden übt er seine Tätigkeit „ehrenamtlich" aus, in großen dagegen „hauptamtlich", d. h. gegen Entgelt. Er muss unter anderem dafür sorgen, dass die **Gemeindeverwaltung** die Beschlüsse der Gemeindevertretung durchführt. In einigen Bundesländern werden die Bürgermeister direkt gewählt.

Neben der Gemeindevertretung gibt es bei uns noch weitere Volksvertretungen: Kreistag, Landtag und Bundestag. Alle Abgeordneten dieser Parlamente werden nach den gleichen Grundsätzen gewählt. Artikel 28 und 38 des Grundgesetzes geben darüber Auskunft.
Von den Einwohnern einer Gemeinde – Männer, Frauen, Jugendliche, Kinder, Gastarbeiter – dürfen jedoch nicht alle an den Wahlen teilnehmen.
Wählen dürfen nur **Gemeindebürger**. Das sind alle **Deutschen** im Sinne des Grundsgesetzes oder **Staatsbürger** der EU-Staaten. In der Regel müssen sie das 18. Lebensjahr vollendet haben und seit 3 Monaten im Wahlbezirk ihren Hauptwohnsitz haben. In einigen Bundesländern kann man schon mit Vollendung des 16. Lebensjahres wählen. Das Recht zu wählen nennt man „aktives Wahlrecht". Gemeinde- oder Kreisratskandidaten können Gemeindebürger werden, die das 18. Lebensjahr vollendet haben und mindestens 3 Monate im Wahlgebiet leben. Das Recht, gewählt zu werden, nennt man „passives Wahlrecht".

Ausgeschlossen vom Wahlrecht sind Personen, deren Betreuung auf Dauer angeordnet ist und wer durch Richterspruch das Wahlrecht verloren hat.

Nach dem Grundgesetz muss die Volksvertretung aus „allgemeinen, unmittelbaren, freien, gleichen und geheimen" Wahlen hervorgegangen sein. Was heißt das?

Allgemein: Kein Wahlberechtigter, ob Mann oder Frau, arm oder reich, darf von der Wahl ausgeschlossen werden.
Unmittelbar: Jeder wählt den Abgeordneten oder die Partei seines Vertrauens selbst ohne Zwischenschaltung von Wahlmännern.
Frei: Jeder Wähler kann ohne Furcht und Zwang unter mehreren Bewerbern aussuchen, wen er will.
Gleich: Alle Wählerstimmen haben den gleichen Wert ohne Rücksicht auf Alter, Geschlecht und Stand des Wählers.
Geheim: Niemand darf erfahren, wie der Wähler gewählt hat. Jeder muss seine Stimme unbeobachtet abgeben können.

© Bildungsverlag EINS GmbH

Information
Politik/Sozialkunde

16 Die Gemeindevertretung wird von den Bürgern gewählt

Einige Wochen vor der Wahl erhält jeder Wahlberechtigte einen **Wahlausweis**, aus welchem Wahltag, Wahllokal und Wahlzeit zu ersehen sind.

Am **Wahltag** – immer ein Sonntag oder gesetzlicher Feiertag – geht der **Wahlberechtigte** in das für ihn zuständige **Wahllokal**.

Dort erhält er zunächst einen **Stimmzettel**, auf dem die wählbaren Bewerber verzeichnet sind.

In einer **Wahlkabine kreuzt** der Wähler nur den Kandidaten an, dem er seine Stimme geben will.

Dann steckt er den Stimmzettel in einen **Briefumschlag** und geht damit zur Wahlurne.

Dort zeigt der Wähler seinen Wahl- oder Personalausweis vor und wird **registriert**.

Dann kann er unter Aufsicht des Wahlleiters den Umschlag mit dem Stimmzettel in **die Urne werfen**.

Nach Beendigung der Wahl werden die abgegebenen Stimmen im Wahllokal öffentlich ausgezählt. Jeder kann bei der Auszählung dabei sein. Danach wird das Ergebnis der Wahl veröffentlicht.

Merke: Wer wählt, bestimmt mit, was geschehen soll.

Deutsch

16 Sprechen Sie deutlich und schreiben Sie richtig (2)

Besonders deutlich müssen Sie sprechen, um die Selbstlaute (a, e, i, o, u) genau zu erkennen. Viele Wörter sind durch undeutliches und nachlässiges Sprechen stark verstümmelt.

Beispiel: Anstelle von **nein** hört man: nee – nö – nä ...

Wenn Sie Ihren Namen undeutlich nennen oder am Telefon undeutlich sprechen, kann es zu Irrtümern und Ärger kommen.

Wer gut spricht, schreibt auch gut.

Beispiele:

Ehre	– **Ä**hre	Z**ü**gel	– Z**ie**gel
B**ee**ren	– B**ä**ren	M**ee**r	– M**ä**r
Gew**e**hr	– Gew**ä**hr	f**ü**r	– v**ie**r
S**öh**ne	– S**e**hne	T**ü**re	– T**ie**re
K**ü**ste	– K**i**ste	F**eu**er	– F**ei**er
s**ä**en	– s**e**hen	sp**ü**len	– sp**ie**len

Aufgabe:

Schreiben Sie die folgenden Sätze auf ein Blatt (A4). Sprechen Sie sich die Sätze vor dem Schreiben laut und deutlich vor. Achten Sie auf die richtige Aussprache und setzen Sie die richtigen Buchstaben ein. Unterstreichen Sie die eingesetzen Buchstaben.
1. Die Verkehrszei_____en zei_____en die Richtung an.
2. Wer auf den Knien krie_____t, krie_____t schmutzige Knie.
3. Wer ein Gewe_____hr hat, hat noch keine Gew_____hr für seine Sicherheit.
4. Bei der Weihnachtsf_____er fing der Christbaum F_____er.
5. Im Sommer verreise ich f_____r v_____r Wochen.
6. Das Wasser hatte eine K_____ste an die K_____ste gespült.
7. Als der Pferdestall brannte, drängten die T_____re zur T_____re.
8. Der Unfall geschah, weil die Lei_____er lei_____er nicht sicher stand.

Arbeitsblatt
Politik/Sozialkunde

Die Gemeindevertretung wird von den Bürgern gewählt — 16

1. Aufgabe:

Setzen Sie die gegebenen Wörter und Zahlen an den richtigen Stellen in den Wortlaut ein.

> 4 – 18 – beraten – bürgerlichen – Deutschen – entscheiden – Gemeindevertretung – gewählt

Die Bürger einer Gemeinde wählen alle _____ oder 6 Jahre die _____.

Die Mitglieder dieser Gemeindevertretung b_____ und e_____

alle Gemeindeaufgaben. Wählen dürfen alle _____, die mindestens

_____ Jahre alt, geistig zurechnungsfähig sind und die _____ Ehrenrechte

besitzen. Alle Wahlberechtigten können als Abgeordnete _____ werden.

2. Aufgabe:

Nach welchen Wahlgrundsätzen wird bei uns gewählt?
Kreuzen Sie die richtigen Antworten an.

Bei uns dürfen nur die wahlberechtigten Männer wählen, ... ☐
    nur die wahlberechtigten Frauen wählen, ... ☐
    die wahlberechtigten Männer und Frauen wählen. .... ☐

Bei uns muss jeder Wahlberechtigte wählen, ... ☐
    kann jeder Wahlberechtigte wählen, ... ☐
    wird jeder Wahlberechtigte bestraft, wenn er nicht wählt. ...... ☐

Bei uns hat jede Wählerstimme gleichen Wert, ... ☐
    die Stimme eines reichen Wählers mehr Wert, ... ☐
    die Stimme eines armen Wählers mehr Wert. .... ☐

Bei uns muss jeder Wähler seine Stimme offen abgeben, ... ☐
    kann jeder Wähler seine Stimme geheim abgeben, ... ☐
    muss jeder Wähler seinen Namen auf den Stimmzettel schreiben. . ☐

Bei uns bedeutet „aktives Wahlrecht": Man darf nicht wählen, ... ☐
    man darf wählen, ... ☐
    man darf gewählt werden. .... ☐

Bei uns bedeutet „passives Wahlrecht": Man darf nicht wählen, ... ☐
    man darf wählen, ... ☐
    man darf gewählt werden. .... ☐

3. Aufgabe:

Die Zeichnungen zeigen den Ablauf des Wahlvorganges. Lesen Sie den folgenden Wortlaut aufmerksam durch und schreiben Sie den richtigen Satz unter das entsprechende Bild.

Abgabe des Stimmzettels.   **Ankreuzen** des Stimmzettels.
Ausgabe des Stimmzettels.   **Vorzeigen** des Wahlausweises.

Name:		Klasse:	Datum:	Bewertung:

© Bildungsverlag EINS GmbH

Mathematik

16 Bei einer Wahl werden Stimmen gezählt

Regel:
Wird irgendwo **gewählt**, so gewinnt derjenige, der die **Mehrheit** der Stimmen erhält – man spricht vom **Mehrheitswahlrecht**.
So einfach ist dies aber nur, wenn **eine Person** zu wählen ist. Sind jedoch – wie z. B. beim Bundestag – mehrere Vertreter zu wählen, so erhebt sich die Frage: Was geschieht mit den Stimmen, die nicht zur Mehrheit gehören? **Eine Stimme mehr ist Mehrheit** – und der Rest?
Hier hat man den Weg gewählt, die Sitze im Parlament den Gruppen (= Parteien) **im Verhältnis der** für sie **abgegebenen Stimmen** zu geben. Dieses Verfahren nennt man **Verhältniswahlrecht**.

Beispiel 1:
Bei einer Wahl eines Vorsitzenden stehen 3 Kandidaten zur Verfügung. Es erhält Kandidat 1: 21 Stimmen, **Kandidat 2: 34 Stimmen**; Kandidat 3: 9 Stimmen. **Gewählt ist Kandidat 2, denn er hat die Mehrheit.**

Beispiel 2:
Bei einer Wahl gibt es 5 Wahlbezirke, in denen je 1 Kandidat zu wählen ist. Es bewerben sich **3 Parteien** um diese 5 Sitze. Jede Partei stellt 5 Kandidaten auf. Das Wahlergebnis sieht so aus:

Wahlbezirk:	1	2	3	4	5	Zusammen:	Nach **Mehrheit** erhält
Partei A	450	400	350	**500**	450	2.150	Partei A 1 Bezirk = 1 Sitz
Partei B	**550**	**420**	**390**	480	**460**	2.300	Partei B 4 Bezirke = 4 Sitze
Partei C	10	30	20	5	15	80	Partei C 0 Bezirke

Betrachtet man das **Verhältnis** der Stimmen zueinander, so haben Partei A und B etwa die gleiche Stimmenzahl, müssten also fast die gleiche Sitzzahl erhalten, z. B. Partei A 2 Sitze, Partei B 3 Sitze. Das **Verhältniswahlrecht** kennt verschiedene Ausrechnungsverfahren. Eines dieser Verfahren ist das Teilen der Gesamtstimmenzahlen durch 1, 2, 3 usw. und das Verteilen der Sitze auf die höchsten Zahlen, das so genannte „Höchstzahlverfahren".
Aus dem Beispiel oben:

	Partei A:	Partei B:	Partei C:	
Stimmen	2.150	2.300	80	Die Reihe der Höchstzahlen ergibt für die 5 Sitze:
Stimmen geteilt durch 2:	1.075	1.150	40	2.300 = Sitz Partei B; 2.150 = Sitz Partei A;
Stimmen geteilt durch 3:	716	766	26	1.150 = Sitz Partei B; 1.075 = Sitz Partei A;
Stimmen geteilt durch 4:	537	575		766 = Sitz Partei B; **Die 5 Sitze sind verteilt.**

Das Wahlergebnis lautet: Partei B erhält 3 Sitze, Partei A 2 Sitze, Partei C keinen Sitz.

Aufgabe:
Ermitteln Sie wie im Beispiel oben die Sitzverteilung in einem Gemeinderat **1.** nach der Mehrheitswahl und **2.** nach der Verhältniswahl.
In 8 Wahlkreisen ist je ein Kandidat zu wählen. Es bewerben sich 4 Parteien um diese Sitze. Die Stimmenauszählung brachte folgendes Ergebnis:

Wahlbezirk:	1	2	3	4	5	6	7	8	Zusammen:
Partei A	200	**420**	**330**	480	370	420	300	220	2.740
Partei B	340	360	300	**540**	**400**	**520**	340	**360**	3.160
Partei C	**360**	**60**	50	40	60	50	60	20	700
Partei D	5	10	12	18	10	5	14	6	80

Ergebnis: Sitzverteilung nach **Mehrheitswahl**:   Sitzverteilung nach **Höchstzahlausrechnung**:

Partei A _____ Sitze,
Partei B _____ Sitze,
Partei C _____ Sitze,
Partei D _____ Sitze,

	Partei A	Partei B	Partei C	Partei D
Stimmen	2.740	3.160	700	80
Stimmen : 2				
Stimmen : 3				
Stimmen : 4				
Stimmen : 5				

Markieren Sie die 8 höchsten Zahlen.
Nach dieser Ausrechnung erhält die Partei
A = __ Sitze, B = __ Sitze, C = __ Sitze, D = __ Sitze

Hinweis: Bei vielen Wahlen wird eine Kombination von Verhältnis- und Mehrheitswahl angewandt.

Knifflig: In den zusammenhängenden Kästchen stehen Zahlen, die sich durch eine Zahl teilen lassen, die in der Mitte stehen soll. Tragen Sie jeweils diese fehlende Zahl ein.

21	28
63	?	56
42	14

66	33
22	?	44
99	55

117	78
65	?	52
39	91

Information
Politik/Sozialkunde

Wir sind Bürger eines Staates 17

Seit rund 500.000 Jahren wohnen Menschen auf der Erde. Aber erst vor etwa 6.000–7.000 Jahren entstanden die ersten Staaten, in denen Menschen in einem bestimmten Gebiet gemeinsame Interessen hatten und einheitlich regiert wurden.
Heute gibt es etwa 180 Staaten: Russland, China, Indien, USA, Kanada, Brasilien, Australien sind die größten. Monaco, Liechtenstein, Andorra und der Vatikanstaat sind die kleinsten.

Wir sprechen von einem **Staat** (lat. status = Zustand), wenn **drei Merkmale** vorhanden sind: Das **Staatsgebiet** (Land), das **Staatsvolk** (die Menschen) und die **Staatsgewalt** (Obrigkeit).

Das **Staatsgebiet** umfasst den Wohn- und Wirtschaftsraum der Bevölkerung. Es ist ein Teil der Erdoberfläche, der durch **natürliche** oder **künstliche Grenzen** gekennzeichnet ist. Natürliche Grenzen sind Gebirge, Flüsse, Seen oder Meere. Zu den künstlichen Grenzen gehören Grenzsteine, Schlagbäume, Grenzzäune und Befestigungen. Der **Raum unter** und **über** der **Erde** innerhalb der Grenzen gehört auch zum Staatsgebiet. Niemand darf den Luftraum eines Staates ohne Genehmigung überfliegen (Lufthoheit). Aus Sicherheitsgründen und wegen des Fischfangs reicht das Staatsgebiet bei Staaten mit Meeresküsten mindestens **3 Seemeilen** (1 Seemeile = 1,85 km) ins Meer hinein. Heute sagt man „Dreimeilenzone", früher war es die „Kanonenschussweite". Von einigen Staaten, z. B. China, wurde dieses Schutzgebiet auf 12 Seemeilen ausgedehnt, von Island durch einseitige Erklärung sogar auf 200 Seemeilen.

Zum **Staatsvolk** gehören alle Menschen, die **im Staatsgebiet wohnen** und die entsprechende **Staatsangehörigkeit** besitzen. Nach **deutschem Recht** erwirbt man die Staatsangehörigkeit durch **Geburt**, **Heirat** oder **Einbürgerung** (Naturalisation). Sie wird durch den Personalausweis bescheinigt. Ein Kind deutscher Eltern oder auch nur eines deutschen Elternteils erhält automatisch deren Staatsangehörigkeit. Durch Adoption (Annahme als Kind) kann die deutsche Staatsbürgerschaft auch erworben werden. Heiratet ein Deutscher eine Ausländerin, so kann diese die Staatsangehörigkeit des Mannes erwerben.

Seit Januar 2000 erhalten in Deutschland geborene Kinder ausländischer Eltern neben der ausländischen auch die deutsche Staatsangehörigkeit. Voraussetzung ist, dass zumindest ein Elternteil acht Jahre in Deutschland lebt. Diese Kinder müssen sich bis zum 23. Lebensjahr für eine der beiden Staatsangehörigkeiten entscheiden.
Auch die Einbürgerung für nichtdeutsche Erwachsene ist erleichtert. Ausländer, die mehr als 8 Jahre hier leben und sich nichts zu Schulden kommen ließen, können den deutschen Pass beantragen.

Nach Art. 16 des Grundgesetzes darf niemandem die deutsche Staatsangehörigkeit ohne seine Zustimmung entzogen werden.

Der Bürger eines Staates muss sich in die Gemeinschaft einordnen. Eine von den Bürgern des Staates eingesetzte **Staatsgewalt** hat in jedem **Staat** für ein reibungsloses Zusammenleben aller Menschen zu sorgen. Diese Staatsgewalt (= Obrigkeit) hat für den **Schutz** der Gemeinschaft gegen **Feinde von außen** zu sorgen. Im Inneren muss sie den **Schwachen** vor dem **Stärkeren schützen**. Jede Staatsgewalt hält also sehr viel Macht in ihren Händen. Sie hat das Recht, dem Volke Gesetze zu geben. Weiterhin sorgt sie für die Ausführung und Einhaltung dieser Gesetze. Die Staatsgewalt muss „Recht sprechen", wenn Bürger Gesetze übertreten oder sich streiten. Aus diesen Gründen hat jede Staatsgewalt drei Aufgabenbereiche:

Gesetzgebung   oder   „gesetzgebende Gewalt",
Ausführung   oder   „vollziehende Gewalt" und
Rechtsprechung   oder   „richterliche Gewalt".

Nach Artikel 20 des Grundgesetzes (GG) geht diese **Staatsgewalt** vom **Volke** aus und ist **dreigeteilt**.

Information
Politik/Sozialkunde

17 Wir sind Bürger eines Staates

Die vom Volke ausgehende Staatsgewalt ist dreigeteilt:

Die Bürger eines Staates müssen nicht die gleiche Sprache sprechen, können verschiedenen Religionsgemeinschaften oder Rassen angehören und eigene Ideen und Meinungen vertreten. Verbunden sind sie durch die gemeinsamen Interessen als Bürger eines Staates.

Wer sich im Urlaub oder auf Montage in einem anderen Staat aufhält, sollte wissen, dass er sich nach den Regeln und Gesetzen dieses Staates zu richten hat. Aber nicht nur andere Gesetze, sondern auch andere Menschen, Sitten und Gebräuche müssen in fremden Ländern beachtet werden.

Deutsch

17 Anforderung einer Urkunde

Im Laufe seines Lebens benötigt jeder einmal eine Urkunde, mit der er seine Geburt (Geburtsurkunde), seinen Schulbesuch (Zeugnis), seine Tätigkeit im Beruf (Arbeitszeugnis, Sozialversicherungsausweis usw.) und anderes nachweisen muss. Wer eine solche Urkunde nicht hat, muss sie bei der zuständigen Behörde, beim Arbeitgeber oder anderen Stellen anfordern. Um Irrtümer zu vermeiden, muss bei der Anforderung einer Urkunde jeder seinen vollen **Namen**, sein **Geburtsdatum**, seinen **Geburtsort** und seinen **derzeitigen** Wohnsitz angeben.

Beispiel:

Patrick Weirich   *12. Juli 20..*
Hügelstr. 28
46539 Dinslaken

Firma
Vereinigte Kabelwerke
Postfach 171
51117 Köln

Arbeitszeugnis

Sehr geehrte Damen und Herren,
ich bitte Sie um Zusendung eines Zeugnisses über meine Tätigkeit bei Ihnen. Ich bin am 13.03.19.. in Köln geboren und habe von 19.. bis 20.. bei Ihnen gearbeitet.

Mit freundlichen Grüßen

Patrick Weirich

Aufgabe:
Zeichnen Sie auf ein kariertes A4-Blatt eine Postkarte (30 Kästchen lang, 21 Kästchen hoch). Fordern Sie eine Geburtsurkunde beim Standesamt Ihres Geburtsortes an. Sie brauchen sie zur Vorlage beim Standesamt, da Sie heiraten möchten. Schreiben Sie ähnlich, wie das Beispiel zeigt.

Arbeitsblatt
Politik/Sozialkunde

Wir sind Bürger eines Staates — 17

Wenn **Menschen** in einem bestimmten **Gebiet** unter einer **Obrigkeit** (Gewalt) zusammenleben, spricht man von einem **Staat**.

1. Aufgabe:

Beantworten Sie die folgenden Fragen.
Welche drei **Merkmale** kennzeichnen einen Staat?

1. _____
2. _____
3. _____

Wodurch wird das **Gebiet** eines Staates von dem des anderen **abgeteilt**?
_____

Welche **Teile** außer dem Teil unter der Erde (Erdinneres) gehören noch zum Staatsgebiet?

1. _____
2. _____

2. Aufgabe:

Kreuzen Sie die richtigen Antworten an.

	ja	nein
Kann man in **alle** Staaten mit dem Personalausweis bzw. mit dem Reisepass einreisen?		
Markus wurde als Kind deutscher Eltern **geboren**. Ist er auch deutscher Staatsangehöriger?		
Die Russin Natascha **heiratet** einen Deutschen. Kann sie die Staatsangehörigkeit ihres Mannes erwerben?		
Ruth ist deutsche Staatsangehörige und **heiratet** einen Engländer. Kann sie ihre Staatsangehörigkeit aufgeben?		
Kann einem Deutschen die Staatsangehörigkeit einfach vom Staat **entzogen** werden?		
Der Spanier Antonio arbeitet seit 2 Jahren bei uns in der Bundesrepublik. Kann er schon **eingebürgert** werden?		
Gehören zu einem Staatsvolk nur die Menschen gleicher Sprache, Rasse oder Religion?		

Die Staatsgewalt muss **sorgen** für das Wohl aller Bürger, ... ☐
      eines Teiles der Bürger, ... ☐
      der Obrigkeit. .... ☐

Der **Bürger** kann in einem Staat immer tun und lassen, was er will, ... ☐
      ohne ausdrückliche Genehmigung des Staates nichts tun, ... ☐
      unter Rücksichtnahme auf andere vieles tun. .... ☐

Der Bürger muss in einem Staat **Rücksicht** nehmen auf niemanden, ... ☐
      auf die Mitmenschen, ... ☐
      nur auf sich selbst. .... ☐

Der Bürger sollte die **Arbeit** der Staatsgewalt aufmerksam beobachten, ... ☐
      sich nicht darum kümmern, ... ☐
      alles einfach hinnehmen. .... ☐

Wer sich während des **Urlaubs** in einem fremden Staat aufhält, ... ☐
      braucht sich um die Gesetze dieses Staates nicht zu kümmern, ... ☐
      muss sich nach den Gesetzen dieses Staates richten, ... ☐
      für den gelten auch dort nur die Gesetze des eigenen Staates. .... ☐

Name:	Klasse:	Datum:	Bewertung:

Mathematik

17 Dreisatz: Von einer Mehrheit zu einer anderen Mehrheit (2)

Regel:
Bei der **zweiten Möglichkeit**, die **Dreisatzregeln** anzuwenden, ist die **Einheit größer als** die **Mehrheit** (einfacher indirekter Dreisatz). Wieder ist die **Reihenfolge Mehrheit – Einheit – Mehrheit** zu beachten.

Beispiel: Bei Ausschachtungsarbeiten fahren 3 Lastwagen Erdaushub ab. Sie brauchen dafür 8 Tage. Wie viel Tage würden 4 Lastwagen für die gleiche Menge Erdaushub brauchen?

Andere Schreibweise:

1. Satz: Mehrheit (gegeben) — 3 Lastwagen brauchen 8 Tage

2. Satz: Einheit — 1 Lastwagen braucht 3 mal so viel Zeit: 3 · 8 Tage = 24 Tage

   $3 \cdot 8$

3. Satz: Neue Mehrheit — 4 Lastwagen brauchen den vierten Teil dieser Zeit, 3 · 8 = 24 Tage : 4 = 6 Tage

   $\dfrac{3 \cdot 8}{4} = 6$

Antwort: 4 Lastwagen brauchen **6 Tage**

Aufgabe:

1. In einem Neubau sind 6 Anstreicher 8 Tage beschäftigt. Wie lange würden 8 Anstreicher für die gleiche Arbeit brauchen?
2. Zur Füllung eines Schwimmbeckens brauchen 5 Pumpen 15 Stunden. In welcher Zeit füllen 3 Pumpen das Becken?
3. Die Vorräte eines Haushaltes würden bei 6 Personen 16 Tage reichen. Wie viel Tage kämen 8 Personen mit den gleichen Vorräten aus?
4. Für 9 gleiche Öfen reicht der Brennstoffvorrat 12 Tage. Für wie viel Tage würde der Brennstoffvorrat reichen, wenn 3 der Öfen stillgelegt würden?
5. Für die Herstellung eines Eisenbahnwagens brauchen 50 Arbeiter in den verschiedenen Abteilungen eines Werkes 40 Tage. a) Wie viele Tage würden 80 Arbeiter für den Wagen brauchen? b) Wie viele Arbeiter würde man brauchen, wenn der Wagen in 20 Tagen fertig sein müsste (Achtung!)?
6. Für die tägliche Reinigung eines Hochhauses sind 60 Raumpflegerinnen täglich 4 Stunden beschäftigt. a) Wie viele Raumpflegerinnen könnten das Haus täglich in 3 Stunden säubern? b) Aus Kostengründen müssen 12 Raumpflegerinnen entlassen werden. Wie viele Stunden braucht der Rest der Raumpflegerinnen, um das Haus zu säubern?

Information
Politik/Sozialkunde
Wir leben in einem Bundesland — 18

Am 7. Mai 1945 endete der Zweite Weltkrieg mit der bedingungslosen Kapitulation Deutschlands. Durch diese Unterwerfung war der Hitlerstaat zusammengebrochen. Die Siegermächte **USA, Großbritannien, Frankreich** und **UdSSR** übernahmen in ihren **Besatzungszonen** die alleinige Herrschaft. Die Stadt **Berlin** wurde als **Viersektorenstadt** Sitz des Alliierten Kontrollrates. Dieser Rat bestand aus den Oberbefehlshabern der vier Besatzungsmächte. Er entschied zunächst über alle Fragen, welche die Deutschen betrafen.

Die Militärregierungen übertrugen den Deutschen nach und nach in den Gemeinden Verwaltungsaufgaben. Sie setzten als Bürgermeister oder Landräte solche Bürger ein, die auch während der Hitlerzeit eine demokratische Gesinnung gezeigt hatten.

Ab 1946 entstanden nach dem Willen der Besatzungsmächte selbstständige **Länder** mit eigenen **Volksvertretungen** und **Regierungen**.

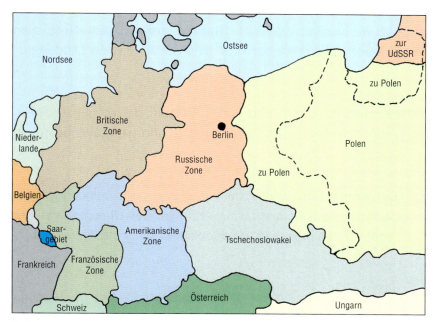

In der amerikanischen Besatzungszone entstanden folgende Länder:

1. **Bayern** (Hauptstadt **München**). Seit dem zweiten Weltkrieg hat sich Bayern vom vorwiegend landwirtschaftlich geprägten Agrarland zu einem wichtigen Wirtschaftsstandort in Deutschland entwickelt. Viele High-Tech-Unternehmen sind hier angesiedelt.

2. **Hessen** (Hauptstadt **Wiesbaden**). Die Hälfte der Fläche dieses Landes wird landwirtschaftlich genutzt. 40 % der Fläche ist Waldland. Die Industriewerke, überwiegend im Rhein-Main-Gebiet, stellen meist Fertigwaren her.

3. **Württemberg-Baden** war das dritte Land. Aufgrund einer Volksabstimmung wurde es 1951 mit den beiden in der französischen Zone liegenden Ländern Württemberg-Hohenzollern und Baden zum heutigen **Baden-Württemberg** vereint (Hauptstadt **Stuttgart**). Innerhalb weniger Jahrzehnte hat sich das Land zu einer der modernsten Industrie-, Technologie- und Dienstleistungsregionen entwickelt. Der Fremdenverkehr spielt eine große Rolle.

4. 1947 wurden die Stadtkreise Bremen und Bremerhaven zum Land **Bremen** erhoben. Außer den großen Hafenanlagen findet man viele Reedereien und Schiffswerften. Andere Industriewerke stellen Fahrzeuge und Flugzeuge her.

Die **Engländer** bildeten in ihrer Zone die Länder

1. **Nordrhein-Westfalen** (Hauptstadt **Düsseldorf**): Die Wirtschaftsstruktur ist durch klassische Industriezweige, innovative mittelständische Unternehmen und neue Dienstleistungsbereiche gekennzeichnet (Stahl, Chemie, Maschinenbau, Logistik).

2. **Niedersachsen** (Hauptstadt **Hannover**): Über die Hälfte der Gesamtfläche wird landwirtschaftlich genutzt. Weitere große Teile des Landes haben Waldbestand. Die vorhandenen Industriewerke verarbeiten vorwiegend die heimischen Bodenschätze.

3. **Schleswig-Holstein** (Hauptstadt **Kiel**): Die berufstätige Bevölkerung arbeitet hauptsächlich in der Landwirtschaft. An den Küsten des Landes bildet der Fischfang die Grundlage für die Konservenfabriken. In den Sommermonaten verleben viele hier ihren Urlaub.

4. Das vierte Land wurde die Freie Hansestadt **Hamburg**. Über 20.000 Schiffe aus aller Welt werden innerhalb eines Jahres in diesem größten deutschen Seehafen be- und entladen. Hamburg ist überwiegend eine Handelsstadt.

18 Wir leben in einem Bundesland

Information
Politik/Sozialkunde

In der **französischen Zone** entstanden zunächst drei Länder. Zwei von ihnen – Württemberg-Hohenzollern und Baden – gibt es heute nicht mehr. Das dritte heißt **Rheinland-Pfalz** (Hauptstadt **Mainz**). Fast die Hälfte des Landes wird landwirtschaftlich genutzt, vor allem durch den Weinbau. Auch die Forstwirtschaft hat eine große Bedeutung.

1946 trennten die Franzosen das Saargebiet von Deutschland ab. Es wurde politisch selbstständig (autonom), wirtschaftlich mit Frankreich vereinigt. 1957 wurde das Saarland durch einen Volksentscheid unter dem Namen **Saarland** (Hauptstadt **Saarbrücken**) ein deutsches Bundesland. Das Saarland ist ein bedeutendes Industrieland. Steinkohle und andere Bodenschätze bilden die Grundlage der Industrie.

Die Länder in der **russischen Besatzungszone** wurden 1952 in 14 Bezirke umgewandelt. Nach dem Beitritt der DDR zur Bundesrepublik Deutschland am 3. Oktober 1990 sind daraus 5 neue Länder entstanden.

Brandenburg (Hauptstadt **Potsdam**): Hier spielt die Land- und Forstwirtschaft die wichtigste Rolle. Große Bedeutung haben aber auch die Braunkohlenreviere im Raum Cottbus und die Stahlindustrie in Eisenhüttenstadt.

Mecklenburg-Vorpommern (Hauptstadt **Schwerin**): Das Land ist dünn besiedelt und lebt noch weitgehend von der Landwirtschaft. Die ehemalige Hansestadt Rostock wurde zum größten Überseehafen der früheren DDR ausgebaut. An etwa 650 Seen findet man hier Deutschlands schönste Naturschutzgebiete.

Sachsen (Hauptstadt **Dresden**): Die Braunkohlenlager sind von großer Bedeutung. Der im Tagebau geförderten Braunkohle mussten ganze Dörfer weichen. Das Land hat aber auch eine lange Tradition als Industrie- und Handelszentrum (Leipziger Frühjahrs- und Herbstmesse, Spielzeugherstellung im Erzgebirge).

Sachsen-Anhalt (Hauptstadt **Magdeburg**): Die chemische Industrie (Buna, Leuna) spielt eine dominierende Rolle. Wichtig sind aber auch der Maschinen- und Anlagenbau. Der Kupferbergbau hat heute keine große Bedeutung mehr. Sachsen-Anhalt gilt als das durch Umweltschäden am schwersten belastete Land.

Thüringen (Hauptstadt **Erfurt**) wurde früher das „grüne Herz" genannt. Wenn auch heute große Waldschäden das Land bedrohen, so spielen Landwirtschaft und Fremdenverkehr noch eine wichtige Rolle. Von der vielfältigen Industrie seien der Kali- und Uranbergbau sowie die Zeiss-Werke genannt.

Berlin war seit 1945 „Viersektorenstadt". Die drei westlichen Sektoren schlossen sich in den folgenden Jahren zu **Berlin-West** zusammen und waren mit der Bundesrepublik Deutschland eng verbunden. Der Ostteil Berlins wurde Schritt für Schritt in das System der russischen Besatzungszone einbezogen. **Berlin-Ost** wurde 1949 zur Hauptstadt der neugegründeten DDR erklärt. Seit dem 3. Oktober 1990 ist nach jahrzehntelanger Teilung Berlin wieder vereinigt und Hauptstadt der Bundesrepublik Deutschland.

Arbeitsblatt
Politik/Sozialkunde

Wir leben in einem Bundesland — 18

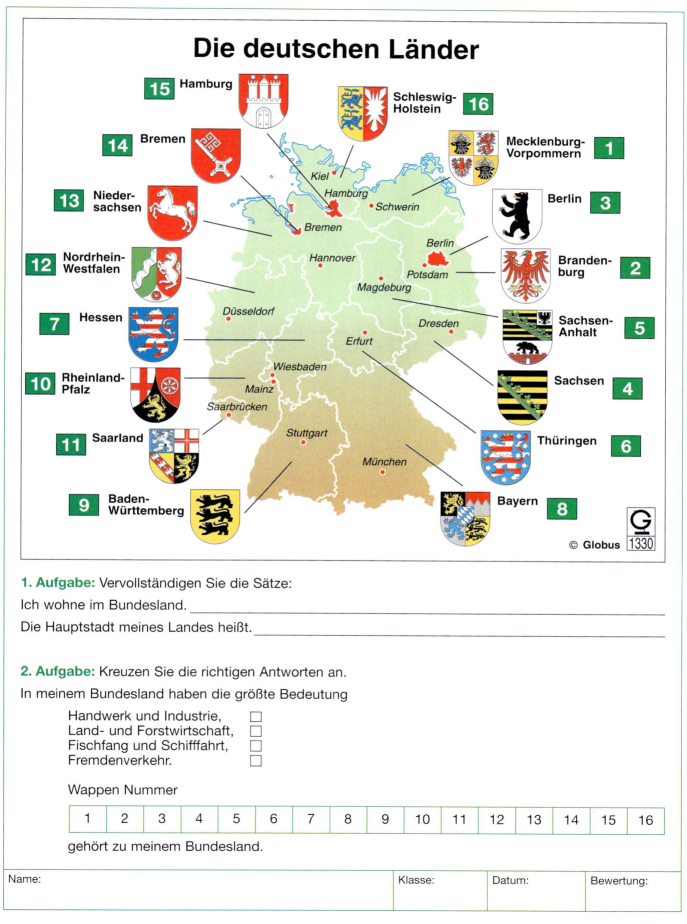

1. Aufgabe: Vervollständigen Sie die Sätze:

Ich wohne im Bundesland. _____

Die Hauptstadt meines Landes heißt. _____

2. Aufgabe: Kreuzen Sie die richtigen Antworten an.

In meinem Bundesland haben die größte Bedeutung

- Handwerk und Industrie, ☐
- Land- und Forstwirtschaft, ☐
- Fischfang und Schifffahrt, ☐
- Fremdenverkehr. ☐

Wappen Nummer

1	2	3	4	5	6	7	8	9	10	11	12	13	14	15	16

gehört zu meinem Bundesland.

Name:	Klasse:	Datum:	Bewertung:

Mathematik

18 Prozentrechnung

Das Wort **Prozent** kommt vom italienischen **„per cento"**, das „cento" wiederum kommt vom lateinischen **„centum" = hundert**. Das Zeichen für Prozent ist %, als Abkürzung benutzt man die Buchstaben v. H. (vom Hundert), auch **„Hundertstel"** ist richtig. Zinsen, Preisnachlässe usw. werden meist in %-Werten angegeben.

Regel:
Den **hundertsten Teil** einer Zahlengröße nennt man 1 % (Sprechweise: Ein Prozent). Um 1 % zu erhalten, teilt man die gegebene Zahlengröße durch 100. Sucht man dann z. B. 3 %, so teilt man die Zahlengröße durch 100 und nimmt mit 3 mal.

Beispiele: Wie viel EUR ist 1 % von 500,– EUR?
1 % ist 1 Hundertstel, daher: Ausrechnung:
500,– EUR : 100 = 5,– EUR
Ergebnis: 1 % sind 5,– EUR

Wie viel EUR sind 3 % von 240,– EUR?
1 % ist 1 Hundertstel, 3 % sind 3 mal so viel.
Ausrechnung:
240,– EUR : 100 = 2,40 EUR (= 1 %)
2,40 EUR · 3 = 7,20 EUR (= 3 %)
Ergebnis: 3 % sind 7,20 EUR

Anders geschrieben:
$$\frac{240 \cdot 3}{100} = 7{,}20$$

Bei vielen **Taschenrechnern** kann man die **Prozentrechnung** mithilfe der Prozenttaste (Zeichen: %) vereinfacht durchführen.

Für 1 % von 500 drückt man die 6 Tasten 5, 0, 0, ×, 1, %. Im **Display** erscheint **5** (EUR selbst hinzufügen).

Für 3 % von 240 drückt man die 6 Tasten 2, 4, 0, ×, 3, %. Im **Display** erscheint **7,2** (EUR hinzufügen).

Aufgabe:

1. Wie viel ist 1 % von
   a) 300,– EUR
   b) 560,– EUR
   c) 832,– EUR
   d) 1.500,– EUR
   e) 24.360,– EUR

2. Wie viel sind 5 % von
   a) 250,– EUR
   b) 912,– EUR
   c) 125,– EUR
   d) 3.260,– EUR
   e) 12.525,– EUR

3. Wie viel sind 2,5 % von 920,– EUR?
4. Wie viel sind 4,2 % von 360,– EUR?
5. Wie viel sind 25 % von 4.800,– EUR?
6. Wie viel sind 50 % von 150,– EUR?
7. Wie viel sind 33 % von 7.200,– EUR?
8. Wie viel sind 20 % von 175,– EUR?

9. Klaus Krumme hat drei Sparbücher, die er seit Jahren unbenutzt liegen ließ. Auf dem ersten Buch sind 550,– EUR. Hierfür erhält er für das letzte Jahr 2,5 % Zinsen. Das zweite Buch liegt seit längerer Zeit. Für das „Festgeld" von 3.600,– EUR erhält er mehr Zinsen für das letzte Jahr, nämlich 4,2 %. Das dritte Buch, das seit vielen Jahren liegt, enthält 4.754,– EUR. Hierfür erhält er 5,25 % Zinsen. Wie viel EUR Zinsen erhält Klaus Krumme insgesamt?

Knifflig:
Vervollständigen Sie die Zahlenreihe, indem Sie in die leeren Kästchen die richtige Zahl eintragen.

| 36 | | 33 | | 27 | | 24 | | 18 |

Name: | Klasse: | Datum: | Bewertung:

Information
Politik/Sozialkunde
Die Bundesrepublik Deutschland besteht aus Ländern — 19

Nach dem Zweiten Weltkrieg errichteten die Siegermächte Amerika, England, Frankreich und Russland in ihren Besatzungszonen zuerst **Länder** (siehe: „Wir leben in einem Bundesland"). Diese Länder waren aber größtenteils alleine nicht lebensfähig.

Darum vereinigten die Amerikaner und die Engländer 1948 ihre Zonen zu einem „Vereinigten Wirtschaftsgebiet", welches man „Bizone" (bi = zwei) nannte. Die Franzosen schlossen sich später diesem Doppelgebiet an. Wegen der großen politischen Gegensätze vereinigten die Russen ihre Besatzungszone nicht mit der „Trizone" (tri = drei) der westlichen Alliierten. Die Sowjets gaben 1948 auch ihre Arbeit im Berliner Kontrollrat auf.

Im gleichen Jahr beriefen die drei westlichen Militärregierungen eine Versammlung von Vertretern ihrer Zonenländer ein. Dieser **„Parlamentarische Rat"** arbeitete unsere heutige **Verfassung**, das **Grundgesetz**, aus. Am 23. Mai 1949 wurde das von den Militärregierungen genehmigte Grundgesetz in der Bundeshauptstadt **Bonn** in Kraft gesetzt.

Wenn auch die Siegermächte noch bis 1955 in das Staatsgefüge der **Bundesrepublik** eingreifen konnten, kann man doch das Jahr 1949 als Geburtsjahr dieses Staates bezeichnen.

Aus der **russischen Besatzungszone** wurde am 7. Oktober 1949, rund fünf Monate nach Entstehung der Bundesrepublik Deutschland, ein zweiter deutscher Staat: die Deutsche Demokratische Republik. Die Länder der DDR wurden 1952 abgeschafft und das Gebiet in 14 Bezirke eingeteilt. Nach der Vereinigung beider deutscher Staaten am 3. Oktober 1990 wurden daraus 5 neue Bundesländer gebildet.

Seit dem Tag der deutschen Einheit gehören auch die beiden Teile **Berlins** wieder zusammen. Damit endete gleichzeitig der Viermächtestatus der Stadt und die nach dem Zweiten Weltkrieg von den Siegermächten vorgenommene Aufteilung in vier Sektoren.

Nach dem Grundgesetz (GG, Art. 20) ist unser Staat ein **Bundesstaat**. Ein solcher entsteht, wenn sich mehrere Staaten (Länder) zu einem Gesamtstaat zusammenschließen. Die Bundesländer behalten als Gliedstaaten ihre Eigenstaatlichkeit. Nur einen Teil ihrer Selbstständigkeit geben sie zugunsten des Bundesstaates auf (Prinzip des **Föderalismus**).

An der Spitze unseres Staates steht heute ein **Präsident**, denn wir sind eine **Republik**.

Heute besteht die **Bundesrepublik Deutschland aus 16 Ländern**. Auf dem 357.046 km² großen Gebiet unserer Bundesrepublik leben etwa 82,5 Mio. Menschen, durchschnittlich 231 auf einem Quadratkilometer. Die Bundesrepublik ist zwar das stärkste Industrieland Europas, aber über die Hälfte seiner Fläche wird noch landwirtschaftlich genutzt. Wald bedeckt mehr als ein Viertel der Gesamtfläche.

Die größte Stadt der Bundesrepublik Deutschland ist Berlin mit 3,4 Mio. Einwohnern. Es folgen Hamburg mit 1,7 und München mit 1,4 Mio. Einwohnern.

Die Länder der Bundesrepublik Deutschland in der Aufzählung nach der Einwohnerzahl

Nr.	Ländernamen	Hauptstadt	Fläche in km²	Einwohner in Mio.	Einwohner je km²
1	Nordrhein-Westfalen	Düsseldorf	34.084	18,07	530
2	Bayern	München	70.549	12,44	176
3	Baden-Württemberg	Stuttgart	35.752	10,71	300
4	Niedersachsen	Hannover	47.620	8,00	168
5	Hessen	Wiesbaden	21.115	6,09	289
6	Sachsen	Dresden	18.414	4,29	233
7	Rheinland-Pfalz	Mainz	19.853	4,06	205
8	Berlin	Berlin	892	3,38	3.799
9	Sachsen-Anhalt	Magdeburg	20.446	2,49	122
10	Brandenburg	Potsdam	29.478	2,56	87
11	Schleswig-Holstein	Kiel	15.763	2,82	179
12	Thüringen	Erfurt	16.172	2,35	146
13	Mecklenburg-Vorpommern	Schwerin	23.179	1,72	74
14	Hamburg	Hamburg	755	1,73	2.297
15	Saarland	Saarbrücken	2.569	1,05	411
16	Bremen	Bremen	404	0,66	1.641
	Bundesrepublik	–	357.046	82,50	Ø 231

aus: Statistisches Jahrbuch 2006

Information
Politik/Sozialkunde

19 Die Bundesrepublik Deutschland besteht aus Ländern

Jedes Bundesland hat seine Besonderheiten.

Nordrhein-Westfalen	ist das bevölkerungsreichste Bundesland. Es beherbergt die meisten Zoos. Es ist die Heimat von Ludwig van Beethoven.
Bayern	ist das größte der Bundesländer. Es nennt sich „Freistaat" und hat als einziges Bundesland eine eigene Hymne.
Baden-Württemberg	sagt man nach, es sei das Land mit den meisten Sparern und Schrebergärtnern. Es ist die Heimat von Friedrich Schiller.
Niedersachsen	grenzt an neun andere Bundesländer. Mehr Einwohner als in jedem anderen Bundesland arbeiten in der Autoindustrie.
Hessen	ist das Land der Banken mit großem Wirtschaftswachstum. Der Rhein-Main-Flughafen ist die wichtigste Rampe Deutschlands zur Welt.
Sachsen	nennt sich auch „Freistaat". Ein Zentrum der Spielzeugindustrie befindet sich im Erzgebirge.
Rheinland-Pfalz	ist das Bundesland mit den meisten Weinstöcken. Es ist die Heimat von Karl Marx.
Berlin	ist mit 3,5 Mio. Einwohnern die größte Stadt der Bundesrepublik und die viertgrößte des Kontinents nach Moskau, Paris und London.
Sachsen-Anhalt	ist das durch Umweltschäden (z. B. chemische Industrie) am schwersten belastete Land Europas. Es ist die Heimat von Martin Luther.
Brandenburg	nannte man früher des „Deutschen Reiches Streusandbüchse". Heute ist es u. a. die „Obstkammer" Berlins.
Schleswig-Holstein	ist das nördlichste Bundesland. Der Nordostseekanal durchquert das meerumschlungene Land. Es ist die Heimat von Thomas Mann.
Thüringen	ist die Wiege des deutschen Versicherungswesens (Gotha). Es ist die Heimat von J. S. Bach.
Mecklenburg-Vorpommern	besitzt Deutschlands schönste Naturschutzgebiete mit 650 Seen.
Hamburg	hat Europas zweitgrößten Hafen und mehr Brücken als Venedig.
Saarland	trat erst 1957 der Bundesrepublik Deutschland bei und ist der kleinste Flächenstaat der 16 Bundesländer.
Bremen	mit dem südlichsten deutschen Seehafen ist das kleinste Bundesland. Es ist die Heimat der „Bremer Stadtmusikanten".

Deutsch

19 Trennen und schreiben Sie richtig (1)

Beim Sprechen müssen Sie eine weitere Regel beachten: **Sprich deutlich** und **trenne hörbar**. Diese Regel ist besonders wichtig, wenn **Doppellaute** geschrieben werden.

Beispiel 1: die Mot-te (kurzes o) – der Mo-tor (langes o)
die Ton-ne (kurzes o) – die Tö-ne (langes ö)

Vielfach müssen Sie auf das Stammwort zurückgreifen oder das Wort verändern, um festzustellen, wie es geschrieben wird.

Beispiel 2: der Ka**mm**, denn: die Kä**m**-me
der Hu**t**, denn: die Hü-**te**
das A**m**t, denn: die Ä**m**-ter
der Ba**ll**, denn: die Bäl-**le**

Viele Wörter haben eine andere Bedeutung, wenn man sie falsch schreibt.

Beispiel 3: es ri**nn**t (von ri**n**-**n**en) – das Ri**n**d (die Ri**n**-der)
erhe**ll**t (von erhe**l**-**l**en) – er erhä**l**t (von erha**l**-ten)
der **D**rang (von d**r**än-**g**en) – der **T**rank (von **t**rin-**k**en)

Aufgabe:

Schreiben Sie auf ein A4-Blatt die folgenden Wörter ab, indem Sie diese in Silben zerlegen.
Siehe Beispiel 1:
Ratte – Rate; Teller – Täler; Hütte – Hüte
Säcke – Säge; Paddel – Pedal; schaffen – Schafe
Siehe Beispiel 2:
der Stamm – die Stä-; das Kind – die Ki-; der Hund – die Hu-; das Modell – die Mo-; schnell – noch schn-;
der Zoll - die Zö-; der Zwang - von zw-; der Gesang – von si-; das Hemd - die He-; der Zank – von za-;
das Schiff – die Schi-; der Ring – die Ri-; der Mut – er ist mu-; der Glanz – von glä-; das Werk – die We-.

Arbeitsblatt
Politik/Sozialkunde

Die Bundesrepublik Deutschland besteht aus Ländern

1. Aufgabe:

1. Malen Sie die Bundesländer verschiedenfarbig aus oder schraffieren Sie diese unterschiedlich.
2. Schreiben Sie die Namen der Bundesländer hinter die entsprechenden Zahlen.

1 _____
2 _____
3 _____
4 _____
5 _____
6 _____
7 _____
8 _____
9 _____
10 _____
11 _____
12 _____
13 _____
14 _____
15 _____
16 _____

2. Aufgabe: Beantworten Sie die folgenden Fragen.

Wie viele Länder gehören zur Bundesrepublik? _____

Welches Bundesland hat die meisten Einwohner? _____

Welches Bundesland hat die größte Fläche? _____

Wie viele Menschen leben in der Bundesrepublik im Durchschnitt auf einem km^2? _____

Name:	Klasse:	Datum:	Bewertung:

© Bildungsverlag EINS GmbH

Mathematik

19 Statistische Zahlen der Bundesrepublik und ihrer Länder

Um zu wissen, wie groß ein Staat ist, wie groß seine Bevölkerung ist, wie viel Geld ausgegeben oder eingenommen wird usw. werden Zahlen gesammelt und zusammengestellt. Eine solche Zusammenstellung von Zahlen nennt man **Statistik**. Der Staat, aber auch viele Firmen, Behörden und sonstige Einrichtungen veröffentlichen jährlich solche Statistiken, die dann in „Statistischen Jahrbüchern" veröffentlicht werden.

Hier folgen einige Angaben aus einem solchen Jahrbuch.

Aufgabe:

1. Benutzen Sie den Taschenrechner und errechnen Sie in der Tabelle die Gesamt-Veränderung der Einwohnerzahl in der Bundesrepublik.
2. Stellen Sie durch Addition fest: Wie groß ist die Bundesrepublik in km² (Stand 31.12.2001)?

Land	Fläche 31.12.2001 in km²	Einwohner 31.12.2002	Einwohner 31.12.2005
Baden-Württemberg	35.751,63	10.661.320	10.739.285
Bayern	70.547,96	12.387.351	12.468.519
Berlin	890,22	3.392.425	3.396.990
Brandenburg	29.476,35	2.582.379	2.558.622
Bremen	404,23	662.098	663.909
Hamburg	755,33	1.728.806	1.744.215
Hessen	21.114,82	6.091.618	6.095.262
Mecklenburg-Vorpommern	23.171,04	1.744.624	1.707.872
Niedersachsen	47.613,51	7.980.472	7.995.482
Nordrhein-Westfalen	34.079,86	18.076.355	18.060.193
Rheinland-Pfalz	19.846,88	4.057.727	4.059.910
Saarland	2.570,18	1.064.988	1.051.155
Sachsen	18.412,83	4.349.059	4.275.371
Sachsen-Anhalt	20.446,83	2.548.911	2.472.505
Schleswig-Holstein	15.768,80	2.816.507	2.833.023
Thüringen	16.171,70	2.392.040	2.336.865
Deutschland gesamt	**Bitte ausrechnen**	**82.536.680**	**Bitte ausrechnen**

3. Beantworten Sie mithilfe der Statistik die folgenden Fragen:
   Welches Bundesland ist flächenmäßig das größte? _____
   Welches Bundesland ist flächenmäßig das kleinste? _____
   Welches Bundesland hat 2005 die meisten Einwohner? _____
   Welches Bundesland hat 2005 die geringste Einwohnerzahl? _____
   Ist die Einwohnerzahl der Bundesrepublik von 2002 auf 2005 gesunken oder gestiegen? _____

4. Die Sitzverteilung der Parteien im Deutschen Bundestag der letzten drei Wahlen ergab folgendes Bild:

Partei	Sitze 1994	Sitze 1998	Sitze 2002	Sitze 2005	1998 zu 2005: Sitze mehr (+) oder weniger (−)?
CDU/CSU	294	245	248	226	
SPD	252	296	251	222	
B'90/Grüne	49	47	55	51	
FDP	47	43	47	61	
PDS	30	37	2	54	
Gesamt	**672**	**668**	**603**		

5. Wie viele Mitglieder hat der Bundestag seit 2005? _____
6. Welche Parteien haben bei der Wahl 2005 Sitze im Bundestag verloren? _____
7. Welche Parteien haben bei der Wahl 2005 Sitze im Bundestag hinzugewonnen? _____

Name:		Klasse:	Datum:	Bewertung:

Information
Politik/Sozialkunde

Die Symbole unseres Staates 20

Wenn Menschen einen Verein gründen oder sich zu einer anderen Gemeinschaft zusammenschließen, wollen sie meist ihre Zusammengehörigkeit nach außen hin zeigen. Deshalb schaffen sie sich äußere Kennzeichen wie z. B. besondere Kleidung, Abzeichen, Fahnen, Wimpel oder Lieder.

Auch jeder **Staat** hat **Erkennungszeichen** und **Sinnbilder**, welche man Symbole nennt. Es sind äußere Zeichen, die zeigen sollen, dass über allen Parteien und Meinungen ein Volk steht. Zu den Symbolen eines modernen Staates gehören **Hoheitszeichen** (Staatsflagge und Staatswappen) und **Nationalhymne**.

Eine **Fahne** besteht aus einem meist rechteckigen, farbigen Stück Tuch, welches mit Fahnennägeln an einer Fahnenstange befestigt wird.

Bei den Römern hatte jede Kohorte – sie war der 10. Teil einer Legion und 600 Mann stark – eine Fahne als eigenes Feldzeichen. Im 16. und 17. Jahrhundert wurden Abteilungen von 300 bis 600 Soldaten „Fähnlein" genannt.

Der Fahne werden auch heute noch militärische Ehren erwiesen. Bei seiner Vereidigung leistet der Soldat den „Fahneneid". Verlässt er ohne Erlaubnis die Truppe, begeht er „Fahnenflucht".

Aber nicht nur Soldaten, auch Fürsten, Zünfte, Religionsgemeinschaften hatten ihre Fahne.

Die **Flagge** wird nicht an den Fahnenstock genagelt, sondern mit einer Flaggleine an einem Flaggstock hochgezogen (gehisst). Sie war ursprünglich nur das Kennzeichen eines Schiffes.

Als Hoheitszeichen eines Staates entstand im 16. Jahrhundert in den Niederlanden die erste Nationalflagge. Sie fand Nachahmung und im 17. Jahrhundert hatte fast jeder Staat eine eigene Staatsflagge.

Die Farben unserer **Bundesflagge** sind nach Artikel 22 des Grundgesetzes schwarz – rot – gold. Diese Farben bedeuten: **Ehre – Freiheit – Vaterland**. Schon in den Befreiungskriegen gegen Napoleon 1813/15 führte das Freikorps „Lützow" eine Fahne mit diesen Farben. In der Folgezeit wurden diese Farben zum Symbol der Freiheit und der deutschen Einigungsbewegung.

Wappen gibt es seit der Ritterzeit. Sie entwickelten sich aus dem bemalten Schild, mit dem man sich gegen Lanzenstoß, Schwertschlag und Pfeilschuss schützte. Wappenbilder waren z. B. Löwe, Adler, Bär, Rose, Lilie, Schwert oder Kreuz. Aus diesen Kennzeichen entstanden nach und nach Wappen für Familien, Fürsten, Könige, Kaiser, Gemeinden und Staaten.

Unser **Bundeswappen** zeigt den schwarzen Adler mit rotem Schnabel und Fängen.

Ehre

Freiheit

Vaterland

Flagge der Vereinten Nationen

Europaflagge

Information
Politik/Sozialkunde

20 Die Symbole unseres Staates

Die **Nationalhymne** ist ein feierlich bewegtes Lied mit volkstümlicher Melodie. Sie ist das „Lied der Nation", welches die Zusammengehörigkeit eines Volkes zum Ausdruck bringen soll.

Die **deutsche Nationalhymne** ist das **Deutschlandlied**. Es wurde 1841 von Heinrich Hoffmann von Fallersleben auf der Insel Helgoland als Gedicht „Das Lied der Deutschen" geschrieben. Die Melodie stammt aus dem „Kaiser-Quartett" von Josef Haydn.
Zur Nationalhymne wurde das „Lied der Deutschen" in der Weimarer Republik. Im sog. „Dritten Reich" bestimmten die Nationalsozialisten nur die erste Strophe des Deutschlandliedes gemeinsam mit der ersten Strophe des Horst-Wessel-Liedes zur Nationalhymne. In dieser Zeit wurde der Wortlaut der ersten Strophe des Deutschlandliedes entwertet. Nach Ende dieses Reiches 1945 wurden beide Teile der Hymne verboten. Damit es nicht zu neuen Missdeutungen kommt, hat der damalige Bundespräsident Theodor Heuss 1952 die dritte Strophe zur Nationalhymne erhoben. Sie lautet:

Einigkeit und Recht und Freiheit
für das deutsche Vaterland!
Danach lasst uns alle streben
brüderlich mit Herz und Hand!

Einigkeit und Recht und Freiheit
sind des Glückes Unterpfand.
Blüh' im Glanze dieses Glückes,
blühe deutsches Vaterland!

Die Nationalhymne wird an nationalen Feiertagen und bei Staatsfeiern gespielt und gesungen. Beim Besuch ausländischer Staatsoberhäupter und bei sportlichen Länderwettkämpfen erklingt die Hymne zur Begrüßung oder bei der Siegerehrung. Dabei wird auch die Staatsflagge gehisst. Alle Teilnehmer oder Zuschauer erheben sich von den Plätzen und verharren stumm, bis die Hymne verklungen ist (Männer nehmen dabei ihre Kopfbedeckung ab).

Deutsch

20 Trennen und schreiben Sie richtig (2)

Manche Wörter kann man nur richtig schreiben, wenn man ein verwandtes Wort sucht, aus dem das erste Wort entstanden ist.

Beispiele: Beka**nn**tschaft   von ke**nn**en
Verba**nd**watte   von verbi**nd**en
verwu**nd**bar   von Wu**nd**e

Merke: Trennen Sie erst deutlich oder suchen Sie ein entsprechendes Wort, das Sie trennen können, ehe Sie schreiben.

Aufgabe:

Schreiben Sie auf ein A4-Blatt die folgenden Wörter oder Begriffe ab, trennen Sie hörbar, bevor Sie schreiben und setzen Sie die vorgeschriebenen fehlenden Buchstaben ein.

b oder bb:	Das Knä-lein, die Lau-äume, der Schru-er
f oder ff:	gi-tgrün, der Türgri-, die Fußballmannsch-t
l oder ll:	der schne-ste Läufer, die Einfa-t, die Ze-tbahn
m oder mm:	der Schwi-kran, der Bre-sweg, der Sta-baum
n oder nn:	die dü-ste Rasierklinge, die Küchendü-ste, die A-ahmestelle
p oder pp:	die Schna-sflasche, Pa-deckel, Pa-ierbeutel
r oder rr:	der Scha-frichter, der Opernsta-, der Fenste-ahmen
t oder tt:	Gla-eis, ra-sam, das Mi-leid

Arbeitsblatt
Politik/Sozialkunde

Die Symbole unseres Staates — 20

1. Aufgabe: Kreuzen Sie die Felder für die richtigen Antworten an.

Ein Symbol ist ein Erkennungszeichen, ... ☐
eine Erkennungsmarke, ... ☐
ein Erkennungsdienst. .... ☐

Zu den Symbolen gehören:

Nationaldenkmal	☐	Staatsflagge	☐
Nationalhymne	☐	Staatshaushalt	☐
Nationalpreis	☐	Staatskirche	☐
Staatsanwalt	☐	Staatspapiere	☐
Staatsbank	☐	Staatswappen	☐

2. Aufgabe: Beantworten Sie die folgenden Fragen.

Was bedeuten die Farben unserer Bundesflagge (Staatsflagge)?

Schwarz: _____
Rot: _____
Gold: _____

Wie heißt die dritte Strophe des Deutschlandliedes, unserer Nationalhymne?

E _____
f _____
D _____
b _____
E _____
s _____
B _____
b _____

3. Aufgabe: Unten sind die Flaggen folgender Staaten oder Gemeinschaften abgebildet:
- Bundesrepublik Deutschland – D
- Japan – J
- Vereinte Nationen – UNO oder UN
- Vereinigte Staaten von Amerika – USA
- Großbritannien – GB
- Schweden – S

Schreiben Sie die richtigen Bezeichnungen neben die entsprechenden Flaggen.

Name: Klasse: Datum: Bewertung:

Mathematik

20 Dreisatz und Prozentrechnung – Test

Regel:
Denken Sie daran: In einer **großen Zahl** werden zur besseren Lesbarkeit immer drei Stellen durch **Punkte** voneinander getrennt. Dieser Punkt darf nicht mit einem Komma verwechselt werden. **Hinter** einem **Komma** beginnen die **Dezimalstellen**.
Achtung, Benutzer von **Taschenrechnern!** **Zuerst** die EUR-Zahl eingeben, dann ×, **dann die Prozentzahl**, dann die %-Taste drücken.

Inhaber von Taschenrechnern müssen alle Aufgaben lösen!

Aufgabe:

1. 1 % von 75 EUR =
2. 7,5 % von 320 EUR =
3. 33 % von 936 EUR =
4. 2 % von 125 EUR =
5. 44,25 % von 1.270 EUR =
6. 50 % von 7.500 EUR =
7. 3,5 % von 250 EUR =
8. 25 % von 500 EUR =
9. 12,5 % von 320 EUR =
10. 12,5 % von 8.736 EUR =
11. 7,75 % von 7.564 EUR =
12. 21,5 % von 11.236 EUR =
13. 12 kg Kaffee kosten 104,28 EUR. Wie viel EUR kosten 5 kg Kaffee?
14. 8 Dosen Lackfarbe kosten 47,20 EUR. Wie viel EUR kosten 7 Dosen Lackfarbe?
15. In einem Versandhaus packen 12 Personen 5.472 Pakete. Wie viel Pakete würden 15 Personen in der gleichen Zeit packen?
16. Ein Zaun von 48 m Länge wird von 2 Arbeitern in 8 Tagen errichtet. Wie viel m Zaun können 3 Arbeiter in der gleichen Zeit errichten?

Name:	Klasse:	Datum:	Bewertung:

Information
Politik/Sozialkunde

Der Staat hat viele Aufgaben — 21

Jeder **Staat** sollte für das **Gemeinwohl** seiner **Bürger** sorgen. Darüber gab es wohl selten Meinungsverschiedenheiten. Aber es gibt zwei große Gruppen, die sich darüber streiten, **wie** der Staat dies durchführen soll.

Die Einen sagen, der Staat müsse alle Angelegenheiten der Bürger bis ins Letzte ordnen und regeln und unbeschränkte Macht besitzen **(Sozialismus: Alle haben sich der Gemeinschaft unterzuordnen)**.

Andere sagen, dass die Macht des Staates soweit wie möglich eingeschränkt werden muss, damit der Einzelne größtmögliche Freiheit hat **(Liberalismus: Größte Freiheit für den Einzelnen)**.

Wofür hat ein guter Staat zu sorgen?

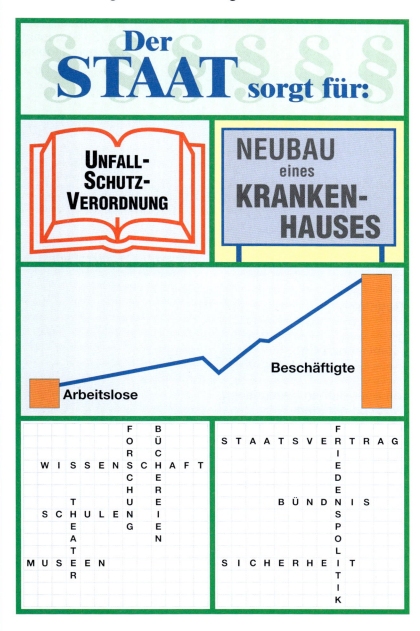

1. In einem Staat sollten alle Bürger **ohne Angst in Freiheit leben**. Eigentum und Leben müssen geschützt werden. Die Bürger müssen vor Betrügern, Dieben und anderen Gesetzesbrechern geschützt werden.

2. Für die **Sicherheit** auf den Straßen, in Haushalten und Betrieben hat der Staat durch Straßenbau, Verkehrs- und Sicherheitsvorschriften, Arbeits- und Unfallschutz zu sorgen.

3. Zur Förderung der **Gesundheit** baut der Staat Wohnungen, Krankenhäuser, Erholungsheime, Sportstätten, sorgt für Seuchenschutz, Lebensmittelüberwachung, Strom-, Wasser- und Gasversorgung.

4. Um den **Lebensunterhalt** der Menschen zu sichern, muss der Staat Arbeitsplätze vermitteln, den Wert des Geldes (Währung) stabil halten, moderne Nachrichten- und Verkehrsmittel einsetzen.
Unschuldig in Not geratene Bürger muss er unterstützen.

5. Damit jeder etwas lernen und sich frei entfalten kann, muss der Staat für **Bildungsmöglichkeiten** sorgen. Er hat Schulen, Theater, Museen und Büchereien zu bauen und zu unterhalten. Forschung und Wissenschaft muss er im Interesse der Bürger unterstützen.

6. Der Staat muss aber auch für den **Schutz nach außen** sorgen. Der Sicherheit nach außen dient eine gute Friedenspolitik mit Verträgen und Bündnissen. Die Bundespolizei und die Angehörigen der Streitkräfte sichern die Grenzen des Staatsgebietes gegen Eindringlinge.

Information
Politik/Sozialkunde

21 Der Staat hat viele Aufgaben

Damit der Staat diese Aufgaben erfüllen kann, muss er die Macht und das Recht haben, Gesetze zu erlassen. Die Verwaltungsbehörden, die Polizei und die Gerichte müssen über die Ausführung und Einhaltung dieser Gesetze wachen.

Wie kommt ein Gesetz zustande?
Bei uns können die Länder und der Bund Gesetze erlassen. Normalerweise arbeitet die Regierung den Wortlaut eines neuen Gesetzes aus und legt diese Gesetzesvorlage der Volksvertretung (Parlament) vor. Diese berät und beschließt dann das Gesetz.
Die Regierung verkündet das beschlossene Gesetz und führt es aus. Die Artikel 70 bis 82 des Grundgesetzes geben genaue Anweisung über die Gesetzgebung.
Einige Gesetze, die vor allem zum Schutze des Schwächeren erlassen wurden, sind: Arbeitsschutz-, Gesundheits-, Arbeitsgerichts-, Kindergeld- und Straßenverkehrsgesetz.

Der gute „Staatsbürger" ist nicht nur ein „Befehlsempfänger" (Untertan), sondern er muss mitdenken und mithandeln. Er soll zwar treu zum Staate stehen, dessen Anweisungen befolgen und Steuern zahlen, aber er muss die Arbeit des Staates genau beobachten. Stellt der Bürger fest, dass die Staatsaufgaben schlecht erfüllt werden oder der Staat sich zu viele Rechte anmaßt, muss er dagegen angehen und sich zur Wehr setzen.

Deutsch

21 -lich, -ig oder -ich?

Bei den Nachsilben -lich oder -ig kann man durch deutliches Sprechen und richtiges Trennen die rechte Schreibweise herausfinden.

Daneben gibt es aber auch noch andere **Regeln**:

1. Endet das Stammwort auf l, so folgt -ig:
   Öl – ö**lig**, Adel – ade**lig**, Mehl – meh**lig**, Zahl – unzäh**lig**
   Ausnahmen: allmählich und gräulich

2. Die Grundform des Wortes wird mit **-igen** oder **-lichen** geschrieben.
   -igen: verteid**igt** von verteid**igen**, gesätt**igt** von sätt**igen**
   -lichen: heim**lich** wie in verheim**lichen**, verwirk**licht** wie in verwirk**lichen**.

3. Wenn möglich, sind die Wörter zu **verlängern**:
   -ig: Käf**ig** – Käf**ige**, ekl**ig** – ekl**ige**, künft**ig** – künft**ige**
   -ich: Rett**ich** – Rett**iche**, Gewi**ch**t – Gewi**ch**te, Pfirs**ich** – Pfirs**iche**

Merke: Ohne Mehrzahl sind die Wörter Hon**ig**, Ess**ig**, Reis**ig**, Mostr**ich**, Dick**ich**t, Kehr**ich**t.

Aufgabe:

Schreiben Sie auf ein A4-Blatt.

1. Bilden Sie Wörter mit **-ig,** oder **-lich** aus den Wörtern: zappeln, eilen, schwindeln, Hügel, Pein, Ehre, Freund, lang, Stachel, König
2. Schreiben Sie die folgenden Wörter ab und ergänzen Sie die Endungen richtig mit **-ich, -ig** oder **-lich**:
   gesätt...t, unend..., Hon..., Rett..., bestät...t, herr..., Tepp..., Käf..., winkel..., gräu..., heim..., Gewi...t, Mostr..., droll..., allmäh..., prächt..., langweil..., sel...

Arbeitsblatt
Politik/Sozialkunde

Der Staat hat viele Aufgaben — 21

1. Aufgabe:

Lesen Sie die folgenden Sätze genau durch.
Überlegen Sie, welcher Satz zu welchem Bild gehört.
Vervollständigen Sie dann die Sätze neben den Bildern.

Der Staat sorgt für unsere **Sicherheit bei der Arbeit** durch Arbeits- und Unfallschutz.
Der Staat sorgt für unsere **Gesundheit** durch Wohnungsbau, Schutzimpfungen und Überwachung der Lebensmittel.
Der Staat sorgt für unsere **Währung**, damit unser **Geld** seinen Wert behält.
Der Staat sorgt für unsere **Freiheit** und ein Leben ohne Angst durch Gesetze und Gerichte.
Der Staat sorgt für unsere **Sicherheit auf den Straßen** durch Verkehrsvorschriften und Straßenbau.
Der Staat sorgt für unsere **Bildung** durch Schulneubauten und Beschaffung von Lehr- und Lernmitteln.
Der Staat sorgt für unsere **Sicherheit nach außen** durch Bundespolizei und Bundeswehr.
Der Staat sorgt für unsere **Weiterbildung** durch Theater, Büchereien, Sport- und Spielplätze.

Der Staat sorgt für unsere _____

Der Staat sorgt für unsere _____

Der Staat sorgt für unsere _____

Der Staat sorgt für unsere _____

Der Staat sorgt für unsere _____

Der Staat sorgt für unsere _____

Der Staat sorgt für unsere _____

Name:	Klasse:	Datum:	Bewertung:

© Bildungsverlag EINS GmbH

Mathematik

21 Die Einnahmen und Ausgaben des Staates

Regel:
Ein Staat muss zur Erfüllung seiner Aufgaben Einnahmen erzielen. Solche Einnahmen sind **Steuern und Zölle**, aber auch Einnahmen aus Vermögen, Verkäufen (z. B. von Land oder eigenen Firmen) usw. Die Ausgaben müssen vorausgeplant werden. Sie werden daher in einem **Haushaltsplan** jeweils für das kommende Jahr zusammengestellt. Die folgenden Angaben sind zum besseren Vergleich **alle** in EUR umgerechnet.

Steuereinnahmen Bund/Länder/Gemeinden in Mio

Steuerart	1993	2005
Lohnsteuer	131 907	118 919
Einkommensteuer	16 992	9 766
Kapitalertragsteuer	11 624	16 943
Körperschaftsteuer	14 229	16 333
Mehrwertsteuer	89 216	108 440
Einfuhrumsatzsteuer	21 379	31 273
Bundessteuern:		
Mineralölsteuer	28 786	40 101
Tabaksteuer	9 949	14 273
Branntweinabgaben	2 625	2 142
Versicherungssteuer	4 830	8 750
Sonstige Bundessteuern	1 718	11 779
Stromsteuer	–	6 462
Zölle	3 702	3 378
Ländersteuern:		
Vermögenssteuer	3 469	97
Kraftfahrzeugsteuer	7 188	8 673
Biersteuer	904	777
Erbschaftssteuer	1 556	4 097
Sonstige Ländersteuern	4 635	6 935
Gemeindesteuern:		
Gewerbesteuer	21 610	32 129
Grundsteuer	5 963	10 247
Sonstige Gemeindesteuern u.ä.	707	643
Steuereinnahmen gesamt	**383 018**	**415 355**

Bundeshaushalt nach Ministerien/Bereichen in Mio

Einzelplan	1994	2006
Bundespräsidialamt	14	25
Bundestag	436	556
Bundesrat	12	20
Bundeskanzleramt	295	1 678
Auswärtiges Amt	1 876	2 390
Inneres	4 255	4 359
Justiz	316	441
Finanzen	2 818	4 875
Wirtschaft und Technologie	7 616	5 718
Verbraucherschutz, Ernährung u. Landwirtschaft	6 458	5 090
Arbeit und Soziales	64 533	119 551
Verkehr, Bau, Stadtentwicklung	26 966	23 737
Post und Telekommunikation	188	–
Verteidigung	24 990	27 872
Gesundheit	414	4 598
Umwelt, Natursch., Reaktorsicherheit	553	790
Familie, Senioren, Frauen, Jugend	16 414	4 519
Bundesverfassungsgericht	12	21
Bundesrechnungshof	33	109
Wirtschaftl. Zusammenarbeit u. Entwicklung	4 042	4 176
Raumordnung und Bauwesen	4 547	–
Bildung und Forschung	7 787	8 026
Bundesschuld	33 175	39 114
Versorgung	7 339	
Allgem. Finanzverwaltung	26 098	3 892
Insgesamt	**241 188**	**261 557**

Aufgabe:

Beantworten Sie folgende Fragen mithilfe der Tabelle der Steuereinnahmen und des Bundeshaushaltes.

1. Die Angaben oben sind in **Millionen EUR**. Wie viel **Milliarden EUR** nahm der Staat 1993 ein? _____
2. Welche Steuer bringt die größten Einnahmen für den Staat? _____
3. Wie viel Mio. EUR nahm der Staat 2005 an Tabaksteuer mehr ein als 1993? _____
4. Welche Steuer gab es 1993 noch nicht? _____
5. Wie viele Mio. EUR beträgt der Unterschied zwischen 1993 und 2005 bei der Mehrwertsteuer? _____
6. Wie viel Mehreinnahmen aus Steuern insgesamt hatte der Staat 2005 gegenüber 1993? _____ Mio. EUR.
7. Für welchen Bereich wurde 2006 das meiste Geld ausgeben? _____
8. Wie viel EUR hat der Bund für Familien, Senioren usw. 2006 mehr (?) ausgegeben als 1994? _____
9. Um wie viel Mio. EUR sind die Bundesschulden von 1994 bis 2006 gewachsen? _____
10. In welchem Bereich sind die Ausgaben des Bundes (fast) gleich geblieben? _____
11. Versuchen Sie herauszufinden, warum 2006 Post und Telekommunikation nicht mehr im Bundeshaushalt erscheinen.

Name:	Klasse:	Datum:	Bewertung:

Information
Wirtschaftslehre/kunde

Der neue Lebensbereich 22

Alle Menschen brauchen Nahrung, Kleidung und Wohnung. Diese **Grundbedürfnisse**, auch Lebens- oder Existenzbedürfnisse genannt, müssen unbedingt befriedigt werden, damit die Menschen leben können. Viele Menschen wollen sich das Leben angenehm und schön machen. Sie möchten eine Zeitung oder ein Buch lesen, einen Film oder ein Theaterstück ansehen, Sport treiben oder in der Natur Erholung suchen. Diese Bedürfnisse nennt man **Kulturbedürfnisse**.
Zu den **Luxusbedürfnissen** zählen Alkohol oder Zigaretten, Schmuck, Auslandsreisen, Vergnügungen. Auch diese Wünsche wollen sich viele Menschen erfüllen.

Grundbedürfnisse	Kulturbedürfnisse	Luxusbedürfnisse
Die Befriedigung dieser Bedürfnisse ist Voraussetzung zur Erhaltung des menschlichen Lebens.	geistig-kulturelle Bedürfnisse, die weniger dringlich sind oder aufgeschoben werden können	Bedürfnisse, die über den Rahmen des durchschnittlichen Lebensstandards hinausgehen
– Nahrung – Kleidung – Wohnung	– Bildung – Theater – Bücher	– Genussmittel – Schmuck – Kosmetik

Nach der Möglichkeit ihrer Befriedigung unterscheidet man:

Individualbedürfnisse	Kollektivbedürfnisse
Bedürfnisse, die der Einzelne befriedigen kann, z. B. – Nahrung – Kleidung – Wohnung	Bedürfnisse, die aus dem Zusammenleben erwachsen und nur durch die organisierte Gemeinschaft befriedigt werden können, z. B. – Schutz und Sicherheit – Verkehrswesen – Krankenversorgung

Die meisten Menschen können, da sie zahlreiche verschiedene Bedürfnisse haben, nur einen Teil davon befriedigen.
Sie müssen eine Entscheidung treffen, **was sie kaufen wollen**.
Die Bedürfnisse, die mit Kaufkraft versehen sind, nennt man Bedarf.

Bedarf + Kaufwille = Nachfrage

Alle Mittel zur menschlichen Bedürfnisbefriedigung nennt man **Güter**. Grundsätzlich lassen sich die Güter in freie und wirtschaftliche Güter einteilen. **Freie Güter** sind Güter, die von der Natur bereitgestellt werden. Sie sind unbegrenzt vorhanden und stehen jedem kostenlos zur Verfügung, z. B. Luft, Regenwasser, Sonne. Aufgrund der zunehmenden Umweltbelastung muss mit den freien Gütern verantwortungsbewusst umgegangen werden. **Wirtschaftliche Güter** sind alle von Menschen durch wirtschaftliche Tätigkeit erzeugten Güter, die nachgefragt und immer wieder unter Kosten hergestellt (produziert) werden müssen. Sie sind nicht unbegrenzt vorhanden und werden als knappe Güter bezeichnet.

freie Güter	wirtschaftliche (knappe) Güter		
	Sachgüter	Rechte	Dienstleistungen
Luft Regenwasser Sonne	Produktionsgüter Konsumgüter	z. B. Patente	Transport Lehrer Architekt

© Bildungsverlag EINS GmbH

22 Der neue Lebensbereich

Information — Wirtschaftslehre/kunde

Produktion ist die Herstellung und Bereitstellung von Gütern und Dienstleistungen

Die zur Befriedigung menschlicher Bedürfnisse benötigten Güter werden von der Natur nicht unmittelbar in der gewünschten Form zur Verfügung gestellt. Hierzu sind bestimmte Leistungen erforderlich, wie beispielsweise **Gewinnung von Rohstoffen/Urproduktion** (Erdöl, Steine, Sand, Erze, Kohle) z. B.
1. Für die Versorgung der Bau- und Baumaterialienindustrie werden in den Gewinnungsbetrieben mineralische Rohstoffe wie Kies, Sand, Ton und Kreidekalk abgebaut.
2. In der Landwirtschaft werden Kartoffeln angebaut und geerntet.

Verarbeitung und Veredelung
(in Industrie, Landwirtschaft, Handwerk) z. B.
1. In Betrieben der Steine- und Erdenindustrie werden die gewonnenen mineralischen Rohstoffe zu Baustoffen verarbeitet.
2. In Nahrungsmittelbetrieben werden die in der Landwirtschaft angebauten Kartoffeln zu Pommes frites o. Ä. verarbeitet.

Leistungserstellung im Dienstleistungsbereich
(Handel, Verkehr, Banken, Versicherungen)
Die arbeitenden Menschen in den Dienstleistungsbetrieben, z. B. der öffentlichen Verwaltung, in Transportunternehmen, bei Telefongesellschaften, Kreditinstituten, Gaststätten und Hotels, Handelsgeschäften und die in den freien Berufen Tätigen, z. B. Ärzte, Lehrer, Anwälte, stellen zwar keine Güter her, ihre Leistungen tragen jedoch in hohem Maße zum gesamtwirtschaftlichem Wachstum bei.

Deutsch

22 s, ss oder ß

1. Nach **kurzem, betonten Selbstlaut** (Vokal) am Silben- oder Wortende steht **ss**
   z. B. Flu**ss**, mu**ss**, Ha**ss**, Nu**ss**baum
2. Nach **langem Selbstlaut** oder **Doppellaut** (ei, ai, eu, ie, äu) steht **ß**
   z. B. der Fu**ß**   (die Fü**ß**e   = scharfes ß)
        der Gru**ß**   (die Grü**ß**e   = scharfes ß)
        er bei**ß**t   (bei**ß**en   = scharfes ß)
        oder **s**
3. z. B. der Prei**s**   (die Prei**s**e   = weiches s)
        das Hau**s**   (die Häu**s**er   = weiches s)
        er reist   (rei**s**en   = weiches s)
4. „das" oder „dass"?
   „da**s**"   als Geschlechtswort   – da**s** Buch
   „da**s**"   als hinweisendes Fürwort
               (man kann es durch **dieses** ersetzen)   – Da**s** (dieses) Buch gehört mir.
   „da**s**"   als Beziehungsfürwort
               (man kann es durch **welches** ersetzen)   – Das Buch, da**s** (welches) ich dir gestern gab.
   „da**ss**" als Bindewort   – Ich hoffe, da**ss** dir das Buch gefällt.
5. Die Nachsilbe **-nis** wird immer mit s geschrieben: Zeug**nis**, Ärger**nis**, Gefäng**nis**
6. Bei Fremdwörtern steht am Ende immer **s**:   Atla**s**, Omnibu**s**, Zirku**s**

Aufgabe:

Schreiben Sie auf ein A4-Blatt folgende Wörter ab und setzen Sie s, ss oder ß richtig ein. Unterstreichen Sie die eingesetzten Buchstaben.
1. Ku–, Schu–, ha–en
2. Flei–, hei–, Stra–e
3. Mau–, Lau–, Ro–e
4. Ich glaube, da– dir da– Buch gefällt.
5. Hinderni–, Erlebni–, Ereigni–
6. Globu–, Vandalismu–, nervö–

Arbeitsblatt
Wirtschaftslehre/kunde

Der neue Lebensbereich 22

1. Aufgabe: Kreuzen Sie das richtige Feld an. (Es können auch mehrere Felder sein.)
Zu welchem Wirtschaftszweig gehören:

		Gewinnung von Rohstoffen	Verarbeitung und Veredelung	Dienstleistungen
1.	Bergbau?			
2.	Betriebe?			
3	Fischerei?			
4.	Forstwirtschaft?			
5.	Gartenbau?			
6.	Großhandel?			
7.	Handel (allgemein)?			
8.	Handwerk?			
9.	Industrie?			
10.	Jagd?			
11.	Kleinhandel?			
12.	Landwirtschaft?			
13.	Freiberufler?			
14.	Verkehrswesen?			

2. Aufgabe: Übertragen Sie die Berufsbezeichnungen in das richtige Feld.

Bäcker – Bauarbeiter – Beifahrer – Bote – Bürogehilfe – Friseur – Gärtner – Haushaltshilfe – Holzarbeiter – Industriearbeiter – Ladenhilfe – Lagerarbeiter – Landwirt – Näherin – Packer – Raumpflegerin – Transportarbeiter – Verkäuferin – Bergmann

Gewinnung von Rohstoffen, Urproduktion	Verarbeitung und Veredelung	Dienstleistungen

Name: Klasse: Datum: Bewertung:

© Bildungsverlag EINS GmbH

Mathematik

22 Das Rechnen mit Längen

Ein Teil der Mathematik ist die **Geometrie**. Der Name „Geometrie" stammt aus dem Griechischen und bedeutet „Feldmesskunst". Aus dem Bereich „Geometrie" wurde hier das einfache Rechnen mit Längen, Winkeln, Flächen und Körpern ausgewählt.

Regel:
Grundlage unserer Längenberechnungen ist der **Meter**. Alle anderen Angaben sind Unterteilungen des Meters:
- 1 Millimeter (mm) = Ein Tausendstel m
- 1 Zentimeter (cm) = Ein Hundertstel m
- 1 Dezimeter (dm) = Ein Zehntel m

Aber: 1 Kilometer (km) = Tausend m (Vergrößerung)

1 m = 10 dm = 100 cm = 1.000 mm
1 dm = 10 cm = 100 mm
1 cm = 10 mm

Aber: 1.000 m = 1 km   oder umgekehrt   1 m = 0,001 km

Unterschiedliche Längeneinheiten müssen erst **in gleiche Längeneinheiten umgerechnet** werden, bevor man mit ihnen weiterrechnet. Dabei muss das Komma entsprechend nach links oder rechts verschoben werden.

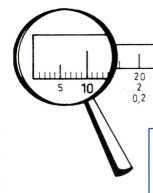

Beispiele:
1. Umrechnungen: 110 mm = 11 cm = 1,1 dm (Komma nach links)
3,5 m = 35 dm = 350 cm = 3.500 mm (Komma nach rechts)
0,9 dm = 9 cm = 90 mm (Komma nach rechts)
120 cm = 1,2 m (Komma 2 Stellen nach rechts)

2. Zusammenzählen/Abziehen:
2 cm + 30 mm = 20 mm + 30 mm = 50 mm (= 5 cm)
17 cm − 1 dm = 17 cm − 10 cm = 7 cm (= 0,7 dm)
(Es ist einfacher zu rechnen, wenn man Kommastellen vermeidet.)

Aufgabe:
Rechnen Sie um:

1. Wie viele mm sind 5 cm; 18 cm; 7 dm; 19 dm; 2,4 m; 180 cm?
2. Wie viele cm sind 20 mm; 50 mm; 9 dm; 7,5 dm; 2,5 m?
3. Wie viele m sind 30 dm; 72 dm; 300 cm; 410 cm; 1250 mm, 245 cm?
4. Wie viele km sind 4500 m; 8500 m; 18000 m; 13150 m; 244890 m?

Rechnen Sie zuerst in die kleinste Maßeinheit um und zählen Sie dann zusammen:

5. 12 dm + 30 mm + 5 mm + 2 dm =
6. 17 dm + 2 m + 80 cm + 50 mm =
7. 12 km + 200 m + 1.800 m + 19 km =

Information
Wirtschaftslehre/kunde
Von der Rechts- und Geschäftsfähigkeit 23

Die Rechtsordnung unseres Staates geht davon aus, dass junge Menschen erst mit zunehmender Erkenntnis und Einsichtsfähigkeit voll verantwortlich für ihr Tun werden. Der Jugendliche steht unter dem Schutz des Staates. Welches Alter für die Rechtsstellung entscheidend ist, wird im **Bürgerlichen Gesetzbuch (BGB) geregelt**. Das BGB vom 18.8.1896 bildet die Grundlage des deutschen **bürgerlichen Rechts**. Man nennt dieses Recht auch Zivil- oder Privatrecht. Es beinhaltet die Rechtssätze, die sich auf die Rechtsverhältnisse der Menschen als Einzelne untereinander beziehen.

Im allgemeinen Teil des BGB werden u. a. die Rechtsfähigkeit und die Geschäftsfähigkeit behandelt. **Rechtsfähigkeit** bedeutet die Fähigkeit, Träger von Rechten und Pflichten zu sein. Im Paragraph 1 des Bürgerlichen Gesetzbuches heißt es: „Die Rechtsfähigkeit des Menschen beginnt mit der Vollendung der Geburt. Sie endet mit dem Tode."

Neben den **natürlichen** Personen, zu denen jeder Mensch gehört, kennt das Bürgerliche Gesetzbuch noch **juristische** Personen. Diese sind Personenvereinigungen, Industrie- und Handelskammern, Organe des Bundes und der Länder. Durch ihre Gründung und Eintragung in entsprechende „Register" erlangen diese juristischen Personen ebenfalls Rechts- und Geschäftsfähigkeit.

Wie oben erwähnt, kennt das Gesetz neben der Rechtsfähigkeit, die dem Einzelnen Rechte verleiht und Pflichten auferlegt, noch andere Mündig- oder Fähigkeiten. Dazu gehören z. B. die Geschäftsfähigkeit, die Strafmündigkeit, die Deliktsfähigkeit und die Wahlmündigkeit.

Mit **18 Jahren** wird man in der Bundesrepublik **volljährig** und damit **voll geschäftsfähig**. Wer geschäftsfähig ist, kann **selbstständig** alle **Geschäfte** tätigen oder **Verträge** abschließen. Der junge Mensch wird erst im Laufe der Jahre voll geschäftsfähig. Dies geschieht nicht zu seinem Nachteil, sondern zu seinem Schutz. Kinder und Jugendliche würden sonst Verpflichtungen eingehen, die sie weder einhalten noch erfüllen könnten.

Wer noch **keine 7 Jahre** alt ist, ist **geschäftsunfähig**. Vom **7. bis zum 18. Lebensjahr** ist der junge Mensch **minderjährig** und **beschränkt geschäftsfähig**.

Welche Möglichkeiten der Minderjährige hat, zeigen folgende **Beispiele**:

Beispiel	Begründung
1. Der **6-jährige** Mirko möchte sein Sparbuch mit einem Guthaben von 30 EUR gegen einen Roller **eintauschen**. Darf er das?	Nein! Mirko ist geschäftsunfähig.
2. Sabrina ist **5 Jahre** und will mit dem Inhalt ihrer Spardose allein eine Puppe **kaufen**. Darf sie das?	Nein! Auch Sabrina ist geschäftsunfähig.
3. Der **12-jährige Benny** möchte sich von seinem **Taschengeld** Briefmarken **kaufen**. Kann er das?	Ja! Benny ist zwar nur minderjährig und beschränkt geschäftsfähig, kann aber über sein **Taschengeld** frei verfügen und darf im Rahmen seines Taschengeldes kaufen und tauschen.
4. Einen Teil der Briefmarken will Benny gegen andere Marken **tauschen**. Ist dies zulässig?	
5. Jessica ist **14 Jahre** und will sich von ihrem **Taschengeld** einen Computer **mieten**. Kann Sie das?	Ja! Auch Jessica kann mit ihrem Taschengeld kaufen, tauschen oder **mieten**.

Information
Wirtschaftslehre/kunde

23 Von der Rechts- und Geschäftsfähigkeit

Beispiel	Begründung
6. Die **16-jährige** Vanessa besitzt ein Sparbuch mit 300,– EUR Guthaben. Sie möchte sich eine elektrische Nähmaschine **kaufen**. Ihre Eltern sind dagegen. Darf sie die Maschine kaufen?	Nein! Vanessa ist immer noch minderjährig und beschränkt geschäftsfähig. Die Kaufsumme von 300,– EUR übersteigt das Taschengeld bei weitem.
7. David ist **19 Jahre** alt und will sich ein Auto **kaufen**. Kann er das?	Ja! David ist volljährig und voll geschäftsfähig. Er kann kaufen, tauschen oder mieten ohne die Erlaubnis anderer.

Geschäftsunfähige (0 bis 7 Jahre) dürfen allein nichts kaufen, tauschen oder mieten.

Minderjährige (7 bis 18 Jahre) sind **beschränkt geschäftsfähig**. Sie dürfen allein nur im Rahmen ihres Taschengeldes kaufen, tauschen oder mieten.

Volljährige (ab 18 Jahre) können ohne Erlaubnis anderer alle Geschäfte abschließen. Sie sind **voll geschäftsfähig**. Der Volljährige muss aber auch selbst seinen Verpflichtungen nachkommen.

In besonderen Fällen können auch Personen über 18 Jahre wegen Geisteskrankheit, Trunksucht oder Verschwendung vom Gericht zum Minderjährigen oder sogar zum Unmündigen erklärt werden.

Deutsch

23 z, zz oder tz?

Bei Wörtern mit **z**, **zz** oder **tz** kann man sich nicht immer auf die Worttrennung verlassen. Daher sind folgende Regeln zu beachten:

1. **Nach l, n und r steht nie tz!**
   Beispiele: Pel**z**, stol**z** – Glan**z**, Kran**z** – Schmer**z**, Ar**zt**

2. **Nach Doppellauten steht nie tz!**
   Beispiele: rei**z**en, Schnau**z**e, bei**z**en, Kau**z**

3. **Fremdworte schreibt man entweder mit z oder mit zz.**
   Beispiele: z: Noti**z**, Strapa**z**e
   zz: Ski**zz**e, Abru**zz**en

4. Bei allen übrigen Wörtern ist auf den langen oder kurzen Selbstlaut vor dem z-Laut zu achten.
   Beispiele: *lang* in d**uz**en – *kurz* in D**utz**end
   lang in Sp**az**iergang – *kurz* in Sp**atz**

Aufgabe:

Schreiben Sie die folgenden Wörter auf ein A4-Blatt und setzen Sie den richtigen z-Laut ein. Unterstreichen Sie die eingesetzten Buchstaben.

1. Sal-, Wal-e, Her-, Stur-, gan-, Prominen-
2. Kreu-ung, Hei-kissen, Sprei-en
3. Noti-buch, Kapu-e, Ra-ia, Ja-
4. stü-en, plö-lich, Pu-zeug, Wi-e, Hi-e

Arbeitsblatt
Wirtschaftslehre/kunde

Von der Rechts- und Geschäftsfähigkeit 23

Die Rechtsordnung schützt den Minderjährigen vor Übervorteilung.

1. Aufgabe: Kreuzen Sie das richtige Feld an.

Kann sich ein 6-jähriges Kind **ohne** Einwilligung der Eltern kaufen

	ja	nein
ein Moped für 500,– EUR?		
einen Hut für 15,– EUR?		
einen Ball für 4,– EUR?		

Kann sich ein 16-jähriger Jugendlicher **ohne** Einwilligung der Eltern kaufen

	ja	nein
ein Moped für 500,– EUR?		
einen Hut für 15,– EUR?		
einen Ball für 4,– EUR?		

Kann sich ein 22-jähriger Erwachsener **ohne** Einwilligung der Eltern kaufen

	ja	nein
ein Moped für 500,– EUR?		
einen Hut für 15,– EUR?		
einen Ball für 4,– EUR?		

2. Aufgabe: Setzen Sie die fehlenden Alterszahlen ein.

Bis zum _____ Lebensjahr darf man **nichts allein** kaufen.

Vom _____ bis zum _____ Lebensjahr darf man sich nur etwas von seinem **Taschengeld kaufen**.

Vom _____ Lebensjahr an darf man sich alles **allein kaufen**.

3. Aufgabe: Kreuzen Sie das richtige Feld an.

Was versteht man unter **Geschäftsfähigkeit**?

- Arbeiten, basteln, spielen?
- Rad fahren, Moped fahren, Auto fahren?
- Kaufen, tauschen, mieten?

Bis zu welchem Alter ist man **geschäftsunfähig**?

- Bis zum 7. Lebensjahr?
- Bis zum 14. Lebensjahr?
- Bis zum 18. Lebensjahr?

In welchem Lebensabschnitt ist man **beschränkt geschäftsfähig**?

- Vom 1. bis zum 7. Lebensjahr?
- Vom 7. bis zum 16. Lebensjahr?
- Vom 7. bis zum 18. Lebensjahr?

In welchem Alter wird man voll **geschäftsfähig**?

- Mit 14 Jahren?
- Mit 16 Jahren?
- Mit 18 Jahren?

Name: Klasse: Datum: Bewertung:

Mathematik

23 Winkelmaße

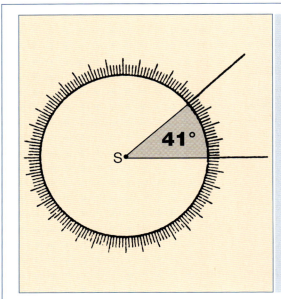

Regel:
Ein **Winkel** besteht aus zwei Strahlen, die von einem gemeinsamen Punkt (S) ausgehen. Um einen Winkel messen zu können, teilt man einen **Kreis** in 360 gleiche Teile. Im nebenstehenden Bild ist ein Winkel von 41° dargestellt. Winkelgrößen misst man in Grad (°). Jedes Grad wird in 60 Teile unterteilt, die man Minuten (') nennt, jede Minute (') unterteilt man in 60 Sekunden (").

1 Grad = 60 Minuten   1° = 60 '
1 Minute = 60 Sekunden   1' = 60 "

Teilt man den **Kreis von 360°** in 4 gleiche Teile, so ist jeder der vier entstehenden Winkel 90° groß. Winkel von **90°** nennt man „**rechte Winkel**".
Winkel **zwischen 0° und 90°** sind **spitze Winkel**.
Winkel **zwischen 90° und 180°** sind **stumpfe Winkel**.
Winkel bezeichnet man mit griechischen Buchstaben:
α = **Alpha**, β = **Beta**, γ = **Gamma**, δ = **Delta** usw.

Beispiele:	Spitzer Winkel	Rechter Winkel	Stumpfer Winkel
	α (Alpha) zwischen 0° und 90°	α = 90°	α zwischen 90° und 180°
	Winkel lassen sich zusammenzählen oder abziehen:	33° + 44° = 77° (spitz) 36° + 72° = 108° (stumpf) 61° + 29° = 90° (rechtwinklig)	Minuten und Sekunden: 46' + 39' = 85' oder 1° 25' 12° 28' + 67° 56' = 79° 84' oder 80° 24'

Aufgabe:
Geben Sie auch an, ob sich ein spitzer, rechter oder stumpfer Winkel ergibt.

1. 57° + 32° =
2. 45° + 16° + 8° =
3. 63° + 24° + 13° =
4. 45° + 90° + 45° =
5. 86° + 56° + 34° + 4° =
11. 35° 43' + 56° 32' =
12. 23° 58' + 66° 2' =

6. 25' + 26' =
7. 25' + 36' =
8. 53' + 37' =
9. 23' + 53' + 33' =
10. 37' + 28' + 12' + 59' =
13. 51° + 34° 14' + 94° 46' =
14. 12° 13' + 14° 15' + 16° 17' + 47° 15' =

Regel:
Zählt man die **drei Winkel eines Dreiecks** zusammen, so ergeben sich **immer 180°**.

Aufgabe:
Handelt es sich bei den folgenden Winkeln um die Winkel eines Dreiecks?

15. 35° + 42° + 13° = ?
17. 91° + 45° + 44° = ?
16. 45° + 76° + 59° = ?
18. 76° + 53° + 61° = ?

Information
Wirtschaftslehre/kunde

Der Arbeitsvertrag – Beginn und Kündigung 24

Beim Eintritt in das Berufsleben können oder wollen nicht alle Jugendlichen ein Ausbildungsverhältnis eingehen. Sie arbeiten dann als **Jungarbeiterin** oder **Jungarbeiter** in einem Betrieb.

Wenn Timo nach seiner Schulentlassung einen Arbeitsplatz als Jungarbeiter sucht, so sollte er zur Bundesagentur für Arbeit gehen. Dort werden die „offenen Stellen" des Bezirkes gesammelt. Die Arbeitsagentur versucht, Timo eine Stelle zu vermitteln, die seiner Eignung und Neigung entspricht. Die Arbeitsagentur **berät** Arbeitssuchende und vermittelt ihnen einen Arbeitsplatz. Falls Timo ohne Verschulden arbeitslos wird und keine neue Stelle findet, zahlt die Arbeitsagentur die **Arbeitslosenunterstützung**.

Hat Timo etwas Passendes gefunden, kann er sein erstes **Arbeitsverhältnis** mit Einwilligung der Eltern eingehen, sofern er noch nicht volljährig ist.

Damit Timo eine geregelte Arbeit hat und der Betriebsinhaber eine gute Arbeitsleistung erhält, wird zwischen ihnen ein **Arbeitsvertrag** abgeschlossen. Die beiden Vertragspartner heißen **Arbeitnehmer** (Timo) und **Arbeitgeber**.

Früher wurden alle Einzelheiten des Arbeitsvertrages zwischen den Partnern mündlich oder schriftlich festgelegt. Heute sind viele Vorschriften zum Schutz der Arbeitnehmer vom Gesetzgeber erlassen. Die Fragen über **Lohnhöhe**, **Arbeitszeit**, **Urlaub** und **Kündigungsfrist** haben die Gewerkschaften mit den Arbeitgebern im **Tarifvertrag** geregelt. Dieser Tarifvertrag gilt meist für eine Berufsgruppe eines Bundeslandes und ersetzt die einzelnen Arbeitsverträge.

Nachdem sich Timo und der Arbeitgeber geeinigt haben, beginnt Timo das Arbeitsverhältnis:

Zunächst muss er seine **Arbeitspapiere**, das sind Lohnsteuerkarte und Sozialversicherungsausweis, abgeben. Aus dem Arbeitsvertrag ergeben sich für beide Vertragspartner Pflichten.

Timo muss

1. die Arbeit gewissenhaft ausführen (**Dienstleistungspflicht**),
2. die ihm gegebenen Anweisungen der Vorgesetzten befolgen (**Gehorsamspflicht**),
3. Betriebsgeheimnisse wahren. Maschinen, Werkzeug und Material pfleglich behandeln (**Treuepflicht**).

Der Arbeitgeber muss

1. den Lohn pünktlich zahlen (**Lohnzahlungspflicht**),
2. einen guten Arbeitsplatz schaffen, unfallsicheres Gerät und Werkzeug bereitstellen, für geregelte Arbeitszeit mit Pausen sorgen und Urlaub gewähren, für Waschräume sorgen, Unfallgefahren vorbeugen und ein gutes Betriebsklima gewährleisten (**Fürsorgepflicht**).

Möchte **Timo** eines Tages seine Stelle aufgeben, so kann er den Arbeitsvertrag durch eine **Kündigung** auflösen. Bei Arbeitsmangel oder stichhaltigen Gründen kann der Arbeitgeber ebenfalls kündigen. Beide müssen aber eine **Kündigungsfrist** von 4 Wochen einhalten, wenn keine andere Frist vereinbart wurde. Ohne Einhaltung der Kündigungsfrist – **fristlos** – kann Timo entlassen werden bei Diebstahl, Unterschlagung, Sachbeschädigung und Verweigerung der Arbeit.

Wenn der Betriebsinhaber den Lohn nicht zahlt, Timo beleidigt oder schlägt, kann **Timo** fristlos das Arbeitsverhältnis beenden.

Die Arbeitspapiere muss sich Timo bei Austritt aus dem Betrieb holen. Er kann ein **Arbeitszeugnis** verlangen, in dem seine Führung und Arbeitsleistung beurteilt werden.

© Bildungsverlag EINS GmbH

24 Der Arbeitsvertrag – Beginn und Kündigung

Information
Wirtschaftslehre/kunde

Muster

ARBEITSVERTRAG

zwischen

Herrn Joachim Emsig, Mechanikermeister, Bedburger Str. 12, 41469 Neuss
und
Herrn Thomas Schultz, Neusser Str. 18, 41564 Kaarst
ist heute folgender Arbeitsvertrag geschlossen worden:

1. Herr Thomas Schultz wird ab 1. September 20.. als Helfer bei Herrn Emsig eingestellt.
2. Das Arbeitsverhältnis wird auf unbestimmte Zeit geschlossen. Die Kündigungsfrist beträgt für beide Vertragspartner 4 Wochen.
3. Die wöchentliche Arbeitszeit beträgt 38,5 Stunden.
4. Als Stundenlohn wird der jeweilige Tariflohn vereinbart. Für Überstunden wird ein Zuschlag von 30 %, für Sonn- und Feiertagsarbeit ein Zuschlag von 50 % gewährt.
5. Der Urlaub beträgt im 1. Jahr 15 Arbeitstage. Er erhöht sich jährlich um 2 weitere Arbeitstage bis zur Höchstdauer von 24 Arbeitstagen und wird während der ganzen Zeit bezahlt.
6. Zu Fahrtkosten und Mittagessen wird ein Zuschuss gewährt.

Dieser Vertrag ist in zwei gleichlautenden Ausfertigungen erstellt und von den Beteiligten unterschrieben. Jeder Vertragspartner hat eine Ausfertigung erhalten.

Neuss, den 15. August 20..

Joachim Emsig   Thomas Schulz

Deutsch

24 Orts- und Ländernamen

In vielen Begriffen kommen Orts- und Ländernamen vor. Diese Namen können groß oder klein geschrieben werden. Dabei kommt es auf den Zusammenhang an. Merken Sie sich dazu folgende

Regel:
1. Orts- und Ländernamen, die allein stehen, werden immer groß geschrieben: Frankreich, England, Niederlande – Köln, Aachen, München
2. Bei der Endung **-er** in Verbindung mit anderen Wörtern werden Orts- und Ländernamen groß geschrieben:
   Köln**er** Dom – **O**ldenburg**er** Eier – **M**ünchen**er** Bier
3. Bei der Endung **-isch** schreibt man klein:
   der rhein**ische** Humor – der westfäl**ische** Schinken
4. Bei Eigennamen und „Marken" schreibt man Orts- und Ländernamen groß:
   Deutsche Markenbutter – **K**ölnisch Wasser – **H**olländer Käse

Aufgabe:
Schreiben Sie auf ein A4-Blatt die folgenden Wörter ab und entscheiden Sie, ob die eingeklammerten Buchstaben groß oder klein geschrieben werden.
Es gilt die **Regel**
1. (b)undesrepublik (d)eutschland, (s)chweiz, (i)talien, (f)rankfurt, (h)amburg
2. (s)chweiz**er** Schokolade, (e)mmental**er** Käse, (s)oling**er** Klingen
3. der (b)ayerische Wald, (i)talienische Apfelsinen, der (s)panische Wein
4. das (e)nglische Tuch, die (k)atholische Kirche

Arbeitsblatt
Wirtschaftslehre/kunde

Der Arbeitsvertrag – Beginn und Kündigung | **24**

Aufgabe: Beantworten Sie folgende Fragen.

1. Wie heißen die beiden **Partner**, die den Arbeitsvertrag abschließen?
   _____
   _____

2. Welche Fragen regelt der Arbeits- oder Tarifvertrag?
   _____
   _____

3. Welche **Pflichten** hat der **Arbeitnehmer** nach Abschluss des Arbeitsvertrages?
   _____
   _____

4. Welche **Pflichten** hat der **Betriebsinhaber** nach Abschluss des Arbeitsvertrages?
   _____
   _____

5. Wie viele Wochen beträgt die **normale Kündigungsfrist**? _____ Wochen

6. Welche Papiere müssen Sie sich beim Austritt aus einem Betrieb geben lassen?
   _____
   _____

7. Welches Amt hilft Ihnen, wenn Sie eine neue Arbeitsstelle suchen?
   _____

8. In bestimmten Fällen kann das Arbeitsverhältnis **fristlos** beendet werden. Einige Gründe sind hier bildlich dargestellt.
   Welche Gründe sind dies?

   _____
   _____

Name:		Klasse:	Datum:	Bewertung:

Mathematik

24 Flächenberechnung: Rechteck und Quadrat

Regel:
Ein ebenes Gebilde, das von einem geschlossenen Linienzug umgeben ist, nennt man eine **Fläche**. Der umgebende Linienzug ist der **Umfang** der Fläche und wird in Längeneinheiten angegeben. Eine einfache Fläche hat zwei Ausdehnungsrichtungen, eine **Länge** und eine **Breite**. Aus Länge und Breite lässt sich bei einfachen Flächen der **Umfang** und der **Flächeninhalt** errechnen.

Hat eine einfache **Fläche 4 Seiten** und damit **4 Winkel**, spricht man von einem **Viereck**.
Hat ein Viereck **4 Winkel von 90°** (rechte Winkel), nennt man es **Rechteck**.
Hat ein Rechteck **4 gleiche Seiten**, nennt man es **Quadrat** (4 rechte Winkel, 4 gleiche Seiten).

Einheiten für Flächeninhalte sind **Quadratmeter** = qm = m^2 oder **qdm** = dm^2, **qcm** = cm^2, **qmm** = mm^2. Im technischen Bereich wird meist m^2 geschrieben, während im kaufmännischen Bereich qm überwiegt.

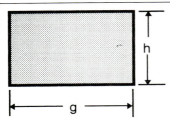

Ein **Rechteck** hat vier Seiten, von denen **je zwei** parallel zueinander und gleich lang sind. Die **vier** Ecken = 4 Winkel sind **rechte Winkel** (= 90°).

Umfang: $U = g + g + h + h$
oder: $U = 2 \cdot g + 2 \cdot h$
Fläche: $A = g \cdot h$

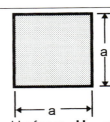

Ein besonderes Rechteck ist das **Quadrat**, denn es hat **vier gleiche Seiten** und **vier rechte Winkel**.

Umfang: $U = a + a + a + a$
oder: $U = 4 \cdot a$
Fläche: $A = a \cdot a$
oder (anders geschrieben) $A = a^2$

Aufgabe:

1. Berechnen Sie Umfang und Fläche von Rechtecken mit folgenden Maßen:
   a) a = 12 cm; b = 24 cm
   b) a = 5,4 m; b = 6,2 m
   c) a = 46 mm; b = 83 mm

2. Berechnen Sie Umfang und Fläche von Quadraten mit folgenden Maßen:
   a) a = 16 cm
   b) a = 7,2 cm
   c) a = 92 mm

3. Ein rechteckiges Grundstück ist 38 m lang und 16 m breit. Wie viel m Zaun sind nötig, um es einzufassen und wie groß ist seine Grundfläche?

4. Die quadratische Grundfläche eines Saales ist 42 m lang und breit. Wie groß sind Umfang und Grundfläche des Saales?

5. Ein Sportplatz ist 98 m lang und 64 m breit. Wie groß sind Umfang und Flächeninhalt?

6. Ein Würfel hat 6 Seiten, die alle quadratisch sind. Seine Kantenlänge beträgt 8 mm. Wie groß ist seine Oberfläche und wie lang sind seine Kanten zusammen?

Knifflig: Welche Zahlen gehören an die Stelle der Fragezeichen?

| 5 | 9 | 13 | 17 | ? | 25 | ? | ? | 37 | ? |

Information
Wirtschaftslehre/kunde
Ohne Organisation und Ordnung kann keine Arbeit gedeihen

Die Produktion von Gütern ist die Grundlage wirtschaftlichen Lebens. Sie steht im Mittelpunkt des betrieblichen Geschehens und vollzieht sich hauptsächlich in Handwerks- und Industriebetrieben. In diesen Betrieben wirken Menschen meistens arbeitsteilig zusammen. Die **Arbeitsteilung** ist zwar keine Erfindung der Neuzeit, jedoch ist sie im Industriezeitalter verfeinert und ausgeweitet worden. Bei der **technischen Arbeitsteilung** beschränkt man sich nicht nur auf die Berufsteilung wie z. B. Maschinenschlosser – Betriebsschlosser – Stahlbauschlosser – Blechschlosser. Hierbei wird ein Arbeitsvorgang in einzelne Teilhandlungen (Funktionen) zerlegt **(Arbeitszerlegung)** und nach bestimmten Methoden zusammengefasst. Hierzu ein Beispiel:

Das Herstellerwerk der englischen Nobelkarosse produziert an einem Arbeitstag ein Automobil. Andere Autohersteller in England, USA oder der Bundesrepublik fertigen am Fließband bei der gleichen Anzahl von Beschäftigten 50 Automobile pro Tag. Jeder Arbeiter hat hier bestimmte Handgriffe zu verrichten und muss sich dem Arbeitstempo des Fließbandes anpassen.

Durch die Arbeitsteilung in den Betrieben wird die Arbeitskraft besser genutzt und eine Produktionssteigerung erreicht. Die eintönige Arbeit bei immer gleichem Arbeitstempo kann aber auch zu schweren seelischen und körperlichen Schäden führen.

Außer der Arbeitsteilung erfordert die Herstellung eines Produktes eine exakte **Planung**, **Steuerung** und **Kontrolle** des Produktionsablaufes. Dazu ist es notwendig, den Einsatz der Arbeitskräfte, der Maschinen, Werkstoffe und Hilfsstoffe so zu organisieren, dass das Betriebsgeschehen reibungslos abläuft. Die betriebliche **Organisation** eines Unternehmens wird natürlich durch die Art, die Gestaltung und Zielsetzung der zu erfüllenden Aufgaben bestimmt. Beispielsweise müssen in einer Schreinerei die Arbeitsplätze so angeordnet sein, dass die Arbeitsgänge vom rohen Werkstoff bis zum fertigen Werkstück fließend erfolgen können. Auch die Aufstellung der Maschinen muss den Arbeitsabläufen entsprechen und ein sicheres Arbeiten ermöglichen. Die Werkzeuge müssen sich griffbereit in den Kippladen unter der Hobelbank oder in Werkzeugschränken befinden. Gute Beleuchtung und Lüftung sind weitere Voraussetzungen für ein genaues Arbeiten.

Damit in einem Betrieb alles „in Ordnung geht", ist jeder Arbeitnehmer für seinen Arbeitsplatz verantwortlich. Darüber hinaus werden die innerbetrieblichen Arbeitsverhältnisse durch die **Arbeits- und Betriebsordnung** geregelt.

Früher wurde die Betriebsordnung vom Arbeitgeber allein erlassen. Eine solche Fabrik- oder Büroordnung sah vor 100 bis 150 Jahren so aus:

1. Die Arbeitszeit wird auf 14 Stunden täglich festgesetzt.
2. Die Arbeit beginnt morgens um 6 Uhr und endet um 20 Uhr.
3. Die Mittagspause beträgt 15 Minuten.
4. In der Pause bleiben die Arbeiter an ihrem Arbeitsplatz.
5. Wer einmal unentschuldigt fehlt, wird entlassen.
6. Für Betriebsunfälle wird keine Haftung übernommen.
7. Das Büropersonal muss die Schreibfedern mitbringen.
8. Während der Bürostunden darf nicht „privat" gesprochen werden.
9. Das Rauchen sowie das Trinken von Wein oder Branntwein ist dem Personal verboten.
10. Die Jungen bleiben nach Arbeitsschluss noch zur Verfügung.

Heute wird die Betriebsordnung nach dem **Betriebsverfassungsgesetz** zwischen dem **Arbeitgeber** und dem **Betriebsrat** ausgehandelt. Der Betriebsrat ist die gesetzliche Vertretung der Arbeitnehmer. In Betrieben mit mehr als 20 Beschäftigten muss eine Betriebsordnung vorhanden sein. Sie soll an gut sichtbarer Stelle im Betrieb ausgehängt werden, damit alle Arbeitnehmer sie lesen können. Neue Mitarbeiter sind besonders auf die Betriebsordnung hinzuweisen.

Information

Wirtschaftslehre/kunde

25 Ohne Organisation und Ordnung kann keine Arbeit gedeihen

Die Betriebsordnung gilt für Mitarbeiter und regelt

1. Arbeitszeit und Pausen,
2. Zeit und Ort der Lohnzahlung,
3. Einstellung und Entlassung von Arbeitern,
4. Anordnungen über Arbeitsschutz und Unfallverhütung.

Die Betriebsordnung legt dem Arbeiter nicht nur Pflichten auf. Sie enthält auch seine Rechte und will helfen, durch Ordnung Leben und Gesundheit am Arbeitsplatz zu erhalten.

Bei Schweißarbeiten
Schutzbrille, Schutzschild, Schürze und Handschuhe bzw. Stulpenhandschuhe tragen

Bei Lötarbeiten
Absaugungsanlage einstellen

Bei Lackierarbeiten
Atemschutzgerät tragen

Bei Schleifarbeiten
Schutzbrille und Lärmschutz tragen

Deutsch

25 Erweitern Sie Ihren Wortschatz: Tätigkeitswörter (1)

Viele Menschen kennen nur wenige Wörter und drücken sich daher ungenau aus. Die Tätigkeiten, die Sie ausüben, können sehr unterschiedlich sein. Aber selbst für **eine Tätigkeit** kann man unterschiedliche Wörter finden.

Man kann nicht nur **gehen,** sondern auch rennen, laufen, schlendern, trödeln, huschen, stolpern, trotten, latschen, watscheln, humpeln, flitzen, bummeln, torkeln, kriechen, eilen, wandern ...

Man kann etwas **aufmachen,** aber auch aufdrehen, öffnen, aufschneiden, aufbrechen, aufbinden, aufschließen, aufstemmen, ausgraben, aufreißen, aufschieben ...

Aufgabe:

Schreiben Sie auf ein A4-Blatt

1. Wörter, die man für das Wort **sprechen** verwenden kann;
2. Wörter, die man für das Wort **sehen** schreiben kann;
3. Wörter, die eine Arbeitstätigkeit beschreiben, z. B. hämmern, nageln...

Arbeitsblatt
Wirtschaftslehre/kunde

Ohne Organisation und Ordnung kann keine Arbeit gedeihen — 25

1. Aufgabe: Setzen Sie die folgenden Wörter in die Sätze ein.

> Arbeitsablauf – Betriebsordnung – Büro – Geschäft – Haushalt – Material – Ordnung – Stall – Werkstatt – Zeit

Überall, wo Menschen arbeiten, muss _____ herrschen. In der _____ des Arbeiters, im _____ des Kaufmannes, im _____ der Verkäuferin, im _____ des Bauern oder im _____ der Mutter würde viel _____ und _____ vergeudet, wenn es keine _____ gäbe. Die Betriebsordnung sorgt für einen reibungslosen _____.

2. Aufgabe: In der unten stehenden Betriebsordnung sind einige Bestimmungen **falsch**. Kreuzen Sie an, was richtig oder falsch ist.

	Betriebsordnung der Firma Klupp & Sohn	richtig	falsch
1.	Arbeitszeit beträgt neun Stunden einschließlich Pausen. Sie beginnt um 7 Uhr und endet um 17 Uhr.		
2.	Alle Jungarbeiter müssen von 17 bis 18 Uhr die Werkstatt säubern.		
3.	Frühstückspause ist von 9 bis 9.15 Uhr, Mittagspause von 12 bis 12.45 Uhr.		
4.	Der Lohn wird am arbeitsfreien Samstag ausbezahlt.		
5.	Jugendliche Arbeiter können in den Pausen zu Botengängen weggeschickt werden.		
6.	Der Lohn wird in der Regel auf ein Gehaltskonto (Girokonto) überwiesen.		
7.	Bei dringenden Arbeiten ist jeder Arbeiter verpflichtet, bezahlte Überstunden zu leisten.		
8.	Weibliche Arbeiterinnen müssen einmal im Monat nach Arbeitsschluss unentgeltlich die Büros putzen.		
9.	Die Kündigungsfrist für Arbeitnehmer und Arbeitgeber beträgt 4 Wochen.		
10.	Die Arbeiter müssen ein Vierteljahr vorher kündigen, wenn sie die Firma verlassen wollen.		
11.	Der Betriebsinhaber kann die Arbeiter ohne Angabe von Gründen jederzeit fristlos entlassen.		
12.	Wer dreimal unentschuldigt der Arbeit fernbleibt, kann fristlos entlassen werden.		
13.	Wer absichtlich oder fahrlässig Material oder Werkzeug zerstört, kann fristlos entlassen werden.		

Name: Klasse: Datum: Bewertung:

Mathematik

25 Flächenberechnung: Dreieck

Regel:
Eine Fläche mit **drei Seiten** und **drei Ecken (drei Winkeln)** nennt man **Dreieck**. Die **Seiten** eines Dreiecks bezeichnet man mit den Buchstaben **a**, **b** und **c**. Die Ecken bezeichnet man mit den Großbuchstaben **A**, **B** und **C**. Die **Winkel** erhalten die griechischen Buchstaben α **(Alpha)**, β **(Beta)** und γ **(Gamma)**.
Zur Berechnung der **Dreiecksfläche** benötigt man eine **Grundlinie (g)** und eine **Höhe (h)**. Die Höhe muss **rechtwinklig (90°)** auf der Grundlinie stehen. Rechnet man einfach Grundlinie × Höhe, so erhält man die Fläche eines Rechtecks (Beispiel 1). Teilt man dieses **Rechteck durch 2**, erhält man die Fläche eines Dreiecks (siehe Beispiel 1).

Beispiel 1: Rechteck : 2 = Dreieck
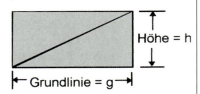
Fläche = Grundlinie × Höhe / 2 $A = \dfrac{g \times h}{2}$

Beispiel 2: Dreiecksfläche
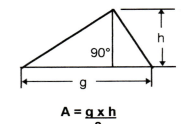
$A = \dfrac{g \times h}{2}$

Beispiel 3: Dreieck allgemein
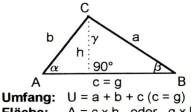
Umfang: $U = a + b + c \; (c = g)$
Fläche: $A = \dfrac{c \times h}{2}$ oder $\dfrac{g \times h}{2}$

Aufgabe:
1. Berechnen Sie den Umfang der Dreiecke mit folgenden Seiten:
   a) a = 12 cm; b = 15 cm; c = 19 cm   **b)** a = 2,30 m; b = 3,80 m; c = 5,40 m
   c) a = 125 mm; b = 204 mm; c = 236 mm   **d)** a = 84 m; b = 91 m; c = 122 m
2. Wie groß ist die Fläche eines Dreiecks mit der Grundlinie von 18 m und der Höhe von 9 m?
3. Ein Grundstück ist dreieckig und soll einen Zaun erhalten. Wie lang wird der Zaun, wenn die Seiten 35 m, 53 m und 63,5 m lang sind?
4. Wie groß ist die Fläche des Grundstückes von Aufgabe 3, wenn die Seiten von 35 m und 53 m einen rechten Winkel bilden?
5. Errechnen Sie die Fläche dieses Dreiecks:

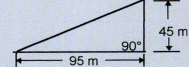

Zum Knobeln: Jedes Fragezeichen ist durch plus, minus, mal oder geteilt zu ersetzen, das Ergebnis ist **7**.

| 3 | ? | 4 | ? | 3 | ? | 8 | = | 7 |

Name: Klasse: Datum: Bewertung:

104   © Bildungsverlag EINS GmbH

Information

Wirtschaftslehre/kunde — Der Staat schützt die Jugendlichen vor körperlicher Überanstrengung

In früheren Zeiten kümmerte sich kein Staat darum, wie viele Stunden Kinder und Jugendliche täglich arbeiten mussten. Aus der ersten Zeit der „Fabriken" stammen diese Berichte:

England: „... Arbeitshäuser in London und anderen Städten lieferten Tausende von hilflosen Armenkindern im Alter von 5–12 Jahren nach Norden in die Fabriken. Die Kinder magerten bis auf die Knochen ab, während die Peitsche sie an der Arbeit hielt. Fabrikanten führten die Nachtarbeit ein ... "

„... Zur Beaufsichtigung von Wettertüren in Bergwerksschächten werden meist die kleinsten Kinder gebraucht, die auf diese Weise täglich 12 Stunden in dunklen, engen, feuchten Gängen sitzen ..."

„... ältere Kinder trugen ihre noch schlafenden kleineren Geschwister auf dem Rücken in die Fabriken ..."

Deutschland: Um 1700 brauchte in Süddeutschland eine Familie von 5 Köpfen für den Lebensunterhalt im Jahr etwa 100 bis 150 Gulden. Ein Weber verdiente jährlich aber höchstens 50 Gulden. Die Mitarbeit der Kinder war daher notwendig.

Diese Berichte könnte man fortsetzen. Heute schützt der Staat mit seinen Gesetzen Kinder und Jugendliche. Genaue Bestimmungen enthält das

Jugendarbeitsschutzgesetz vom 12. April 1976

in der Fassung vom 24.04.1986 bzw. vom 31.10.2005.

Das Gesetz unterscheidet grundsätzlich zwischen Kindern (bis 15 Jahre) und Jugendlichen (15–18 Jahre). Einige wichtige Bestimmungen sind: Für Jugendliche, die noch vollzeitschulpflichtig sind, gelten die gleichen Bestimmungen wie für Kinder.

Die Beschäftigung von **Kindern** ist verboten.

Bei **Jugendlichen**: **Tägliche Arbeitszeit** höchstens 8 Stunden, **wöchentlich** nicht mehr als 40 Stunden. Die Arbeitszeit der Jugendlichen darf die der Erwachsenen des gleichen Betriebes nicht überschreiten. Jugendliche dürfen nur an 5 Tagen in der Woche beschäftigt werden. Bei gleitender Arbeitszeit können Jugendliche von Mo. – Do. bis zu 8 ½ Std. beschäftigt werden.

Dem Jugendlichen ist die Zeit zum **Besuch** der **Berufsschule** zu gewähren. Unterrichtszeit einschl. der Pausen ist auf die Arbeitszeit anzurechnen. Jugendliche mit mehr als 5 Stunden Unterrichtszeit einschl. Pausen sind von der Arbeit freizustellen. Ein Entgeltausfall darf durch den Besuch der Berufsschule nicht eintreten.

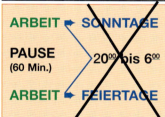

Jugendliche dürfen nicht mehr als 4 ½ Stunden hintereinander **ohne Pause** beschäftigt werden. Bei einer Arbeitszeit von mehr als 6 Stunden gibt es insgesamt 60 Minuten Pause.

Nach der Arbeit ist eine **Freizeit** von mindestens 12 Stunden zu gewähren. Jugendliche dürfen in der Regel nicht **in der Nacht** von 20 bis 6 Uhr beschäftigt werden. An **Sonn- und Feiertagen** dürfen Jugendliche, von Ausnahmen abgesehen, nicht beschäftigt werden.

Der **Jahresurlaub** beträgt für Jugendliche bis zum 16. Lebensjahr 30 Werktage, Jugendliche im 17. Lebensjahr erhalten 27 Tage, im 18. Lebensjahr 25 Werktage Urlaub. Der Urlaub soll zusammenhängend in der Zeit der Berufsschulferien gegeben werden.

Verboten sind Arbeiten, die die körperlichen Kräfte der Jugendlichen übersteigen. Ebenso Akkordarbeiten, Arbeiten im gesteigerten Arbeitstempo und Fließarbeit.

Der **Arbeitgeber** hat für die **Erhaltung** der **Gesundheit** und **Arbeitskraft** der Jugendlichen zu sorgen und sie auf **Gefahren** aufmerksam zu machen.

Der Jugendliche darf nur beschäftigt werden, wenn eine **ärztliche Bescheinigung** aus den letzten 14 Monaten vorliegt. Wer gegen das Gesetz handelt, wird mit Gefängnis und Geldstrafen oder mit einer dieser **Strafen** bestraft.

Die **Gewerbeaufsichtsämter** haben die Aufgabe, die Einhaltung der Bestimmungen zu überwachen.

26 Der Staat schützt die Jugendlichen vor körperlicher Überanstrengung

Information Wirtschaftslehre/kunde

Der Sinn und Zweck des Arbeitsschutzes ist, den arbeitenden Menschen vor den Gefahren am Arbeitsplatz zu schützen und seine Gesundheit und Arbeitskraft zu erhalten.

Der Arbeitsschutz erstreckt sich auf den Betriebs- und Gefahrenschutz. Er umfasst den technischen Arbeitsschutz, den gesundheitlichen Schutz innerhalb eines Betriebes und den sozialen Arbeitsschutz. Grundlage für den technischen Arbeitsschutz sind vor allem die **Gewerbeordnung** und die **Unfallverhütungsvorschriften**, die von den Berufsgenossenschaften erlassen werden. Die Betriebseinrichtungen und Maschinen sind vom Arbeitgeber so abzusichern, dass das Leben der Arbeitnehmer nicht gefährdet wird.

Der soziale Arbeitsschutz umfasst den Arbeitszeitschutz, Frauen- und Mutterschutz, den Jugendarbeitsschutz und öffentlich-rechtliche Vereinbarungen.

Unfallverhütung

Die Verhütung von Arbeitsunfällen ist in allen Betrieben eine wichtige Aufgabe. Eine besondere Bedeutung ist hier den Betrieben der gewerblichen und industriellen Wirtschaft beizumessen. Um Unfälle zu vermeiden ist es notwendig, dass
- Mitarbeiter sich an Unfallverhütungsvorschriften halten und Unfallrisiken ausschalten (z. B. Tragen von Schutzhelmen, Alkoholverbot etc.),
- Unternehmensleitungen gesicherte Maschinen und Werkzeuge bereitstellen,
- Betriebsleiter, Meister und in größeren Betrieben Sicherheitsingenieure, gefährliche Arbeiten, Maschinen, Werkzeuge und Materialien kontrollieren und für Sicherheit sorgen,
- der Betriebsrat mit auf die Einhaltung der gesetzlichen Schutzvorschriften achtet,
- Gewerbeaufsichtsämter und Berufsgenossenschaften Betriebe hinsichtlich der Sicherheit und der Einhaltung von Schutzvorschriften kontrollieren, für die Beseitigung von Unfallgefahren sorgen und gegebenenfalls Strafen aussprechen.

26 Erweitern Sie Ihren Wortschatz: Tätigkeitswörter (2)

Deutsch

Aufgabe:

Schreiben Sie auf ein A4-Blatt die folgenden 10 Sätze ab und ergänzen Sie die Sätze durch ein Tätigkeitswort, welches unten steht. Unterstreichen Sie das eingesetzte Wort.

1. Der kleine Junge _____ auf seinem Stuhl hin und her.
2. Michael _____ langsam über den Schulhof.
3. Beim Autorennen _____ ein Rennwagen in die Zuschauermenge.
4. „Halt!" _____ der Polizist über den Platz.
5. Der Hund _____ langsam hinterher.
6. Die Frau _____ in ihrer Handtasche und suchte die Geldbörse.
7. Als die Mannschaften auf das Spielfeld _____, _____ die Zuschauer vor Begeisterung.
8. Die geplagte Hausfrau musste noch den Kuchen _____, das Fleisch _____, die Suppe _____ und das Geschirr _____.
9. Der Großstadtverkehr ist sehr laut: Autos _____, Straßenbahnen _____, Motoren _____, Lastwagen _____ vorüber, Räder _____ beim Bremsen und die Schuhe der Frauen _____ über das Pflaster.
10. Beim Sport gibt es viele Tätigkeiten: Man kann die Kugel ____, den Diskus ____, 5.000 m ____, in die Sprunggrube ____, Fußball ____, als Zuschauer Beifall ____ und dem Sieger ____.

Jedes Tätigkeitswort darf nur **einmal** eingesetzt werden. Streichen Sie die eingesetzten Wörter durch.

anbraten – backen – dröhnen – donnern – hupen – kramte – klappern – klingeln – kochen – laufen – liefen – quietschen – raste – schlenderte – schrie – spenden – spielen – springen – spülen – stoßen – tobten – trottete – werfen – zappelte – zujubeln.

© Bildungsverlag EINS GmbH

Arbeitsblatt
Wirtschaftslehre/kunde
Der Staat schützt die Jugendlichen vor körperlicher Überanstrengung — 26

Aufgabe: Handeln **Arbeitgeber** und **Arbeitnehmer** immer richtig? Kreuzen Sie im entsprechenden Kästchen an.

Nr.		richtig	falsch
1.	Ein Zeitungsverlag beschäftigt morgens von 5 bis 7 Uhr vier schulpflichtige Jungen mit dem Sortieren von Zeitungen.		
2.	Beim Zeitungsverlag Lettermann dürfen nur Erwachsene diese Arbeit tun.		
3.	Zeitungsverleger Matritzer lässt seine Sonntagszeitungen nur von 16-jährigen Mädchen verkaufen.		
4.	Im Kaufhaus „Billig" müssen immer die jüngsten, also die 16-jährigen Mädchen, die Markisen bei Sonnenschein herunterlassen.		
5.	An Sonn- und Feiertagen müssen immer zwei dieser Mädchen „Markisendienst" machen.		
6.	Ein Tankwart lässt seinen jugendlichen Helfer nach 4 Stunden Berufsschule noch 4 Stunden arbeiten.		
7.	Bei dem Tankstellenpächter Sprit hat der 16-jährige Stefan nach 8 Stunden Berufsschule frei.		
8.	Ein Brotvertrieb lässt die jugendlichen Beifahrer ihre Berufsschulzeit nacharbeiten.		
9.	Bei Bauunternehmer Stein müssen alle Arbeiter – auch Jugendliche – täglich 10 Stunden arbeiten.		
10.	Im Kleiderwerk „Rock" arbeiten 16- bis 18-jährige Mädchen wöchentlich 40 Stunden.		
11.	In der Hosenfabrik „Langbein" gibt es bei achtstündiger Arbeitszeit 20 Minuten Pause.		
12.	Die 17-jährige Susi arbeitet an einem Fließband.		
13.	Eva, 16 Jahre, ist Bürohelferin und arbeitet abends als Kellnerin in einer Gaststätte.		
14.	Der schwächliche 16-jährige Jens muss täglich beim Friedhofsgärtner Kranz Erde karren.		
15.	Fabrikant Mayer gibt seinen jugendlichen Mitarbeitern monatlich 2 Tage Urlaub.		
16.	Christian will sich seinen Urlaub auszahlen lassen und weiterarbeiten.		
17.	Thomas will seinen Urlaub in der Zeit der Berufsschulferien nehmen.		
18.	Meister Ruppig stellt jugendliche Arbeiter nie ohne ärztliche Bescheinigung ein.		
19.	Bäckermeister Teigmann lässt Brötchen morgens von 6–7 Uhr von einem 12-jährigen Schüler austragen.		
20.	Um mehr zu verdienen, arbeitet der 16-jährige Martin im Akkord an der Drehbank.		

Name: Klasse: Datum: Bewertung:

© Bildungsverlag EINS GmbH

26 Flächenberechnung: Zusammengesetzte gerade Flächen

Zur Berechnung zusammengesetzter Flächen müssen diese in berechenbare **Teilfächen zerlegt** werden, z. B. in Dreiecke und Rechtecke oder Quadrate.

Beispiel: Diese Fläche hat 3 Teilflächen: Dies sind die berechenbaren Teilfächen:

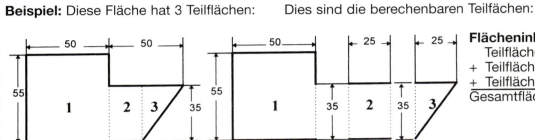

Flächeninhalt:
  Teilfläche 1 = 2.750
+ Teilfläche 2 =   875
+ Teilfläche 3 =   437,5
Gesamtfläche = 4.062,5

Aufgabe:

Zerlegen Sie die folgenden Flächen durch gestrichelte Linien (wie im Beispiel) in Teilflächen und berechnen Sie den Flächeninhalt. (Sie müssen die Teilflächen nicht noch einmal aufzeichnen, wenn Sie so zurechtkommen.)

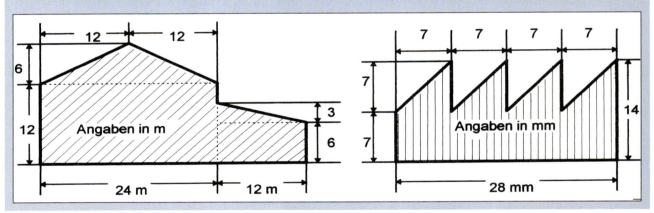

Information
Wirtschaftslehre/kunde
Bei Arbeitsstreitigkeiten hilft das Arbeitsgericht — 27

Ebenso wie im Privatleben kommt es auch im Berufs- und Arbeitsleben aufgrund von Meinungsverschiedenheiten häufig zu Konflikten. So kann es zwischen **Arbeitgeber** und **Arbeitnehmer** oder zwischen **Arbeitnehmern** aus gemeinsamer Arbeit zu Streitigkeiten kommen. Für die Entscheidung von Arbeitsrechtsstreitigkeiten ist das **Arbeitsgericht** zuständig. Alle bürgerlich-rechtlichen Streitigkeiten, die aus dem Arbeitsverhältnis entstehen, gehören vor das Arbeitsgericht.

Im Einzelnen entscheiden die Arbeitsgerichte bei
- **Streitigkeiten** aus dem Lehr- oder Arbeitsverhältnis zwischen **Arbeitgeber** und **Arbeitnehmer**, z. B. Unterbezahlung, Nichtgewährung oder Nichtbezahlung von Urlaub, Körperverletzung, unrechtmäßiger Kündigung usw,
- Rechtsstreitigkeiten zwischen **Gewerkschaften** und **Arbeitgeberverbänden**, z. B. Nichteinhaltung des Tarifvertrages,
- Streitigkeiten zwischen **Betriebsrat** und **Arbeitgeber**, z. B. Auslegung der Betriebsvereinbarungen;
- Streitigkeiten zwischen **Arbeitnehmern untereinander,** z. B. unterschiedliche Bewertung bei Gruppenakkord, ein Arbeiter verletzt einen anderen fahrlässig bei der Arbeit usw.

Die Arbeitsgerichte sind mit einem **Vorsitzenden** und **2 Beisitzern** (Arbeitsrichtern) besetzt. Der Vorsitzende ist Berufsrichter. Ein Beisitzer ist **Arbeitnehmer**, der andere Vertreter der **Arbeitgeber.** Als Beisitzer können Männer und Frauen berufen werden, die das 25. Lebensjahr vollendet haben und die bürgerlichen Ehrenrechte besitzen. Das Amt des Beisitzers ist ein Ehrenamt.
Durch die Mitwirkung von Arbeitnehmern und Arbeitgebern soll eine gerechte Urteilsfällung erreicht werden.

Konfliktsituationen:

Thomas ist Beifahrer bei einem Brotvertrieb. Er gilt als fleißig, sauber, pünktlich und zuvorkommend. Eines Tages wird er fristlos entlassen, weil er sich die Haare nicht kurz schneiden ließ, wie es der Arbeitgeber verlangte. Thomas fühlt sich zu Unrecht entlassen und möchte dagegen etwas unternehmen.
Stefanie verrichtet ihre Arbeit am Packtisch eines Kaufhauses gewissenhaft. Da sie einmal mit ihrer Vorgesetzten einen Streit hatte, zahlte man ihr nur die Hälfte des Weihnachtsgeldes aus. Stefanie ist damit nicht einverstanden.
Wie können Thomas und Stefanie zu ihrem Recht kommen? Beide können sich zunächst an ihren Betriebsobmann oder den Betriebsrat mit der Bitte um Hilfe wenden. Hat der Einspruch beim Betriebsrat keinen Erfolg, müssen sie beim zuständigen Arbeitsgericht **Klage** erheben.
Die Klage kann **mündlich** (zu Protokoll der Geschäftsstelle) oder **schriftlich** dem Gericht eingereicht werden. Die Gewerkschaften helfen dabei ihren Mitgliedern und beraten sie.

Vom Gericht werden die streitenden Parteien (Kläger und Beklagter) zuerst zur **Güteverhandlung** geladen. Der Gerichtsvorsitzende versucht eine **gütliche Einigung**. Die streitenden Parteien können dann einen **Vergleich** schließen.
Hat die Güteverhandlung keinen Erfolg, kommt es zur **Gerichtsverhandlung**. Dazu stellen die Gewerkschaften ihren Mitgliedern auf Wunsch einen Rechtsbeistand. Das Gericht sichtet **Beweismittel**, vernimmt **Zeugen** und kommt zu einem **Urteil**. Der Urteilsspruch kann auf **Verurteilung** oder **Abweisung der Klage** ergehen.
Die Güteverhandlung ist kostenlos. Nach einem Urteil muss der Verurteilte jedoch die Gerichtskosten zahlen. Gegen das Urteil des Arbeitsgerichtes ist ab 400,– EUR Streitwert **Berufung** beim Landesarbeitsgericht möglich. **Die letzte Instanz (= Revisionsinstanz)** ist das Bundesarbeitsgericht in Kassel. Wie würde das Gericht in den Fällen von Thomas und Stefanie urteilen?
Thomas wurde grundlos gekündigt. Sein Chef müsste die unrechtmäßige Kündigung zurücknehmen und den Lohnausfall ersetzen.
Stefanie bekommt vom Kaufhausbesitzer die andere Hälfte des Weihnachtsgeldes nachgezahlt.

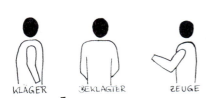

Zu welchem Urteil käme das Gericht, wenn
Thomas kein guter Beifahrer, sondern unsauber, ungepflegt und vorlaut wäre und Stefanie während der Arbeitszeit gebummelt hätte?

Deutsch

27 Die Klage beim Arbeitsgericht

Wird eine Klage beim Arbeitsgericht schriftlich eingereicht, so muss die Klageschrift enthalten:

1. Name und Wohnort des Absenders, der der **Kläger** ist,
2. die Anschrift des Gerichtes,
3. Name und Wohnort des Beklagten (gegen den sich die Klage richtet),
4. den Klageantrag,
5. die Begründung der Klage,
6. Beweise (Urkunden, Schriftstücke, Zeugen),
7. die Unterschrift des Klägers.

Die Klageschrift muss deutlich, wenn möglich mit dem PC, geschrieben werden.

Beispiel:

Frank Pohl   *12. April 20..*
Otto-Hahn-Str. 97
58097 Hagen

An die Geschäftsstelle
des Arbeitsgerichtes
Ruhrstr. 29
58097 Hagen

Klage gegen die Firma Otto Runge, Hagen, Mühlenstr. 48, wegen fristloser Entlassung

Begründung: Seit dem 1.9.19... war ich bei der Firma Runge als Lagerarbeiter beschäftigt. Mein Stundenlohn betrug 8,– EURO. Zum 28.2.20... wurde ich gekündigt. Die Kündigung ist grundlos. Das Arbeitsverhältnis besteht noch. Außerdem steht mir der Lohn seit der Kündigung zu.

Beweis: Kündigungsschreiben. Die beklagte Firma wirft mir vor, ich habe Material veruntreut und sogar gestohlen. Diese Behauptung konnte aber nicht bewiesen werden. Zu dem Zeitpunkt, als die Diebstähle vorkamen, war ich in einem anderen Betriebsteil tätig.

Zeuge: Mein Arbeitskollege Mehmet Okgün, 58135 Hagen, Neue Str. 17.

Anlage: Kündigungsschreiben

Frank Pohl

Aufgabe:

Schreiben Sie auf ein A4-Blatt eine Klageschrift, wie das Beispiel zeigt, an das für Sie zuständige Arbeitsgericht. Sie haben bei der Firma Karl Barth in der Nachbarschaft gearbeitet. Die Firma hat Ihnen gekündigt, weil Sie grundlos der Arbeit ferngeblieben sind. In Wirklichkeit waren Sie krank und haben das ärztliche Attest verspätet bei der Firma eingereicht.

Arbeitsblatt
Wirtschaftslehre/kunde

Bei Arbeitsstreitigkeiten hilft das Arbeitsgericht — 27

1. Aufgabe: Beantworten Sie die folgenden Fragen.

Wo können Sie Ihr Recht suchen, wenn Ihnen bei einem Streit im Betrieb auch der Betriebsrat nicht helfen kann? _____

Über welche Streitigkeiten verhandelt und entscheidet das ?
– Setzen Sie hier Ihre Antwort von „oben" ein! _____

Die folgenden vier Bilder zeigen Ihnen Ursachen für eine Klage beim Arbeitsgericht. Schreiben Sie unter die Bilder, worum es sich handelt.

Wer entscheidet außer dem Berufsrichter bei der Gerichtsverhandlung noch mit? _____

Warum hat man diese beiden Vertreter hinzugezogen? _____

2. Aufgabe: Schildern Sie den Gang der Gerichtsverhandlung von der Klageerhebung bis zum Urteil. (Die Zeichnungen helfen Ihnen dabei!)

3. Aufgabe:
Unten sind die bei einer Gerichtsverhandlung des Arbeitsgerichtes beteiligten Personen bildhaft dargestellt. Tragen Sie die richtigen Bezeichnungen (Titel, Namen) in die Felder ein.

| Name: | Klasse: | Datum: | Bewertung: |

Mathematik

27 Flächenberechnung: Kreis

Für die Berechnung von Kreisen benötigt man die Angabe des **Durchmessers (d oder ⌀)** oder des **Halbmessers (r = Radius)** dieses Kreises.
Die Zeichnung zeigt: Rechnet man **d × d**, so ist dies ein Quadrat, welches größer ist als der Kreis. Rechnet man r mal r, so ist dies ein Quadrat, welches viel kleiner ist als der Kreis. Das Quadrat **r × r** ist / des Quadrates **d × d**. Die Erfahrung hat gezeigt: **4 mal r × r** ist die Fläche des großen Quadrates, aber etwas weniger, nämlich

3,14 mal r × r ist die Fläche des Kreises.

Für die Zahl **3,14** schreibt man π **(= Pi)**. r × r schreibt man r^2. Die Formel zur Berechnung der Kreisfläche ist: **A = r^2 × π**
oder **A = r × r × 3,14**.
Für den Kreisumfang gilt: **U = d × 3,14**.

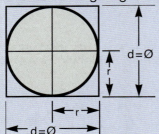

Beispiel: Ein Kreis hat einen Durchmesser (⌀) von 20 cm. Die Kreisfläche und der Kreisumfang sind zu berechnen.
Lösung: Der Radius ist halb so groß wie der Durchmesser. d = 20 cm, r ist dann 10 cm.
Formel für die Fläche: A = r^2 × π oder   A = r × r × 3,14
Zahlen einsetzen: A = 10 cm × 10 cm × 3,14
Ausrechnen: A = 100 cm² × 3,14   **A = 314 cm²**
für den Umfang: U = ⌀ × π oder   U = d × 3,14
Zahlen einsetzen: U = 20 cm × 3,14
Ausrechnen: **U = 62,8 cm**

Aufgabe:

1. Der Boden einer runden Konservendose hat einen ⌀ von 10 cm. Wie groß ist die Bodenfläche?
2. Wie groß ist der Umfang eines Kreises mit einem ⌀ von 1 m?
3. Bei Fahrrädern hört man noch den alten Begriff „Zoll". So wird gesagt: Das Fahrrad hat Räder mit 27 Zoll ⌀. Ein Zoll sind 2,54 cm. Errechnen Sie, wie viel cm 27 Zoll sind und wie groß der Umfang der Räder von 27 Zoll in cm ist.
4. Auf einer Hauswand soll eine runde Fläche für eine Reklame vorbereitet werden. Die Fläche soll einen ⌀ von 12 m haben. Wie groß ist die Fläche? Der Anstreicher hat Farbe in Eimern. Jeder Eimer reicht für 30 m². Wie viel Eimer muss der Anstreicher besorgen?
5. Eine Aufgabe **für Könner**: Errechnen Sie den Flächeninhalt der dunklen Fläche.
Achten Sie darauf:
Es sind drei Halbkreise zu berechnen. Die beiden kleineren sind vom großen abzuziehen.

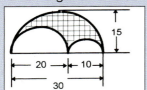

Information
Wirtschaftslehre/kunde

Wir schließen einen Vertrag

28

Im täglichen Leben schließen wir oft **Verträge** ab, ohne uns dessen bewusst zu sein:
Wenn Alfred in der Bäckerei Brötchen oder Gebäck kauft oder Monika mit der Straßenbahn zur Arbeit fährt, denken sie nicht an Verträge. Sie haben aber Verträge abgeschlossen und erfüllt: Einen Kaufvertrag bzw. einen Beförderungsvertrag.

Wie kommt ein Vertrag zustande?

Zu einem normalen **Vertrag** gehören mindestens **zwei Personen** oder **Partner**. Ein Partner macht ein **Vertragsangebot**, der andere kann es **ablehnen** oder **annehmen**.

Sind sich beide Partner (Parteien) über einen bestimmten Gegenstand oder eine bestimmte Sache einig – sie „vertragen" sich – liegt ein Vertrag vor. Man nennt dies ein **„Rechtsgeschäft"**.

Verträge können auf drei Arten abgeschlossen werden:

Der **stillschweigende** oder **mündliche** Vertrag wird bei alltäglichen Geschäften abgeschlossen.

Die **schriftliche** Form ist bei wichtigen Verträgen vorzuziehen und teilweise vorgeschrieben. Wird ein Vertrag schriftlich abgeschlossen, muss er mindestens doppelt ausgefertigt werden. Jeder Vertragspartner muss ihn unterschreiben und erhält ein Exemplar.

Merke: Vor der Unterschrift den Text gut durchlesen!

Zwei Verträge lernten wir schon kennen: den Arbeits- und den Ehevertrag. Im Wirtschaftsleben haben wir es noch mit anderen Verträgen zu tun.

Beispiel	Vertragsart
Brot in der Bäckerei, Moped oder Fahrrad in der Fahrradhandlung kaufen. Tee vom Versandhaus schicken lassen. Gebrauchtes Auto in Zahlung geben, Motorrad durch Zeitungsanzeige kaufen.	Der **Kaufvertrag** regelt den Eigentumswechsel von beweglichen und unbeweglichen Sachen und Gütern zwischen Käufer und Verkäufer gegen Zahlung des Kaufpreises. (Wird als Gegenleistung nicht Geld, sondern eine Sache gegeben, liegt ein **Tausch** vor.)
Mit Straßenbahn oder Bus zur Arbeit, mit dem Taxi nach Hause fahren. Eine Reise mit Bahn, Bus, Schiff oder Flugzeug machen.	Ein **Beförderungsvertrag** regelt die Bestimmungen, unter denen jeder gegen Entgelt mit einem Verkehrsmittel befördert wird.
Geld bei einer Bank oder Sparkasse leihen für Anschaffungen, Reise, Bau oder Kauf eines Hauses.	Der **Darlehensvertrag** regelt die Höhe der Darlehenssumme, die zu zahlenden Zinsen und die Zeit der Rückzahlung.
Buch von einem Bekannten, Moped von einem Freund leihen.	Ein **Leihvertrag** regelt zwischen Entleiher und Verleiher den unentgeltlichen Gebrauch einer Sache.

© Bildungsverlag EINS GmbH

28 Wir schließen einen Vertrag

Information — Wirtschaftslehre/kunde

	Wohnung oder möbliertes Zimmer mieten, Auto für kurze Zeit oder Boot für eine Bootsfahrt mieten.	Der **Mietvertrag** regelt die Benutzung von Sachen, Räumen und Grundstücken zwischen Mieter und Vermieter gegen einen Mietzins. Mietverträge über 1 Jahr Mietdauer müssen schriftlich abgeschlossen werden.
	Garten, Bauernhof, Werkstatt oder einen Laden pachten.	Der **Pachtvertrag** regelt die Benutzung und das Recht zur Ausbeute von Sachen, Räumen und Grundstücken gegen einen Pachtzins.
	Wohnzimmerschrank bei einem Schreiner herstellen, Hut bei einer Hutmacherin machen lassen, Stoff zum Schneider bringen und einen Anzug anfertigen lassen.	**Werk-** und **Werklieferungsverträge** regeln die Herstellung und Bezahlung eines Gegenstandes. Beim **Werkvertrag** liefert der **Besteller** das Material, beim **Werklieferungsvertrag** stellt es der Hersteller.

Als Robert eines Tages nach Hause kam, lag dort ein Buch mit einem Zahlschein, das er gar nicht bestellt hatte. Sollte er das Buch bezahlen oder zurückschicken? Er erkundigte sich und tat keines von beiden: Bei dieser Sendung handelte es sich um ein Angebot. Wenn Robert nichts unternimmt und das Buch liegen lässt, ist der Vertrag nicht zustande gekommen. Sein Stillschweigen bedeutet also Ablehnung des Vertrages.

28 Die Anfrage

Deutsch

Wer eine Ware bei einem auswärtigen Verkäufer bestellen will, tut gut daran, sich vorher nach den Preisen und den Verkaufsbedingungen zu erkundigen. Daher richtet er schriftlich eine Anfrage an den Verkäufer. Dazu genügt eine Postkarte. Hiermit bittet man um Zusendung einer Preisliste, eines Kataloges, um Proben oder um den Besuch eines Vertreters.

Beispiel:

> Christian Keller   24. August 20..
> Schlossallee 34
> 55116 Mainz
>
> Großversandhaus Alles
> Postfach 513
> 90419 Nürnberg
>
> Sehr geehrte Damen und Herren,
>
> ich bitte um Zusendung Ihres neuen Kataloges Nr. 327.
>
> Mit freundlichem Gruß
>
> Christian Keller

Aufgabe:

Zeichnen Sie auf ein kariertes A4-Blatt eine Postkarte (30 Kästchen lang, 21 Kästchen breit). Erfinden Sie den Namen und die Anschrift eines Versandhauses und bestellen Sie einen Katalog, wie das Beispiel zeigt. Schreiben Sie Ihren eigenen Absender.

Arbeitsblatt
Wirtschaftslehre/kunde

Wir schließen einen Vertrag — 28

1. Aufgabe: Beantworten Sie folgende Fragen.
Wie viele Personen (Partner, Parteien) gehören **mindestens** zu einem Vertragsabschluss?
___

Wann ist ein Vertrag abgeschlossen?
___

Auf welche Arten kann ein Vertrag abgeschlossen werden?
___

Wie heißen die beiden Partner, die über einen Kaufvertrag verhandeln?
___

Welcher Vertrag muss schriftlich abgeschlossen werden, wenn er länger als 1 Jahr gelten soll?
___

2. Aufgabe:

a) Lesen Sie die folgenden Beispiele durch und unterstreichen Sie bei ja/nein, ob ein Vertrag abgeschlossen wurde oder nicht.

b) Liegt ein Vertrag vor, so schreiben Sie den Namen des Vertrages daneben.

Beispiel	Vertrag?	Name
Meister Genau kauft nach Katalog 15 Pakete Schrauben bei der Firma Dreh & Co.	ja/nein	___
Herr Rüstig holt sich eine Fahrkarte für die Bundesbahn.	ja/nein	___
Schneidermeister Nadel fertigt einen bestellten Anzug an.	ja/nein	___
Frau Fleißig bestellt beim Versandgeschäft 1 kg Kaffee.	ja/nein	___
Frau Schön verließ das Schuhgeschäft, ohne passende Schuhe gefunden zu haben.	ja/nein	___
Ehepaar Liebner bezog nach Vertragsabschluss eine 2-Zimmer-Wohnung.	ja/nein	___
Herr Neuhaus nimmt bei der Sparkasse Geld als Darlehen für den Hausbau auf.	ja/nein	___
Familie Protzig will ihr altes Wohnzimmer für 250,– EUR verkaufen. Herrn Billig ist dies aber zu teuer, er verzichtet.	ja/nein	___
Frau Sparsam geht auf das Angebot der Familie Protzig ein.	ja/nein	___
Herr Sprit besorgt sich für 3 Tage bei der Autovermietung Fahr einen Personenwagen.	ja/nein	___
Herr Bart holt sich im Kaufhaus Groß einen Rasierapparat.	ja/nein	___
Frau Sauber findet im Briefkasten 2 Küchenmesser, für die sie 5,– EUR bezahlen soll.	ja/nein	___

Name: Klasse: Datum: Bewertung:

© Bildungsverlag EINS GmbH

Mathematik

28 Flächenberechnung – Test

Die gestellten Aufgaben lassen sich schneller rechnen, wenn Sie den **Taschenrechner** benutzen. Die zusammengesetzten Flächen sind wieder **in Einzelflächen** zu **zerlegen**, sodass gut berechenbare Flächen entstehen.
Die letzte Aufgabe ist für die „**Könner**" gedacht.

Aufgabe:

1. Ein rechteckiges Grundstück, das 12 m breit und 38 m tief ist, soll verkauft werden. Der Preis pro m^2 soll 120,00 EUR betragen.
   a) Wie teuer ist das Grundstück?
   b) Zur Abgrenzung soll das Grundstück rundum einen Zaun erhalten. Wie lang ist der Zaun?
2. In einem Erholungsgebiet hat jemand ein „Nur-Dach-Haus" gekauft. Vorder- und Rückseite dieses Hauses sind nur Dreiecke, die am Boden 9 m breit und bis zum First 10,5 m hoch sind. Der Inhaber möchte diese Wände verschiefern lassen. Wie viel m^2 Schiefereindeckung sind das?
3. Ein runder Bierdeckel hat einen Durchmesser von 11 cm. Wie groß ist sein Umfang?
4. Bei einem neu angelegten Kreisverkehr hat die runde Mittelinsel einen ⌀ von 32 m. Auf diese Insel sollen Sträucher gepflanzt werden und zwar auf jeden Quadratmeter (m^2) 4 Stück. Errechnen Sie die Kreisfläche und die Anzahl der zu pflanzenden Sträucher.
5. Berechnen Sie die gezeichnete **schraffierte Fläche A**.

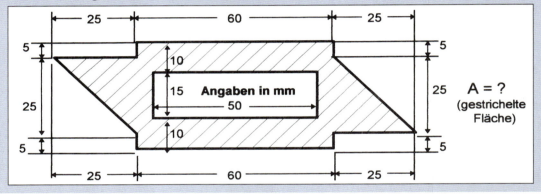

Name: Klasse: Datum: Bewertung:

Information
Wirtschaftslehre/kunde

Verträge müssen erfüllt werden — 29

Ist ein Vertrag abgeschlossen, folgt als zweiter Teil die **Erfüllung**. Während der **Abschluss** des **Vertrages freiwillig** war, ist die **Erfüllung** des Vertrages eine **Pflicht**. Dies bedeutet, dass nach Abschluss eines Vertrages beide Partner (Parteien) Pflichten übernommen haben, die sie gewissenhaft **erfüllen müssen**.

Am Beispiel eines Kaufvertrages wollen wir klären, welche **Rechte** und **Pflichten** Käufer und Verkäufer haben, oder anders ausgedrückt, wie ein Vertrag erfüllt werden muss.

Die Verlobten Ingo und Nina sind volljährig und haben in einem Möbelgeschäft einen Wohnzimmerschrank ausgesucht (siehe „Von der Geschäftsfähigkeit").

Ingo sagt zu dem Verkäufer: „Wir kaufen diesen Schrank dort für den Preis von 900,– EUR. Liefern Sie ihn bitte übermorgen in unsere neue Wohnung." Der Verkäufer entgegnet: „Ja, geht in Ordnung", und schreibt sich die Anschrift der beiden auf.

Damit ist ein Kaufvertrag abgeschlossen, der nun erfüllt werden muss. Die **Pflicht des Verkäufers** ist es, den ausgesuchten Schrank in einwandfreiem Zustand zum festgesetzten Termin zu liefern. Ingo und Nina als **Käufer** haben die **Pflicht**, den Schrank abzunehmen und den vereinbarten Preis zu zahlen.

Die Erfüllung des Kaufvertrages hat der Gesetzgeber genau festgelegt. Sie geschieht durch

1. Lieferung durch den Verkäufer und Annahme durch den Käufer,
2. Zahlung durch den Käufer und Zahlungsannahme durch den Verkäufer. (Über die Liefer- und Zahlungsbedingungen sowie den Erfüllungsort muss man sich vor Abschluss des Vertrages unterrichten).

Wer seine Pflichten nicht oder nicht pünktlich erfüllt, muss für die Folgen einstehen. Es kann zu Gerichtsverhandlungen kommen, die viel Ärger verursachen und viel Zeit und Geld kosten.

Wenn Ingo beispielsweise den Schrank trotz Mahnungen nicht bezahlt, kann der Möbelhändler ihn vor Gericht auf Zahlung verklagen. Sofern der Schrank keine Mängel hat, muss das Gericht Ingo zur Zahlung verurteilen. Es kann sogar soweit kommen, dass seine Sachen oder ein Teil seines Lohnes gepfändet werden.

Ist der gelieferte Schrank jedoch nicht einwandfrei, hat er **Mängel**, so muss Ingo dem Verkäufer dies möglichst sofort schriftlich mitteilen (rügen). Nach 6 Monaten ist eine **Mängelrüge** nicht mehr möglich. Bei berechtigtem Einwand hat Ingo dann folgende Rechte:

Er kann

1. Nacherfüllung verlangen – nach seiner Wahl entweder die Beseitigung des Mangels oder die Lieferung einer mangelfreien Ware,
2. vom Vertrag zurücktreten oder den Kaufpreis mindern, wenn die Nacherfüllung oder Leistung nicht fristgerecht erfolgt ist,
3. Schadensersatz statt der Leistung verlangen.

Wichtigste Neuerungen im Schuldrecht
Mit der Schuldrechtsreform vom 1.1.2002 haben die Verbraucher deutlich mehr Rechte erhalten:

Gesetzliche Gewährleistungsfrist	Beweislast und Verjährungsfrist	Werbung
Sie wird für alle gekauften Waren von bisher 6 Monaten auf 2 Jahre verlängert. Sie gilt auch für Reparaturarbeiten. Bei gebrauchten Produkten wie Gebrauchtwagen muss der Händler mindestens 1 Jahr lang Garantie gewähren. Ein Verkäufer haftet in dieser Zeit für Mängel, die eine Ware beim Verkauf hatte.	Wenn innerhalb der ersten 6 Monate nach dem Kauf Mängel auftreten, wird generell vermutet, dass die Ware schon beim Verkauf fehlerhaft war. Erst danach muss der Käufer beweisen, dass der Fehler schon beim Kauf vorlag. Alle anderen Ansprüche verjähren nach 2 Jahren (Ausnahmen sind z. B. 5 Jahre bei Bauwerks-Mängeln, 30 Jahre bei Ansprüchen, die durch Gerichtsurteil festgestellt werden).	Die Verkäufer sind nun verpflichtet, eine mängelfreie Sache zu liefern. Dabei haften sie auch dafür, dass die Ware die Eigenschaften hat, die der Hersteller in seiner Werbung oder auf der Verpackung angepriesen hat.

Deutsch

29 Die Bestellung

Wer weder in einem Kaufhaus noch in einem Fachgeschäft einkaufen möchte, kann sich Waren von einem Versandhaus schicken lassen. Große Versandhäuser bieten preiswerte Ware an. Die Aufstellung über das Warenangebot heißt „Katalog" und zeigt, was man kaufen kann.
Sie können also die Ware „nach Katalog" bestellen. Suchen Sie die Ware sorgfältig aus und **beachten Sie**: In die Bestellung gehören
    1. Die Katalognummer,
    2. die Anzahl oder das Gewicht,
    3. Art der Ware,
    4. Preis und
    5. Unterschrift.
Auf einer Postkarte steht auf einer Seite die Anschrift und der Absender, auf der Rückseite die eigentliche Bestellung (siehe Beispiel). Die Lieferbedingungen beziehen sich auf die Zahlung. Meist zahlt man auf Rechnung. Der Postbote oder ein Paketdienst bringt die Ware.

Beispiel:

Christian Keller   *17. September 20...*
Schloßallee 4
55116 Mainz

Großversandhaus Alles
Postfach 513
90419 Nürnberg

Sehr geehrte Damen und Herren,
hiermit bestelle ich aus Ihrem Katalog Nr. 327 zu Ihren Lieferbedingungen:

0876	1 Satz Schraubenschlüssel	28,90 EUR
0935	4 Autoreifen 155 SR 13	152,– EUR
1024	1 Warnlampe mit Batterien	12,50 EUR
		193,40 EUR

Mit freundlichem Gruß

Christian Keller

Aufgabe:

Zeichnen Sie auf ein kariertes A4-Blatt eine Postkarte (30 Kästchen lang, 21 Kästchen breit). Schreiben Sie eine Bestellung, wie sie das Beispiel zeigt. Benutzen Sie dazu den unten abgebildeten Teil eines Kataloges.

Einzelbett mit geräumigem Bettzeugkasten und einer erhöhten Bettseite, beidseitig anzubringen. Ohne Matratze. Außenmaße ca. 233 × 96 cm. Liegefläche: 90 × 190 cm.

Bestell-Nr. **04599**	EUR **90,–**

Nachtschränkchen, drei Schubladen, Breite ca. 48 cm, Höhe ca. 62 cm, Tiefe ca. 42 cm.

Bestell-Nr. **04598**	EUR **44,50**

Unterschrank, zwei Türen mit Magnetverschluss, Breite ca. 96 cm, Höhe ca. 62 cm, Tiefe ca. 42 cm.

Bestell-Nr. **04596**	EUR **52,50**

Unterschrank, links drei Schubladen, rechts eine Tür, Breite ca. 96 cm, Höhe ca. 62 cm, Tiefe ca. 42 cm.

Bestell-Nr. **04599**	EUR **90,–**

Briefpapier-Packung, Bütten, 20 hochfeine, weiße Briefbogen (90 g), 20 gefütterte Briefumschläge im Langformat.

Bestell-Nr. **22338**	Pckg. EUR **3,50**

Briefblock wie Nr. 5, jedoch mit 50 Blatt, 3-Stück-Packung.

Bestell-Nr. **55112**	Pckg. EUR **2,50**

Drei Schreibblocks, DIN A4 mit je 40 Blatt liniertem Schreibpapier, 20 weißen und 20 farbigen Briefumschlägen.

Bestell-Nr. **51901**	Sort. EUR **3,–**

Große Briefkarten-Packung, enthaltend: 30 Briefkarten, feines, holzfreies Papier und 30 gefütterte Briefumschläge.

Bestell-Nr. **14456**	Pckg. EUR **2,–**

Briefblock-Sortiment, 3-teilig, DIN A4. 1 Stück liniert, unliniert und kariert, je 100 Blatt, feines, holzfreies Papier mit Löschdecke.

Bestell-Nr. **34740**	Sort. EUR **3,–**

Auto-Werkzeugmappe, elegant, formschön und zweckmäßig, aus geschäumtem Kunstleder (Collegemappen-Charakter). Größe ca. 40 ×18 cm.

Bestell-Nr. **28996**	EUR **7,50**

NEU! Werkzeugkasten einteilig, für Heim- und Hobby-Monteure. Stahlblech, Hammerschlaglackierung.

Bestell-Nr. **09702**	EUR **8,50**

Steckschlüssel-Garnitur aus Chrom-Vanadium und hochglanzpolierten Köpfen. 24-teilig. Steckschlüssel-Einsätze von 10 bis 32 mm.

Bestell-Nr. **31668**	EUR **31,50**

Werkzeugkasten aus Stahlblech, 5-tlg. Gute Qualität und solide Verarbeitung. Kasten 240 × 200 × 200 mm (zusammengeklappt).

Bestell-Nr. **09470**	EUR **10,50**

Arbeitsblatt
Wirtschaftslehre/kunde
Verträge müssen erfüllt werden — 29

1. Aufgabe: Vervollständigen Sie die unten stehenden Sätze durch die Wörter

> bezahlen – Gericht – gezwungen – Käufer – liefern – mangelhafte – Personen – Pflichten – Preisnachlass – Verkäufer – Vertrag

Ein Vertrag ist eine Vereinbarung zwischen mindestens zwei _____ oder Parteien. Beim Kaufvertrag heißen die beiden Parteien _____ und _____.

Zum Abschluss eines Vertrages kann niemand _____ werden. Haben sich Käufer und Verkäufer jedoch geeinigt, müssen beide Teile auch _____ übernehmen. Der Verkäufer muss die Ware oder den Gegenstand ordnungsgemäß _____.

Der Käufer muss die Ware oder den Gegenstand abnehmen und _____.

Liefert der Verkäufer _____ Ware, kann der Käufer nach zwei Nachbesserungsversuchen vom _____ zurücktreten (Wandlung).

Er kann aber auch einen _____ verlangen (Minderung).

Kommt der Käufer seiner Zahlungspflicht nicht nach, wird der Verkäufer ihn vor _____ verklagen.

2. Aufgabe: Beantworten Sie die folgenden Fragen in kurzen Sätzen.

Wie heißen die beiden Personen, die über einen Kauf verhandeln?
_____
_____

Welche Pflichten hat der Verkäufer, wenn der Kaufvertrag abgeschlossen ist?
_____
_____

Welche Pflichten hat der Käufer, wenn der Kaufvertrag abgeschlossen ist?
_____
_____

Was soll der Käufer tun, wenn der Verkäufer „mangelhafte" Ware liefert?
_____
_____

Was bedeutet bei einem Kaufvertrag „Minderung"?
_____
_____

Name:	Klasse:	Datum:	Bewertung:

© Bildungsverlag EINS GmbH

Mathematik

29 Die Kosten einer Wohnung

Ein Vertrag, der häufig abgeschlossen wird, ist der **Mietvertrag**, denn die meisten Menschen in Deutschland wohnen in einer **Mietwohnung**. Um darin wohnen zu können, zahlen sie eine **Miete** an den Eigentümer der Wohnung. Neben der Miete bezahlt der Mieter aber auch noch Betriebskosten, die sich aus verschiedenen Teilkosten zusammensetzen.

Die **Miete** setzt sich zusammen aus **Kapitalkosten** (Eigen- und Fremdkapital), **Abschreibung**, **Verwaltungskosten**, **Instandhaltungskosten**, **Mietausfallwagnis** und **Betriebskosten**. Bis auf die Betriebskosten sind diese Kosten über Jahre gleich bleibend, nur die Zinsen für das Kapital können sich ändern.

Die **Betriebskosten**, manchmal auch Nebenkosten genannt, werden jährlich neu ermittelt und enthalten normalerweise die **Grundsteuer**, die Kosten für **Wasser**, **Abwasser** (= Kanal), **Strom** (Treppenhaus, Keller), **Straßenreinigung**, **Müllabfuhr**, **Hausmeister**, **Gebäudeversicherung** und **Haftpflichtversicherung** des Hauseigentümers.

Beispiel 1: Miete ohne Betriebskosten (angenommen)
Baukosten gesamt 850.000 EUR, das Haus hat 10 Wohnungen von je 90 m² = zus. 900 m².

Abschreibung für 100 Jahre = 1 % pro Jahr	8.500 EUR
Eigenkapital 350.000 EUR, davon 6 % Zinsen	21.000 EUR
Fremdkapital 500.000 EUR, davon 7,5 % Zinsen	37.500 EUR
Verwaltung, 220,- EUR je Wohnung im Jahr	2.220 EUR
Instandhaltungskosten, 6,20 EUR/m² im Jahr	5.580 EUR
Mietausfallwagnis, 2 % der Erträge, ca.	1.500 EUR
Gesamtkosten im Jahr	76.280 EUR

Das sind pro Monat 76.280 : 12 = 6.356,70 EUR
Bei 900 m² ergibt sich ein Preis von rund **7,06 EUR/m²**
Eine Wohnung mit 90 m² kostet im Monat 635,40 EUR Miete.

Beispiel 2: Betriebskosten (angenommen für 1 Wohnung)

Grundsteuer	180 EUR
Müllabfuhr	220 EUR
Straßenreinigung	10 EUR
Strom	17 EUR
Wasser	135 EUR
Abwasser	140 EUR
Hausmeister	88 EUR
Versicherungen	630 EUR
Betriebskosten/Jahr	1.420,00 EUR

Das sind monatlich:
1.420 : 12 = 118,33 EUR
Die Wohnung von 90 m² kostet monatlich zusammen
635,40 + 118,33 = **753,73 EUR.**

Aufgabe:

1. Ein Gebäude verliert durch Abnutzung an Wert, nach 100 Jahren müsste man es neu bauen. In diesen 100 Jahren muss man jährlich 1/100 = **1 % abschreiben**. Wie viel EUR sind dies, wenn die Gesamtbaukosten eines Bürohauses 7.500.000 EUR betrugen?
2. Warmwassergeräte halten nicht so lange wie Häuser. Man schreibt daher 4 % ab. Wie lange muss ein solches Gerät halten? (Zur Hilfe: Nur 1/4 der Zeit wie bei 1 %.)
3. Fremdkapital wird auch Hypothek genannt. Für eine Hypothek von 800.000 EUR wurden bisher 7 % Zinsen verlangt. Nun verlangt die Bank 7,5 % Zinsen im Jahr. Wie viel EUR muss der Hausherr nun mehr bezahlen?
4. Im Beispiel oben rechts verändern sich folgende Zahlen: Die Müllabfuhr kostet nun 330 EUR im Jahr, das Wasser kostet nun 148 EUR jährlich, die Versicherungen sind um 120 EUR teurer geworden und kosten nun 750 EUR. Wie teuer sind nun die Betriebskosten (oben) im Monat?

Zum Knobeln:

In das mittlere Kästchen gehört eine Zahl, durch die alle anderen Zahlen teilbar sind. Wie heißt diese Zahl?

15	75	60
	?	
10	45	20

Name: Klasse: Datum: Bewertung:

Information
Wirtschaftslehre/kunde

Wir bezahlen mit Bargeld — 30

Ohne Geld kommen wir nicht aus, denn Waren und Leistungen erhalten wir nur gegen entsprechende Bezahlung. Dazu einige Beispiele:

Wenn Anja sich im Kaufhaus Schick einen Mantel aussucht, muss sie erst an der Kasse den Kaufpreis bezahlen, ehe sie den Mantel an der Warenausgabe erhält.
Daniel bekommt die Eintrittskarte für die Filmvorstellung erst, wenn er den Eintrittspreis gezahlt hat.
Familie Fröhlich wird nur lange in ihrer Wohnung leben können, wenn sie regelmäßig die Miete entrichtet.
Lässt Frau Schön sich ihr Zimmer tapezieren, muss sie den Maler dafür entlohnen.
Im täglichen Leben wird heute noch meistens mit Geldscheinen oder Münzen gezahlt. Eine solche Zahlung durch **gültige Banknoten oder Münzen heißt Barzahlung.**

Malermeister
mit guten Fachkräften
übernimmt Aufträge
Tapezieren, Lackieren
Tel. 29 12 04

Ab 1. 9., 4 ZKB, 85 m², OG, 2-Fam.-Hs., Dopp.-Garage, Gartenbenutzg., EUR 400,– + NK zu verm., ab Fr. ☎ 0 21 52–5 35 88

Nachmieter ab 1. 6. od. später f. 1 ZKDB Blk., Einbauki. u. Garage, 38 m², EUR 300,– warm, ges., evtl. Möbelübernahme, ab 20 Uhr. ☎ 0 21 66–4 26 12

Hierbei **gibt** der „Zahler" (Schuldner) Bargeld, der „Empfänger" (Gläubiger) **erhält** Bargeld.
Der einfachste Weg der Barzahlung ist die **Handzahlung**. Der Schuldner selbst oder ein zuverlässiger Bote **bringt** das Geld dem Gläubiger. Das Geld muss gebracht werden, denn **Geldschulden sind Bringschulden**.

Als **Beweis für die Zahlung** kann der Zahler nach dem Bürgerlichen Gesetzbuch (BGB) eine **Quittung** verlangen. Diese darf nicht mit Bleistift geschrieben werden. Quittungsvordrucke erhält man in jedem Schreibwarengeschäft. Eine Quittung muss folgende Punkte enthalten:

1. Name des Zahlers (Schuldner),
2. gezahlten Betrag in Ziffern (Zahlen) und Buchstaben,
3. den Zweck der Zahlung,
4. Ort und Datum der Ausstellung,
5. Unterschrift des Empfängers (Firmenstempel genügt nicht).

Als Quittung genügt eine Rechnung, wenn auf ihr die Zahlung unter Datumsangabe durch Unterschrift bestätigt wird.

Der Überbringer einer quittierten Rechnung oder einer Quittung ist berechtigt, den Rechnungsbetrag in Empfang zu nehmen.
Im Einzelhandel wird gewöhnlich sofort bezahlt **(Barkauf)**. Eine besondere Rechnung oder Quittung ist hierbei nicht erforderlich, da die Hergabe von Ware und Geld „Zug um Zug" geschieht.
Oft geben Geschäfte, die auch auf Raten verkaufen, den Barzahlungskunden einen Preisnachlass. Dieser Nachlass wird Rabatt oder Skonto genannt. (Rabatt ist auf die Menge, Skonto auf die Zeit bezogen).

Bei der Barzahlung sollte sich jeder folgende Regeln merken:

1. Geldbeträge sicher in einer Geldbörse oder Brieftasche tragen.
2. Nur so viel Geld einstecken, wie man benötigt.
3. Wechselgeld nach dem Erhalt sofort nachzählen, bevor man es einsteckt.
4. Vorsicht vor Falschgeld!
5. Nach Erhalt einer Rechnung sofort den Rechnungsbetrag nachprüfen.
6. Beim Bezahlen nur demjenigen Geld aushändigen, der dazu berechtigt ist (Gläubiger selbst oder Bevollmächtigter).
7. Als Beweis für die Zahlung verlangt man eine Quittung (Kassenzettel).
8. Quittungen soll man mindestens zwei Jahre aufheben, damit man die Zahlung jederzeit nachweisen kann.

Information
Wirtschaftslehre/kunde

30 Wir bezahlen mit Bargeld

Wer in Amerika mehrere tausend Kilometer durch einige der über 50 US-Staaten fährt, zahlt überall in einer Währung, dem US-Dollar. Bei uns in Europa war die Situation bis Ende 2001 noch anders. Wollte jemand beispielsweise durch drei europäische Staaten reisen, musste er auch in drei verschiedenen Währungen zahlen. Das hat sich geändert. In 12 Ländern der Europäischen Union (EU) – Belgien, Deutschland, Finnland, Frankreich, Griechenland, Irland, Italien, Luxemburg, Niederlande, Österreich, Portugal und Spanien – wird mit **gemeinsamer Währung**, dem **EURO** bezahlt. Er hat D-Mark, Franken, Gulden, Peseten usw. abgelöst. Die EURO-Banknoten und EURO-Münzen sind alleiniges Zahlungsmittel. Der Euro ist seit 2007 in Slowenien und ab 2008 auch in Malta und Zypern offizielles Zahlungsmittel. Nun gehören 15 der 27 EU-Staaten zur Währungsunion.

Deutsch

30 Die Mängelrüge

Wenn man Ihnen eine Ware zuschickt, die nicht in Ordnung ist, so werden Sie sich beschweren. Diese Beschwerde über eine mangelhafte Ware nennt man „**Mängelrüge**". Wer eine Ware erhält, achte zuerst auf **Mängel**. Sind Mängel vorhanden, so gibt es verschiedene Möglichkeiten, sich mit dem Verkäufer zu einigen. Die häufigsten Möglichkeiten sind:
1. Die Ware wird umgetauscht. Dazu muss sie zurückgebracht oder zurückgeschickt werden.
2. Die Ware wird auf Kosten des Verkäufers repariert.
3. Der Verkäufer gewährt einen Preisnachlass. Die Ware wird also billiger.
4. Wenn die Ware nach zwei Reparaturversuchen durch den Verkäufer immer noch Mängel hat, kann der Verkäufer vom Vertrag zurücktreten.

Bekam man die Ware zugeschickt, muss man dem Verkäufer den Mangel sofort mitteilen.

Beispiel:

> *Christian Keller*   *2. Oktober 20..*
> *Schlossallee 4*
> *55116 Mainz*
>
> *Großversandhaus Alles*
> *Postfach 513*
> *90419 Nürnberg*
>
> **Lieferung vom 28.9.20..**
>
> *Sehr geehrte Damen und Herren,*
> *ich muss Ihnen mitteilen, dass die mir zugesandte Warnlampe nicht in Ordnung ist. Ich sende Ihnen daher die Warnlampe auf Ihre Kosten zurück und bitte*
>
> *Mit freundlichem Gruß*
>
> *Chistian Keller*

Aufgabe:
Schreiben Sie auf ein A4-Blatt eine Mängelrüge. Bei der letzten Deutsch-Aufgabe (Seite 118) haben Sie etwas bestellt. Sie haben die Sendung erhalten. Ein Teil war nicht in Ordnung.

Arbeitsblatt
Wirtschaftslehre/kunde

Wir bezahlen mit Bargeld  **30**

1. Aufgabe: Kreuzen Sie die richtigen Antworten an.

Unter **Barzahlung** versteht man eine Zahlung durch

- Scheck ☐
- Geldscheine oder Münzen ☐
- Hergabe einer Ware (Tausch) ☐

Bei der Barzahlung (Handzahlung) **gibt** das Bargeld der

- „Empfänger" (Gläubiger) ☐
- „Zahler" (Schuldner) ☐

Bei der Barzahlung (Handzahlung) **erhält** Bargeld der

- „Empfänger" (Gläubiger) ☐
- „Zahler" (Schuldner) ☐

Nach der Bezahlung kann man verlangen

- einen Lieferschein ☐
- eine Rechnung ☐
- eine Quittung ☐

Bei welchem Kauf erhält man oft einen **Preisnachlass** (Rabatt)?

- Barkauf ☐
- Ratenkauf ☐

2. Aufgabe:

Sie haben Ihr gebrauchtes Fahrrad mit Einverständnis der Eltern für 30 EUR an Johannes Propper verkauft. Propper wohnt in Ihrem Heimatort, Hauptstraße 24.

Schreiben Sie eine entsprechende Quittung aus.

Quittung

Nr.

netto EUR _____ Ct
+ ___ % MWSt EUR _____ Ct
gesamt EUR _____ Ct

Gesamtbetrag EUR in Worten
_____
_____ Cent wie oben

von _____
für _____

dankend erhalten

Ort _____ Datum _____
Buchungsvermerke   Stempel/Unterschrift des Empfängers

Name:	Klasse:	Datum:	Bewertung:

© Bildungsverlag EINS GmbH

30 Rabatt und Skonto

Regel:
Bei **Käufen** oder **Verkäufen** wird häufig ein **Preisnachlass** oder **Rabatt** angeboten oder gewünscht. Solche Preisnachlässe dienen häufig der Werbung. Sie können aber auch aus verschiedenen anderen Gründen gewährt werden.
Rabatt ist italienisch und heißt „Abschlag". Es gibt verschiedene Rabattarten:
Den **Barzahlungsrabatt** gibt es für schnelle Zahlung. Er wird auch **Skonto** (ital. = „Abzug") genannt.
Beim Kauf größerer Mengen gibt es den **Mengenrabatt**.
Für Dauerkunden kann es einen **Treuerabatt** geben.
Bei der Einführung einer neuen Ware kann es den **Einführungsrabatt** geben.
Den **Personalrabatt** gibt es für Werksangehörige.
Schließlich gibt es für den Weiterverkäufer den **Händlerrabatt**.
Rabatt oder Skonto werden in Prozent (%) angegeben und auf den Verkaufspreis gewährt.

Beispiel 1: Im Zeitungsinserat steht

> **Aus Anlass unseres 25-jährigen Firmenjubiläums** gewähren wir auf alle Teile 20 % Rabatt, auf besondere Einzelteile bis zu 50 % Rabatt.

Ein Fernsehgerät, das bisher 198,– EUR kostete, kostet nun 20 % weniger, das sind 39,60 EUR, also 158,40 EUR.

Beispiel 2: Unter der Rechnung steht der Vermerk

Zahlbar innerhalb von 30 Tagen mit 3 % Skonto.

Für eine Rechnung über einen Betrag von 285,– EUR heißt dies: Wenn der Kunde innerhalb von 30 Tagen bezahlt, kann er 3 %, das sind 8,55 EUR, abziehen. Er zahlt dann nur 276,45 EUR.

Aufgabe:
1. Rechnungsbetrag 7.360,– EUR, zahlbar innerhalb von 10 Tagen mit 3 % Skonto. Wie viel EUR können bei schneller Zahlung abgezogen werden?
2. Der Einbau einer neuen Küche hat 4.298,00 EUR gekostet. Der Schreiner gewährt einen Rabatt von 5 %, wenn der Kunde innerhalb der nächsten 8 Tage bezahlt. Was kostet den Kunden die Küche, wenn er sofort bezahlt?
3. Ein Großhändler verkauft Elektrogeräte an die Einzelhändler und gewährt Rabatte nach folgender Staffelung:
   Bei Abnahme von 20 Stück 5 % Rabatt,
   bei Abnahme von 50 Stück 10 % Rabatt,
   bei Abnahme von 100 Stück 25 % Rabatt.
   Was kostet ein Gerät, dessen Bruttopreis 48,– EUR beträgt, bei Abnahme von 20, 50 oder 100 Stück?
4. Auf seine Fernsehgeräte von 299,– EUR gewährt ein Hersteller seiner Belegschaft 12 % Personalrabatt. Wie teuer ist ein Fernsehgerät für ein Belegschaftsmitglied?

Information
Wirtschaftslehre/kunde

Viele kaufen auf Raten 31

Kaufwillige werden heutzutage durch Vertreter, Kataloge, Reklamesendungen und Anzeigen in Zeitungen aufgefordert, sich Waren auf „Stottern" oder „Raten" zu kaufen. Die Angebote – von Kühlschränken über Fernsehgeräte, Mopeds, Autos, Einrichtungen bis zu Ferienreisen – sind sehr verlockend, aber **bezahlen muss man**.

Bei einem **Ratenkauf**, auch **Kreditkauf** oder **Abzahlungsgeschäft** genannt, erhält der Käufer die Ware (den Gegenstand) schon vor der vollständigen Bezahlung. Den Kaufpreis muss er mit einem Aufschlag (Zinsen) in monatlichen Teilbeträgen entrichten.

Wenn Herr Stielauge sich ein Fernsehgerät anschaffen möchte, gibt es für ihn zwei Möglichkeiten: Entweder er spart, bis er die Kaufsumme bar bezahlen kann oder er tätigt ein Abzahlungsgeschäft. Entschließt sich Herr Stielauge für den Ratenkauf, sollte er sich vorher gründlich überlegen, ob er die Raten auch bezahlen kann.

Abzahlungsgeschäfte werden **schriftlich** abgeschlossen. Darum sollte jeder Käufer den **Wortlaut** des Kaufvertrages mit seinen Lieferungs- und Zahlungsbedingungen **gründlich durchlesen**, bevor er unterschreibt. (Auch das Kleingedruckte lesen!)

Nach Abschluss des Vertrages leistet der Käufer die geforderte Anzahlung. Den Restkaufpreis muss er meist in monatlichen Raten tilgen.

Der Käufer erhält also einen Kredit in Höhe des Restkaufpreises. Dafür muss er in der Regel Zinsen in Höhe von 0,6 bis 0,8 Prozent monatlich bezahlen. Auch wenn die

Schuld durch Ratenzahlungen immer kleiner wird, bleibt die Höhe der Raten immer gleich: Man muss die Zinsen immer auf die gesamte Höhe der Restkaufsumme zahlen. Wer genau rechnet, stellt fest, dass er dann 10 bis 15 Prozent Zinsen für den Kredit bezahlen muss.

Der **Verkäufer** liefert oder übergibt die Ware nach Erhalt der Anzahlung unter **Eigentumsvorbehalt**. Dadurch wird vereinbart, dass die Ware **Eigentum des Verkäufers** bleibt, bis sie vollständig bezahlt ist. Das vorbehaltene Eigentum an der Ware ist die Sicherheit des Verkäufers für den Teilzahlungskredit. Falls der Kunde nicht zahlt, kann der Verkäufer sein Eigentum zurückholen, ohne vor Gericht klagen zu müssen.

Oft wird vereinbart, dass die gesamte Restschuld fällig wird, wenn der Käufer mit zwei aufeinander folgenden Raten im Rückstand ist.

Ein Beispiel soll zeigen, wie viel man bei einem Ratenkauf mehr bezahlen muss, als beim Barkauf.
Kevin kauft sich ein Fernsehgerät für 480,– EUR. Er zahlt 40,– EUR an, den Rest will er in 22 Monaten tilgen.

31 Viele kaufen auf Raten

Information — Wirtschaftslehre/kunde

Der Restkaufpreis muss mit 0,8 % monatlich verzinst werden. An Bearbeitungsgebühren kommen einmalig 5,– EUR hinzu.

Kaufpreis:	= 480,– EUR
Anzahlung:	= 40,– EUR
Restkaufpreis: 480,– − 40,–	= 440,– EUR
22 Raten sind zu zahlen: 440,– : 22	= 20,– EUR
Monatszinsen: 0,8% von 440,–	= 3,52 EUR
Monatsrate 20,– + 3,52	= 23,52 EUR
22 Raten: 22 · 23,52	= 517,44 EUR
+ Bearbeitungsgebühr	= 5,– EUR
+ Anzahlung	= 40,– EUR
Gesamtpreis bei Ratenkauf	= 562,44 EUR
Ladenpreis bei Barzahlung	= 480,– EUR
Mehrpreis: 562,44 − 480,–	= 82,44 EUR
Erhält man bei Barzahlung noch 3 % Skonto, so sind zu zahlen	= 480,– EUR
weniger 3 % von 480,– EUR	= 14,40 EUR
Barpreis	= 465,60 EUR
Der Mehrpreis beträgt dann sogar	= 96,84 EUR

Das Beispiel zeigt, dass beim **Ratenkauf** jeder Gegenstand **viel teurer** wird als beim **Barkauf**.
Für Abzahlungsgeschäfte gelten besondere gesetzliche Bestimmungen, die den Käufer vor leichtfertigen Ratenkäufen schützen sollen.
Solche Bestimmungen sind:
1. Abzahlungsgeschäfte müssen schriftlich abgeschlossen werden.
2. Der Verkäufer muss dem Käufer eine Durchschrift des abgeschlossenen Vertrages aushändigen.
3. In dem Vertrag müssen die Abzahlungssumme, die Anzahl und Höhe der Raten und der tatsächliche Jahreszins enthalten sein.

Jeder Käufer sollte das vor dem Kauf bedenken und auch wissen, dass man jeden Abzahlungskauf innerhalb von zwei Wochen nach Abschluss **schriftlich widerrufen** kann.
Über das Widerspruchsrecht muss der Verkäufer den Käufer belehren und diese Belehrung vom Käufer unterschreiben lassen.

31 wie oder als?

Deutsch

Die Wörter **wie** und **als** vergleichen zwei Dinge miteinander. Sie werden aber häufig falsch eingesetzt.
Falsch ist: Der Kirchturm ist 20 m **höher wie** das nebenstehende Wohnhaus. Wohnhaus und Kirchturm sind ungleich.

1. Regel: Bei **Ungleichheit** steht als.
   Beispiel: Mein Bruder ist **älter als** meine Schwester.
   Also: größer als; kleiner als; mehr als; weniger als

2. Regel: Bei einem Vergleich mit **so** folgt **wie**.
   Beispiel: Mein Vater ist **so alt wie** meine Mutter.
   Also: **so** groß **wie**; **so** klein **wie**; **so** sehr **wie**; **so** viel **wie**; **so** schnell **wie**

Aufgabe:

Schreiben Sie die folgenden Sätze auf ein A4-Blatt und setzen Sie die Wörter **als** oder **wie** ein.
1. Sebastian sieht jetzt weniger fern – früher.
2. Schon lange war nicht mehr so schönes Wetter – heute.
3. Das Ulmer Münster ist höher – der Kölner Dom.
4. Thorsten verdient jetzt so viel – ich.
5. Das neue Zeugnis ist besser – das vom vorigen Jahr.
6. Weißbrot ist nicht so nahrhaft – Graubrot oder Schwarzbrot.
7. Der Rhein ist länger – die Weser, aber nicht so lang – die Donau.
8. Der Mond ist heller – andere Sterne, aber nicht so hell – die Sonne.

Arbeitsblatt
Wirtschaftslehre/kunde

Viele kaufen auf Raten — 31

1. Aufgabe: Ergänzen Sie die folgenden Sätze durch die Wörter

> Eigentumsvorbehalt – Gericht – Käufer – Kredit – leisten – Nehmen – Raten – Restschuld – Verkäufers – Vertrag – Zinsen

Ein Vertrag beruht immer auf Gegenseitigkeit, auf Geben und _____. Wer auf _____ kauft, lässt sich leicht verleiten, mehr zu kaufen, als er sich eigentlich _____ kann. Bei Abzahlungsgeschäften schließt der Verkäufer mit dem _____ einen schriftlichen _____ ab.

Danach muss der Käufer eine Anzahlung leisten und den Restkaufpreis in monatlichen _____ tilgen. Dabei wird ein Zuschlag vereinbart, die _____.

Oft wird vereinbart, dass die gesamte _____ zu zahlen ist, wenn der Käufer mit zwei Raten im Rückstand ist.

Der Verkäufer liefert die Ware nach Erhalt der Anzahlung unter _____.

Das bedeutet, dass die Ware solange Eigentum des _____ bleibt, bis sie vollständig bezahlt ist. Werden die Raten nicht vertragsgemäß gezahlt, kann der Verkäufer die Ware sofort zurückverlangen, ohne vor _____ zu klagen.

2. Aufgabe: Kreuzen Sie die richtigen Antworten an.

Was versteht man unter einem „Kauf auf Raten"?

- Ware wird **nach** Lieferung sofort ganz bezahlt. ☐
- Ware wird **nach** Lieferung in Teilbeträgen bezahlt. ☐
- Ware wird **vor** Lieferung ganz bezahlt. ☐

Wie wird ein Ratenvertrag abgeschlossen?

- Abschluss erfolgt durch Handschlag. ☐
- Abschluss erfolgt mündlich. ☐
- Abschluss erfolgt schriftlich. ☐

Was muss der Käufer nach Abschluss des Ratenkaufs zahlen?

- Er muss eine Anzahlung leisten. ☐
- Er muss die Gesamtsumme zahlen. ☐
- Er muss die Restkaufsumme zahlen. ☐

Wie wird die Restkaufsumme meist gezahlt?

- in monatlichen Raten ☐
- in vierteljährlichen Raten ☐
- in halbjährlichen Raten ☐

Was muss man beim Ratenkauf noch zusätzlich zur Kaufsumme zahlen?

- Man muss Beiträge zahlen. ☐
- Man muss Leihgebühr zahlen. ☐
- Man muss Zinsen zahlen. ☐

Bis zu welchem Zeitpunkt bleibt die gelieferte Ware beim Ratenkauf Eigentum des Verkäufers?

- Ware bleibt Eigentum bis zur Lieferung. ☐
- Ware bleibt Eigentum bis zur ersten Rate. ☐
- Ware bleibt Eigentum bis zur vollständigen Bezahlung. ☐

Name: _____ Klasse: _____ Datum: _____ Bewertung: _____

Mathematik

31 Die Kosten bei Ratenkäufen

Regel:
Der Kauf „auf Raten" wird angewandt, wenn das vorhandene Geld (= Kapital) nicht ausreicht, um einen benötigten Gegenstand zu kaufen. Beim Ratenkauf gibt der Verkäufer die Ware her, ohne den vollen Kaufpreis zu erhalten. Für das noch zu bekommende Restgeld verlangt der Verkäufer **Gebühren** oder **Zinsen** oder sogar beides. Dadurch wird der Kaufpreis höher, der Gegenstand wird **teurer als beim Barkauf.**

Beispiel: In einer Zeitung wirbt ein Verkäufer mit der Anzeige

Farbfernseher „Weitblick de Luxe"

Bei Barzahlung	Bei Ratenzahlung
789,– EUR	Anzahlung 20 % = 157,80 EUR
	Rest in 10 Monatsraten zu 69,– EUR

Wie viel EUR kostet das Fernsehgerät bei Ratenzahlung?

Anzahlung = 157,80 EUR
10 Monatsraten zu 69,– 10 × 69,00 = 690,– EUR
Gesamtpreis = 847,80 EUR
Mehrpreis: 847,80 – 789,– = **58,80 EUR!**

Aufgabe:

1. Ein Händler verkauft Nähmaschinen und verlangt pro Stück bei einem Gesamtpreis von 420,– EUR eine Anzahlung von 80,– EUR, den Rest in 10 Monatsraten. Wie viel EUR sind monatlich zu zahlen?
2. Eine Zeitungsanzeige lautet: Mountain-Bikes, 520,– EUR, 1/4 Anzahlung, Rest in 10 Monatsraten. Wie viel EUR beträgt eine Monatsrate?
3. Jemand verkauft Staubsauger und verlangt bei 70,– EUR Anzahlung 12 Monatsraten zu 15,– EUR. Wie viel EUR kostet ein Staubsauger?
4. Ein Öko-Kühlschrank, FCKW-frei, soll 390,– EUR kosten. Verlangt werden 1/5 Anzahlung, der Rest kann in 10 Monatsraten bezahlt werden. Wie hoch sind die Monatsraten?
5. Ein Elektroherd soll bei Barzahlung 1.184,– EUR kosten. Der Händler verlangt bei Ratenzahlung eine Anzahlung von 240,– EUR und 12 Monatsraten von 95,– EUR. Um wie viel EUR ist der Elektroherd bei Ratenzahlung teurer als bei Barzahlung?
6. Eine Stereoanlage soll 998,– EUR kosten. Bei Barzahlung gibt es 3 % Rabatt. Bei Ratenzahlung werden 98,– EUR Anzahlung verlangt und 12 Monatsraten zu 90,– EUR. Um wie viel EUR ist die Anlage bei Ratenzahlung teurer als bei Barzahlung?

Leichte Knobelei: Ersetzen Sie jedes Fragezeichen durch plus, minus, mal oder geteilt.

| 4 | ? | 6 | ? | 2 | = | 8 |

Name: Klasse: Datum: Bewertung:

Information
Wirtschaftslehre/kunde

Die Post übermittelt Geldbeträge

Die Post (vom it. posita = Standort für Pferdewechsel) wurde im Laufe der Jahrhunderte zu einer großen Organisation zum Übermitteln von Nachrichten. Dieses kann durch Briefe und Postkarten oder auf dem Draht- und Funkweg geschehen. Weiterhin gehört zu den Aufgaben der Post die Beförderung von Kleingütern (Päckchen und Pakete) sowie die Abwicklung von Geldverkehr.
Die erste ununterbrochene Postverbindung wurde um 1500 zwischen Wien und Brüssel von Franz von Taxis eingerichtet. Von da bis zur heutigen Postbetriebstechnik war es ein langer Weg.

Zur besseren Wirtschaftlichkeit wurde die Bundespost 1989 in drei Bereiche aufgeteilt, die nach privatwirtschaftlichen Gesichtspunkten wie Großunternehmen geführt werden. Diese Bereiche sind:
Deutsche Post AG,
Deutsche Telekom AG,
Deutsche Postbank AG.

Im Dezember 1998 hat der Bund die Postbank an die Deutsche Post verkauft. Damit sind Post und Postbank wieder vereint.

Die Deutsche Postbank AG wird bei der Übermittlung von Geld oft in Anspruch genommen. Alle Postämter nehmen Geldeinzahlungen an und übermitteln gegen eine Gebühr die Geldbeträge durch den Postbank Minuten-Service oder Zahlscheine.

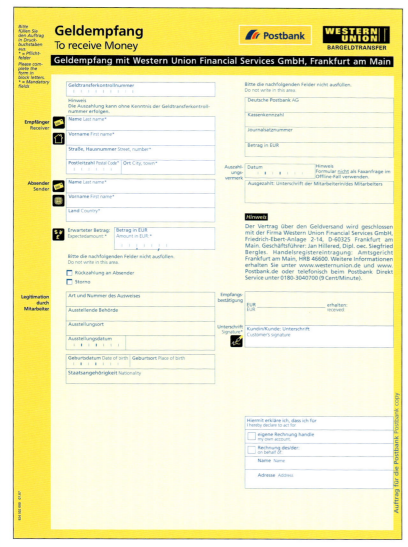

Der **Postbank Minuten-Service** wurde von der Postbank als Ersatz für die Postanweisung eingeführt. Beim **Minuten-Service** zahlt der Absender **Bargeld** ein, der Empfänger muss das angewiesene Bargeld in einer größeren Postfiliale abholen. Der Postbote bringt, wie früher bei der Postanweisung, kein Geld mehr.

Der Minuten-Service bietet gegenüber der Postanweisung mehrere Vorteile: Musste der Empfänger der Postanweisung mindestens einen Tag auf sein Geld warten, kann er nun in Minutenschnelle in jeder größeren Filiale der Deutschen Post den Betrag entgegennehmen. Die Postanweisung war darüber hinaus auf einen Betrag von 1.500,00 EUR begrenzt. Beim Minuten-Service Inland gibt es diese Betragsgrenze nicht. Der Geldtransfer ist nicht nur in Deutschland, sondern auch rund um den Globus möglich.

Quelle: http://www.postbank.de

© Bildungsverlag EINS GmbH

Information
Wirtschaftslehre/kunde

32 Die Post übermittelt Geldbeträge

Mit einem **Zahlschein** kann ein beliebig hoher Geldbetrag auf ein Konto bei der Postbank eingezahlt werden. Der Absender zahlt **Bargeld** ein, der Empfänger erhält eine **Gutschrift** auf sein Konto (**Buchgeld**). Mit dem Zahlschein kann man bei allen deutschen Kreditinstituten Geld einzahlen.

Merke folgende Regeln für den Geldverkehr durch die Postbank:

1. Anträge auf Postbank Minuten-Service und Zahlscheine gibt es kostenlos bei jedem Postamt.
2. Alle Teile des Vordruckes müssen mit Kugelschreiber ausgefüllt werden.
3. Sorgfältig und gut leserlich schreiben.
4. Den freibleibenden Raum in der EUR-Spalte durch einen waagerechten Strich ausfüllen.
5. Die Gebühr muss der Einzahler am Schalter bar zahlen.
6. Der Einlieferungsschein bzw. Beleg muss als Quittung gut aufbewahrt werden.

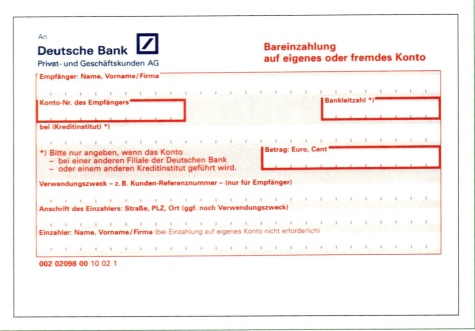

Deutsch

32 mir oder mich?

Häufig treten Fehler bei der Verwendung von **mir** oder **mich** auf. Wer eine Mundart, also „platt" spricht, hat die größten Schwierigkeiten. Mundartlich wird manches gesprochen, was im Hochdeutsch ein Fehler ist.

1. **Merke:** Nach **mit** steht **mir**.
   Nach **ohne** steht **mich**.
   Beispiele: Ihr könnt **mit mir** rechnen.
   Du kannst **ohne mich** gehen.
2. Durch Fragen kann man sich Klarheit verschaffen. Sprechen Sie deutlich!
   Nach der Frage **wem** steht **mir**.
   Nach der Frage **wen** steht **mich**.
   Beispiele: Lass **mich** die Zeitung holen. **Wen** soll man lassen? **Mich.**
   Ich lasse **mir** die Zeitung holen. **Wem** soll die Zeitung geholt werden? **Mir.**
   Du kannst **mich** jederzeit rufen. **Wen? Mich.**

Aufgabe:

1. Schreiben Sie ab und ergänzen Sie richtig. Stellen Sie die Frage **wem** oder **wen**.
   Ich entschuldige mi–, er hört mi– zu, ich verteidige mi–, ich erbitte mi–, es betrifft mi–, es ärgert mi–, er gratulierte mi–, sie schrieben mi–.
2. Schreiben Sie die Sätze ab und ergänzen Sie diese richtig:
   Der Haarschnitt steht – gut. Die anderen lachen über –. Ich entsinne – nicht. Meine Eltern glauben –. Du kannst – benachrichtigen. Alle werden – zuhören.

Arbeitsblatt
Wirtschaftslehre/kunde

Die Post übermittelt Geldbeträge 32

1. Aufgabe:

Während des Urlaubs hat Ihnen Helga Gläubiger, wohnhaft in 46483 Wesel, Uferstraße 16, den Betrag von 25,– EUR geliehen. Sie senden ihr das Geld mit dem Postbank Minuten-Service zurück.

Füllen Sie den Vordruck aus.

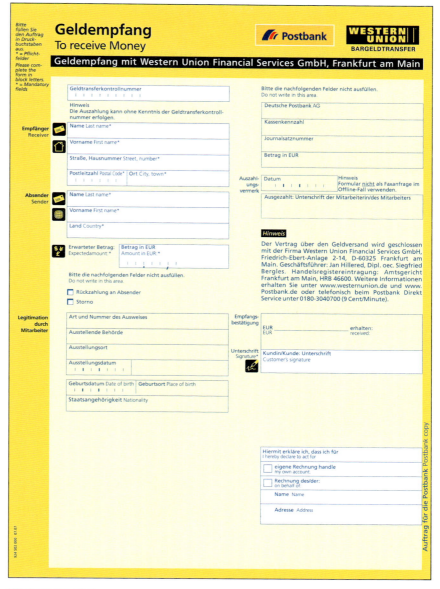

2. Aufgabe:

Beim Buchversand E. Buchbaum, Hamburg, Postbank Hamburg, Bankleitzahl 200 100 20, Kontonummer 123 987 203 haben Sie unter der Rechnungsnummer 00987654 ein Buch für 25,60 EUR gekauft. Den Betrag wollen Sie mit einem Zahlschein bezahlen. Füllen Sie den Zahlschein aus.

© Bildungsverlag EINS GmbH

32 Postgebühren

Mathematik

Die **Post** befördert Nachrichten (Karten, Briefe, Telegramme) und Güter (Päckchen und Pakete). Für diese Beförderung verlangt sie **Gebühren**.
Güter (Päckchen, Pakete) werden auch von **Privatfirmen** (z. B. UPS, DPD usw.) befördert. Für die Übermittlung von Nachrichten verwendet man häufig **Fax-Geräte** und benutzt dazu das Telefonnetz (Festnetz) oder ein Handy. Elektronische Briefe von Computer zu Computer können über „**E-Mail**" (**e**lectronic **post**) versandt und empfangen werden. Die Deutsche Post AG hat die Gebühren für die Postdienste zuletzt am 01.01.2007 festgelegt. Eine Gebührensenkung für Briefe bis 50 g steht bevor.

Die Post verlangt **Gebühren** (national) für

	ab 2007		ab 2007
Postkarten	0,45 EUR	Päckchen Höchstgewicht 2000 g	3,90 EUR
Briefe bis 20 g (Standard)	0,55 EUR	Postpaket bis 5 kg	6,90 EUR
Briefe bis 50 g (Kompakt)	0,90 EUR	Postpaket über 5 bis 10 kg	6,90 EUR
Briefe bis 500 g (Großbrief)	1,45 EUR	Postpaket über 10 bis 20 kg	9,90 EUR
Briefe bis 1000 g (Maxibrief)	2,20 EUR	Postpaket Express-Service Gebühr zuzüglich	12,50 EUR
Einschreiben (dokumentierte Übergabe der Sendung), Briefgebühr zuzüglich	2,05 EUR	Einschreiben eigenhändig (nur an Empfänger persönlich oder Bevollmächtigten), Briefgebühr + Einschreibgebühr zuzüglich	1,80 EUR

Die Deutsche Post AG hat die Gebühren in einem Heft zusammengestellt, das man in den Postämtern erhält. Man kann sich aber auch am Postschalter über besondere Gebühren informieren.

Aufgabe:

1. Ein Bote wird zur Post geschickt und soll dort 24 Postkarten und 16 Briefe (bis 20 g) mit Briefmarken versehen und abschicken. Wie viel Geld braucht er für den Kauf der Briefmarken?
2. Eine Auszubildende geht zur Post und gibt 3 Briefe, die 80 g schwer sind, als Einschreibebriefe auf. Wie viel EUR Briefgebühr zuzüglich Einschreibegebühr muss sie bezahlen?
3. Welche Versandart ist preiswerter: Soll man ein dünnes Buch von 600 g als Brief oder als Päckchen versenden?
4. Berechnen Sie die Gebühren für folgende Postsendung:
   3 Päckchen; 5 Pakete zu 3,6 kg; 2 Pakete zu 9,8 kg; 3 Pakete zu 14,5 kg; 2 Pakete zu 4,2 kg mit Express-Zustellung.
5. Eine Postsendung besteht aus 8 Postkarten, 15 Standardbriefen, 5 Briefen bis 500 g, 2 Päckchen bis 2 kg und 4 Paketen von 5,8 kg. Berechnen Sie die Gebühren.

Knifflig? Welche Zahl passt nicht? Warum nicht?

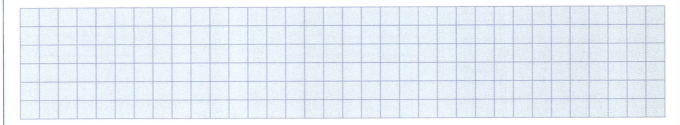

4	12	36
7	8	24
16	32	28

1	7	11
3	13	12
17	5	19

5	19	29
13	3	17
7	15	23

Name: Klasse: Datum: Bewertung:

Information
Wirtschaftslehre/kunde

Die Sozialversicherung hilft bei Krankheit und Unfall

Wer in früheren Zeiten wegen Krankheit oder Arbeitslosigkeit kein Geld verdienen konnte, war auf die Almosen seiner Mitmenschen angewiesen. Für die Arbeiter in den entstehenden Fabriken in den Jahren um 1800 waren die Zustände besonders hart. Von vielen Organisationen wurde ein besserer Schutz der Arbeiter gefordert. Um 1880 wurde daher die **„Sozialversicherung"** ins Leben gerufen.

Das Wort **„sozial"** heißt gemeinnützig, menschlich, hilfsbereit. Eine **„Versicherung"** hat den Zweck, den Versicherten vor den Folgen irgendwelcher Schäden zu schützen.

Die **Sozialversicherung** will der Gemeinschaft helfen, indem sie den arbeitenden Menschen, deren Arbeitskraft ganz oder teilweise beeinträchtigt ist, vor wirtschaftlicher Not schützt. Sie unterstützt die Berufstätigen und ihre Angehörigen bei **Krankheit**, **Betriebsunfall**, **Arbeitsunfähigkeit** infolge **Körperschwäche** oder **Alter** und bei **Arbeitslosigkeit**. Weiterhin sorgt sie für die **Erhaltung der Arbeitskraft**.

Damit kein Arbeitnehmer schutzlos bleibt, besteht für ihn die **Versicherungspflicht**. Die Versicherungsbeiträge werden vom Arbeitgeber alleine oder von Arbeitgeber **und** Arbeitnehmer gemeinsam bezahlt. Daher hat jeder, der arbeitet, einen **Rechtsanspruch** auf die Leistungen der Sozialversicherung.

Im Jahre 1883 trat das Gesetz über die **Krankenversicherung** in Kraft.

Die **Krankenkassen** – Orts-, Betriebs- und Innungskrankenkassen – führen den Versicherungsschutz durch. Sie erhalten die Beiträge und sind verpflichtet, einen Teil der Beiträge an die anderen Versicherungsträger weiterzugeben und jedem Mitglied folgende **Leistungen** zu gewähren:

Die Ausgaben für die Gesundheit sind in den letzten Jahren stark gestiegen. Dafür verantwortlich sind erster Linie der medizinische Fortschritt und der steigende Anteil älterer Menschen.

Darum hat der Bundestag eine Gesundheitsreform beschlossen, die am 1. Januar 2004 in Kraft getreten ist. Mit Beginn dieser Reform sind einige Leistungen gestrichen worden oder haben sich teilweise verändert. Es entfallen z. B. Sterbe- und Entbindungsgeld. Praxisgebühren und Zuzahlungen für Arzneimittel müssen vom Patienten erbracht werden. Weitere Änderungen im Gesundheitswesen werden am 1. April 2007 eingeführt. Dazu gehören z. B. die Versicherungspflicht für alle Bürger und die Einführung eines Gesundheitsfond ab Janaur 2009.

Kinder und Jugendliche bis 18 Jahre sind von den Zuzahlungen ausgeschlossen.

Außer diesen Pflichtleistungen (Regelleistungen) gewähren die Krankenkassen meist freiwillige Mehrleistungen. Nach dem Motto „Vorbeugen ist besser als Heilen" schicken sie z. B. Erholungsbedürftige in Kurheime.

Was muss man tun, wenn man erkrankt ist?

1. Mit der Versicherungskarte zum Arzt gehen und sich behandeln lassen.
2. Bei Arbeitsunfähigkeit sofort Krankenkasse und Betrieb verständigen, sonst erhält man kein Krankengeld.
3. Anweisungen des Arztes genau befolgen.
4. Bei Aufforderung der Krankenkasse muss man zum Vertrauensarzt.
5. Bei Arbeitsantritt nach Genesung die Krankenkasse verständigen.

© Bildungsverlag EINS GmbH

33 Die Sozialversicherung hilft bei Krankheit und Unfall

Information Wirtschaftslehre/kunde

Am **1. Januar 1995** wurde die **Pflegeversicherung** als fünfte gesetzliche Sozialversicherung eingeführt. Die Notwendigkeit dieser Versicherung ergibt sich u. a. aus folgenden Gründen:
– der Anteil von älteren Menschen an der Bevölkerung ist in den letzten Jahren deutlich gestiegen und steigt weiter;
– die Kosten für Pflegeleistungen in Pflegeheimen sind sehr stark angestiegen;
– veränderte Familien- und Wohnverhältnisse beeinträchtigen zunehmend die häusliche Pflege.

Die **Pflegeversicherung** soll die Situation der Pflegebedürftigen (vor allem der älteren Menschen), aber auch der pflegenden Angehörigen und sonstiger Pflegepersonen verbessern. Es geht auch darum, die Pflegebedürftigen und ihre Familien möglichst unabhängig von der Inanspruchnahme von Sozialhilfeleistungen zu machen.

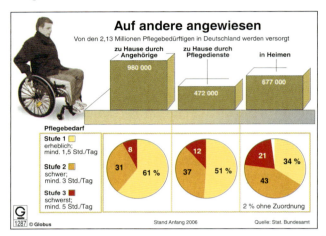

Versicherungspflicht und die Möglichkeit der **freiwilligen Versicherung** sind wie in der Krankenversicherung geregelt. Auch gilt hier die Beitragsbemessungsgrenze der Krankenversicherung.

Die **Beiträge** zur Pflegeversicherung werden je zur Hälfte durch Arbeitgeber und Arbeitnehmer erbracht. Der Beitragssatz beträgt 1,7 % vom monatlichen versicherungspflichtigen Einkommen des Arbeitnehmers.
Seit 1. April 2004 tragen Rentnerinnen und Rentner den vollen Beitrag zur Pflegeversicherung.

Leistungen der Pflegeversicherung sind:
– bei häuslicher Pflege durch Ehepartner, Kinder, Verwandte oder Pflegedienste je nach Grad der Pflegebedürftigkeit zwischen 205,– und 665,– EUR Pflegegeld monatlich oder zwischen 384,– und 1.432,– EUR monatliche Sachleistungen;
– bei stationärer Pflege Erstattung der Pflegekosten von durchschnittlich 1.279,– EUR im Monat (in besonderen Härtefällen bis zu 1.688,– EUR)

Die **Unfallversicherung** wurde 1884 eingeführt. Ihr Zweck ist es, Schäden aller Art zu ersetzen, die durch **Arbeitsunfälle** entstanden sind. Zu den Arbeitsunfällen zählen auch die Unfälle, die auf dem Weg von und zur Arbeitsstelle geschehen.

Alle Arbeitnehmer sind unfallversichert, die Beiträge muss der Arbeitgeber allein bezahlen.

Die Unfallversicherung zahlt bei einem Arbeitsunfall:

1. **Heilbehandlung** wie Arztkosten, Krankenhaus, Arzneien, Pflege.
2. **Verletztengeld** für die Dauer der Arbeitsunfähigkeit.
3. **Kosten** für eine eventuell notwendige **Umschulung** (Berufsfürsorge).
4. **Unfallrente**, je nach Schwere des Unfalls als Teil- oder Vollrente.
5. **Sterbegeld** und **Hinterbliebenenrente** bei einem Unfall mit tödlichem Ausgang.

Jeder Unfall muss innerhalb von drei Tagen der **Berufsgenossenschaft** gemeldet werden. Die Berufsgenossenschaft ist Träger (Versicherungsgesellschaft) der Unfallversicherung und will in erster Linie Unfälle verhüten. Darum erlässt sie genaue Vorschriften über die **Unfallverhütung**, beaufsichtigt die Betriebe und klärt die Arbeiter über die Unfallgefahren auf.

Jeder sollte bedenken, dass die meisten Unfälle aus **Leichtsinn**, **Unvorsichtigkeit** und **Nichtbeachtung** der Vorschriften geschehen.

Sehen Sie eine Unfallgefahr, versuchen Sie, Abhilfe zu schaffen oder informieren Sie den Vorgesetzten!

Arbeitsblatt
Wirtschaftslehre/kunde

Die Sozialversicherung hilft bei Krankheit und Unfall

1. Aufgabe: Kreuzen Sie die richtigen Antworten an.

Die Sozialversicherung ist eine Versicherung für
- Arbeitgeber ☐
- Arbeitnehmer ☐

Die Mitgliedschaft zur Sozialversicherung ist
- freiwillig ☐
- Pflicht (Zwang) ☐

Die Sozialversicherung unterstützt die Berufstätigen bei
- Arbeitslosigkeit ☐
- Arbeitsunfähigkeit infolge Alters ☐
- Autounfall während des Urlaubs ☐
- Diebstahl des Geldes ☐
- Krankheit ☐
- Sturmschäden am Haus ☐
- Trunksucht ☐
- Unfall im Betrieb ☐
- Verschwendungssucht ☐
- Verlieren des Lohnes ☐

2. Aufgabe: Welche Leistungen zahlt die Krankenkasse für Sie?
Ergänzen Sie die fehlenden Wortteile oder Wörter.
Man kann sie aus den unten stehenden Silben zusammensetzen.

| Ärztliche _____ | _____ pflege | _____ mittel |
| Heil _____ | _____ hilfe | _____ geld |

Arz – Be – en – Fa – hand – haus – ken – ken – Kran – Kran – li – lung – mi – mit – nei – tel

3. Aufgabe: Setzen Sie die folgenden Wörter an den richtigen Stellen ein.

Acht geben – Augen – Leichtsinn – Nichtbeachtung – Unvorsichtigkeit

Die meisten Arbeitsunfälle entstehen durch _____ oder _____

am Arbeitsplatz sowie durch _____ der Unfallverhütungsvorschriften.

Darum merke: _____ auf und _____ .

Name: Klasse: Datum: Bewertung:

Mathematik

33 Die Beiträge zur Sozialversicherung

Alle Arbeitnehmer müssen einen Teil ihres Lohnes an die **Sozialversicherung** zahlen. Die Beiträge hat der Arbeitgeber abzuziehen und an die Krankenkassen abzuführen. Die Krankenkassen verteilen die Beiträge an die anderen Versicherungsträger. **Versicherungspflichtig** sind in der Kranken- und Pflegeversicherung alle Personen, die monatlich bis zu 3.562,50 EUR (2007) verdienen. In der Renten- und Arbeitslosenversicherung liegt diese „Bemessungsgrenze" bei 5.250,00 EUR. Wer mehr verdient, kann und sollte sich freiwillig versichern und den Arbeitgeber beauftragen, die Versicherungsbeiträge vom Lohn/Gehalt abzuziehen und an die Versicherung zu zahlen.

Die Pflicht-Beitragssätze sind (2007):
Krankenversicherung ca. 15 %
Rentenversicherung 19,9 %
Pflegeversicherung 1,7 %
Arbeitslosenversicherung 4,2 %
(jeweils vom Lohn/Gehalt)

Zusammen sind dies **40,8 %**. Die Beiträge sind je zur Hälfte vom Arbeitgeber und vom Arbeitnehmer zu bezahlen. Der **Arbeitnehmer muss von seinem Lohn 20,4 %** abgeben. Verschiedene Krankenkassen haben geringfügig verschieden hohe Beitragssätze.

Zur Sozialversicherung gehört auch die **Unfallversicherung**, die jedoch vom Arbeitgeber allein bezahlt werden muss.

Beispiel 1: Ein Arbeitnehmer hat ein monatliches Einkommen von 2.180 EUR. Davon werden 20,4 % für die Sozialversicherung einbehalten. Wie viel EUR sind dies?
100 % = 2.180 EUR
1 % = 2.180 : 100 = 21,80 EUR
20,4 % = 20,4 × 21,80 EUR = 444,72 EUR, die vom Lohn abgezogen werden.

Beispiel 2: Ein leitender Angestellter hat ein Monatsgehalt von 5.600 EUR. Muss er eine Versicherung bezahlen?
Er liegt oberhalb der Grenze für die Versicherungspflicht und sollte sich freiwillig versichern.

Aufgabe:

1. Wie viel EUR zahlt ein Angestellter, der 1.980 EUR verdient, für seine Krankenversicherung, die einen Beitragssatz von 14,5 % hat? (**Achtung:** Nur die Hälfte zahlt der Arbeitnehmer!)
2. Einem Arbeiter wird von seinem Lohn von 2.220 EUR der Arbeitnehmeranteil von 20,4 % abgezogen. Wie viel EUR sind das?
3. Wie hoch ist der Lohn einer Hausgehilfin, wenn ihr von dem Gesamtlohn von 1.460 EUR 20,4 % Sozialversicherung und dazu 95 EUR Steuern abgezogen werden?
4. Wie viel EUR werden einem Arbeitnehmer für die Rentenversicherung bei einem Arbeitnehmeranteil von 9,95 % von seinem Gehalt von 2.660 EUR abgezogen?
5. Monatslohn eines Maurers: 2.310 EUR. Abzüge vom Lohm: Steuern 14 %, Sozialversicherung (Arbeitnehmeranteil) 20,4 %. Wie viel EUR bekommt er ausgezahlt?

Zum Knobeln:

Ersetzen Sie die Fragezeichen durch plus, minus, mal oder geteilt. **Das Ergebnis muss 8 sein.**

| 6 | ? | 3 | ? | 4 | ? | 2 | = | 8 |

Information
Wirtschaftslehre/kunde

Auch alte Menschen und Arbeitslose sind gesichert 34

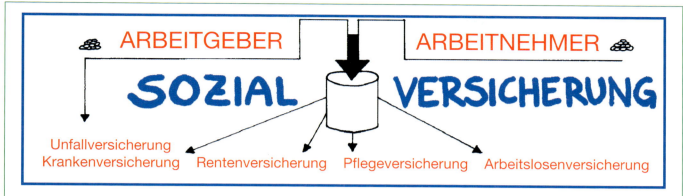

Die **Sozialversicherung** tritt nicht nur bei Krankheit oder Arbeitsunfällen für die Menschen ein. Sie hilft auch bei Erwerbsunfähigkeit und Arbeitslosigkeit.

Im Jahr **1889** wurde die **„Invalidenversicherung"** eingeführt. Als „Invalide" wurde jemand bezeichnet, der infolge körperlicher Mängel oder Schwäche arbeitsunfähig geworden war.

Diese Versicherung wurde 1957 in **„Rentenversicherung für Arbeiter"** und **„Rentenversicherung für Angestellte"** umbenannt. Versicherungspflichtig sind alle Arbeitnehmer, deren monatliches Einkommen 5.150,00 EUR (West) bzw. 4.350,00 EUR (Ost) nicht übersteigt.

Träger der Rentenversicherung für Arbeiter sind die **Landesversicherungsanstalten (LVA)**. Nach frühestens 60 Monaten Beitragszahlung gewähren sie ihren Versicherten folgende Leistungen:

Rente bei **Berufsunfähigkeit**, wenn die Arbeitskraft durch Krankheit oder Gebrechen zur Ausübung des Berufes nicht mehr ausreicht.

Im März 2007 hat der Bundestag das Gesetz zur „Rente mit 67" verabschiedet. Ab 2012 verschiebt sich der Rentenbeginn schrittweise nach oben. Von 2031 an gilt für alle die Regelaltersgrenze von 67 Jahren um die volle Rente zu erhalten. Wer früher in den Ruhestand gehen will, erhält pro Monat 0,3 % weniger Rente. Ausnahmen gibt es für diejenigen, die 45 Jahre Beitrag gezahlt haben und für Erwerbsunfähige. **Frauen** können auf Antrag bereits **mit 60 Jahren** ein vermindertes Altersruhegeld erhalten.

Nach dem Tode des Versicherten erhalten die Hinterbliebenen eine **Witwen-** oder **Waisenrente**.

Um die Erwerbsfähigkeit zu erhalten, zu bessern oder wiederherzustellen, gibt es **zusätzliche Leistungen**: Umschulung, Kuraufenthalt usw.

Jeder Berufstätige hat ein **Versicherungsheft**, das er bei Arbeitsantritt dem Arbeitgeber aushändigen muss. Der Arbeitgeber trägt die Bruttolöhne ein und tauscht das Heft spätestens nach 3 Jahren beim Versicherungsamt gegen eine **Aufrechnungsbescheinigung** ein. Diese Bescheinigung erhält der **Arbeitnehmer**. Der Arbeitnehmer muss die Aufrechnungsbescheinigung gut aufbewahren, denn danach wird später die Rente berechnet!

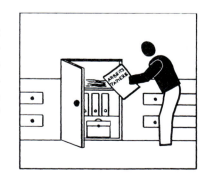

34 Auch alte Menschen und Arbeitslose sind gesichert

Information
Wirtschaftslehre/kunde

Erst im Jahre **1927** wurde die **Arbeitslosenversicherung** eingeführt. **Träger** der Versicherung ist die „Bundesagentur für Arbeit" in Nürnberg. Ihr unterstehen alle Arbeitsämter mit ihren Neben- und Meldestellen.

Durch die **Arbeitsvermittlung** versuchen die Arbeitsämter, eine Arbeitslosigkeit zu verhüten. Wird jedoch jemand **unverschuldet arbeitslos**, so erhält er **Arbeitslosengeld**.

Wenn ein Betrieb wegen Auftragsmangel die normale Arbeitszeit verkürzt – zur Kurzarbeit übergeht – wird ein **Kurzarbeitergeld** gezahlt. Durch diesen Lohnausgleich soll verhindert werden, dass ein Teil der Arbeitnehmer entlassen wird.

In besonderen Fällen erhalten Arbeitslose Beihilfen (Arbeitslosenhilfe) oder sie werden für einen neuen Beruf umgeschult.

Was muss Kai tun, wenn er unverschuldet arbeitslos wird?

1. Er muss sich bei der zuständigen **Arbeitsagentur** oder der Nebenstelle **melden**.
2. Kann Kai **keine** neue Arbeitsstelle vermittelt werden, so muss er auf einem **Antragsvordruck Arbeitslosengeld beantragen**.
3. Diesen Vordruck muss Kai **gewissenhaft ausfüllen** und mit den Arbeitspapieren (Lohnsteuerkarte, Rentenversicherungsausweis und Bescheinigungen über die bisherigen Arbeitsverhältnisse) wieder **abgeben**.
4. Erhält Kai Arbeitslosengeld überwiesen, muss er sich nach Aufforderung bei der **Arbeitsagentur melden**.
5. Bietet die Arbeitsagentur Kai eine neue **zumutbare Arbeit** an, muss er sie **annehmen**. Tut er es nicht, kann ihm das Arbeitslosengeld versagt werden.
6. Findet Kai von sich aus eine neue Arbeitsstelle, muss er das der Arbeitsagentur sofort mitteilen. Verrichtet Kai „Schwarzarbeit", kann er dafür bestraft werden.

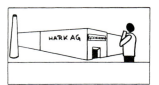

Kai ist **unverschuldet arbeitslos** geworden.

Kai muss sich bei der **Arbeitsagentur melden**.

Kai muss einen **Antrag** auf **Arbeitslosengeld** ausfüllen.

Kai muss sich **nach Aufforderung** bei der Arbeitsagentur melden.

Kai muss eine **zumutbare Arbeit annehmen**.

Kai darf **keine** „Schwarzarbeit" leisten.

Zusammen mit den Familienmitgliedern gehören mehr als 85 % unserer Bevölkerung der Sozialversicherung an. Die **Sozialversicherung** ist eine **Zwangssparkasse** für die Arbeitnehmer, damit für alle eine Rücklage für Tage der Krankheit und des Alters vorhanden ist.

Gegen die Menschen, die sich vor Arbeit „drücken" oder auf Kosten anderer „krankfeiern", muss sich die Versicherung schützen. Deshalb gibt es Vertrauensärzte und es wird überprüft, ob ein Arbeitsloser Schwarzarbeit verrichtet.

Arbeitsblatt
Wirtschaftslehre/kunde

Auch alte Menschen und Arbeitslose sind gesichert

1. Aufgabe: Beantworten Sie die folgenden Fragen.
Welche **vier Versicherungszweige** gehören zur Sozialversicherung?

Welche der Versicherungen hilft Ihnen, wenn Sie wegen **Erwerbsunfähigkeit** oder **vorgerückten Alters** nicht mehr arbeiten?

Warum müssen Sie die **Aufrechnungsbescheinigungen** gut aufheben?

Welche der Versicherungen hilft Ihnen, wenn Sie **unverschuldet arbeitslos** werden?

2. Aufgabe: Die Bilder zeigen, was Sie tun müssen, wenn Sie unverschuldet arbeitslos werden.
1. Sehen Sie sich die Bilder an.
2. Lesen Sie die unten stehenden Sätze durch.
3. Schreiben Sie die richtigen Sätze neben die entsprechenden Bilder.

Bekomme ich Arbeitslosengeld, muss ich mich nach Aufforderung bei der Arbeitsagentur melden – Früher hieß es: „Stempeln gehen" –.
Ich muss das Antragsformular auf Arbeitslosengeld gewissenhaft ausfüllen.
Bin ich arbeitslos, muss ich mich bei der zuständigen Arbeitsagentur melden.
Bietet man mir eine zumutbare neue Arbeit an, muss ich diese annehmen. Ich darf keine „Schwarzarbeit" verrichten.

| Name: | Klasse: | Datum: | Bewertung: |

Mathematik

34 | Berechnung von Körpern (1) – Volumen

Körper haben drei Ausdehnungsrichtungen: Länge, Breite und Höhe. Die Größeneinheiten werden in „Kubik" angegeben, z. B. Kubikmeter = m^3, Kubikdezimeter = dm^3, Kubikzentimeter = cm^3. Diese Bezeichnungen sind die Kurzzeichen für **m × m × m** oder **dm × dm × dm** oder **cm × cm × cm**.

Die gebräuchlichsten Körper sind **Würfel** oder **Quader**, bei denen alle Kanten rechtwinklig zueinander stehen, und der **Zylinder** mit runder Grundfläche.

Grundsätzlich berechnet man den Rauminhalt von Körpern, indem man die **Grundfläche mit der Höhe malnimmt**.

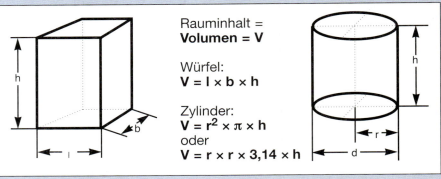

Rauminhalt = **Volumen = V**

Würfel:
V = l × b × h

Zylinder:
V = r^2 × π × h
oder
V = r × r × 3,14 × h

Beispiel 1: Ein quaderförmiger Kasten, dessen Boden eine Länge von 60 cm und eine Breite von 50 cm hat, ist 70 cm hoch. Wie groß ist sein Volumen (Rauminhalt)?

Lösung: Formeln: **A = l × b   V = l × b × h**
Zahlen einsetzen: V = 40 × 60 × 70
Einheit: cm × cm × cm = cm^3
Ausrechnen: **V = 168.000 cm^3**

Beispiel 2: Eine Walze hat eine zylindrische Form, einen ⌀ von 0,6 m und eine Länge von 2 m. Wie groß ist ihr Inhalt? ⌀ 0,6 m heißt: r = 0,3 m

Lösung: Formel: **A = r^2 × 3,14   V = r^2 × 3,14 × h**
Zahlen einsetzen:
V = 0,3 × 0,3 × 3,14 × 2
Einheit: m × m × m = m^3 (3,14 ohne Einheit!)
Ausrechnen: **V = 0,5652 m^3**

Aufgabe:

1. Eine Kiste hat eine Länge von 1 m, eine Breite von 0,6 m und eine Höhe von 0,5 m. Wie groß ist ihr Rauminhalt?
2. Der Aufbau eines Möbelwagens ist 7,5 m lang, 2,2 m breit und 2,5 m hoch. Wie viel m^3 Inhalt fasst dieser Aufbau?
3. Eine quadratische Eisenstange hat einen Querschnitt von 3 × 3 cm und ist 500 cm lang. Wie groß ist ihr Rauminhalt?
4. Eine Konservendose hat einen Durchmesser von 1 dm und eine Höhe von 1,1 dm. Wie groß ist ihr Rauminhalt? (Der ⌀ ist doppelt so groß wie der Radius!)
5. Eine Plakatsäule hat eine Höhe von 2,8 m und einen Durchmesser von 1,2 m. Welches Volumen hat sie?

Wissen Sie noch?

Beim Rechnen mit Längen hieß es: Nur gleiche Längeneinheiten lassen sich zusammenzählen, abziehen, aber auch malnehmen usw. Dies gilt auch bei Körpern. **Nur Längen mit gleichen Einheiten lassen sich malnehmen**, also m × m × m oder dm × dm × dm.
Sind **ungleiche Einheiten** angegeben, müssen diese erst **umgerechnet** werden. Beispiel zur Wiederholung: 1.200 mm = 120,0 cm = 12,00 dm = 1,200 m oder besser 1.200 mm = 120 cm = 12 dm = 1,2 m.

| Name: | Klasse: | Datum: | Bewertung: |

Information
Wirtschaftslehre/kunde

Der Betriebsrat hat viele Aufgaben 35

Noch vor 150 Jahren standen die Arbeitnehmer der Hierarchie (Herrschaft) der Fabrikbesitzer **rechtlos** gegenüber. Die Entlohnung war oft so dürftig, dass Frauen und Kinder mitarbeiten mussten, damit sie nicht verhungerten. Die Arbeitszeit betrug meistens 12–16 Stunden. Es gab keine Hilfe und keinen Schutz bei Krankheit oder Unfall.

Das unverdiente Elend, in dem sie lebten, verbitterte die Arbeiter. Aus der Erfahrung, als Einzelne die Entwicklung nicht beeinflussen zu können, wuchs der Gedanke der gegenseitigen Hilfe und Zusammengehörigkeit – der **Solidarität**. Die Arbeiter einzelner Fabriken oder Berufszweige schlossen sich zu ersten **Arbeitsorganisationen** zusammen, die versuchten, bessere Arbeitsbedingungen zu erreichen. Allmählich verbesserte sich die Lage der Arbeiter, es entstanden Arbeitervereine und Arbeiterparteien, aus denen sich schließlich die Gewerkschaften entwickelten.

Seit 1918 setzte sich der Gedanke der Mitwirkung der Arbeitnehmer im Betrieb langsam durch. Es dauerte aber noch bis 1952, bis vom Gesetzgeber das **Betriebsverfassungsgesetz** (Betr. VG) erlassen und 1972 nach langen Auseinandersetzungen zwischen Arbeitgeberverbänden und Gewerkschaften neu gestaltet wurde. Weitere Änderungen folgten in den Jahren 1988 und 1989. Das Betriebsverfassungsgesetz sichert die Rechte der Arbeitnehmer innerhalb des Betriebes durch **Mitbestimmung** und Mitwirkung der im Betrieb Tätigen, der „Belegschaft". Alle, Arbeiter und Angestellte haben das Recht, zur Wahrnehmung ihrer beruflichen, wirtschaftlichen und sozialen Interessen einen **Betriebsobmann** oder einen **Betriebsrat** zu wählen.

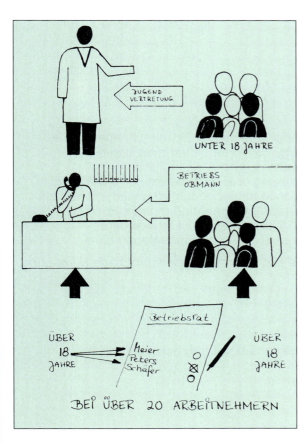

Die jugendlichen **Betriebsangehörigen unter 18 Jahren** und **Auszubildende unter 25 Jahren** wählen eine **Jugendvertretung**, wenn mindestens 5 Jugendliche im Betrieb beschäftigt sind. Die Jugendvertreter sollen mindestens 15 und höchstens 24 Jahre alt sein.

Als Vertreter der über **18 Jahre** alten Beschäftigten wird in Betrieben mit 5–20 Wahlberechtigten ein **Betriebsobmann** gewählt. Wählbar ist, wer mindestens 18 Jahre alt und sechs Monate im Betrieb beschäftigt ist.

Die Wahlen sollen alle **4 Jahre** stattfinden.
Sind im Betrieb mehr als 20 wahlberechtigte Arbeitnehmer beschäftigt, so wird ein **Betriebsrat** mit mindestens 3 Mitgliedern gewählt. Die genaue Mitgliederzahl des Betriebsrates richtet sich nach der Größe der Belegschaft.

Betriebsobmann oder Betriebsrat werden in **geheimer** und **unmittelbarer Wahl** nach den Grundsätzen der Verhältniswahl gewählt. Der Arbeitgeber darf die Wahl nicht behindern und muss die Kosten dafür tragen.

Der Betriebsrat übt seine Tätigkeit während der Arbeitszeit aus und hat folgende **allgemeine** Aufgaben:

– Er überwacht die Durchführung von Gesetzen und Verordnungen, Unfallverhütungsvorschriften, Tarifverträgen und Betriebsvereinbarungen,

– er nimmt berechtigte Beschwerden der Belegschaft entgegen und versucht zu schlichten,

– er beantragt Maßnahmen beim Arbeitgeber, die dem Betrieb und der Belegschaft dienen, z. B. zur Arbeitsplatzgestaltung, zum Arbeitsablauf.

35 Der Betriebsrat hat viele Aufgaben

Information
Wirtschaftslehre/kunde

Die Mitbestimmungs- und Mitwirkungsrechte des Betriebsrates erstrecken sich auf soziale, personelle und wirtschaftliche Angelegenheiten:

Soziale Angelegenheiten – Mit**bestimmung**srechte

Der Arbeitgeber kann ohne Zustimmung des Betriebsrates keine Entscheidung in diesen Angelegenheiten treffen:

- Beginn und Ende der täglichen Arbeitszeit → z. B. wenn Arbeitspausen verlegt oder Nachtarbeit eingeführt werden soll

- betriebliche Lohngestaltung → z. B. wenn die monatliche Lohnzahlung anstelle der wöchentlichen Lohnzahlung treten soll

- Durchführung der Berufsausbildung → z. B. Verlegung des Werksunterrichts auf einen Samstag

- Verwaltung von Sozialeinrichtungen → z. B. Werkskantine, Werkswohnung, Unterstützungskassen, Erholungsheime

Personelle Angelegenheiten – Mit**wirkung**srechte

Der Betriebsrat hat ein Einspruchsrecht bei:

- Einstellungen, Umgruppierungen, Versetzungen → Der Arbeitgeber braucht bei personellen Einzelmaßnahmen wie Einstellung und Versetzung, Ein- oder Umgruppierung die Zustimmung des Betriebsrates. Dieser kann seine Zustimmung u. a. dann verweigern, wenn der Arbeitnehmer durch die Maßnahme benachteiligt wird, ohne dass diese aus betrieblichen Gründen gerechtfertigt ist, z. B. trotz Hochkonjunktur sollte ein Akkordarbeiter in eine andere Arbeitsgruppe versetzt werden, die im Stundenlohn stand.

- Kündigung → Eine **ohne Anhörung** des Betriebsrates ausgesprochene Kündigung ist unwirksam.

Wirtschaftliche Angelegenheiten – Mit**wirkung**srechte

Der Unternehmer muss den Betriebsrat rechtzeitig unterrichten und mit ihm beraten, bei:

- Stilllegung eines Betriebes oder von Abteilungen,
- Einstellung der Produktion,
- Verlegung des Betriebes,
- Zusammenlegung des Betriebes.

Einmal im Kalendervierteljahr soll eine **Betriebsversammlung** stattfinden, bei der der Betriebsrat einen Rechenschaftsbericht erstattet. Damit können die Arbeitnehmer die Tätigkeit des Betriebsrates kontrollieren. Die Versammlung findet ebenfalls während der Arbeitszeit statt, die Kosten trägt der Betrieb.

Durch das Betriebsverfassungsgesetz werden weder Arbeitgeber noch Arbeitnehmer bevorzugt oder benachteiligt. Ziel des Gesetzes ist, dass sich aus den Arbeitspartnern eine echte **Arbeitsgemeinschaft** entwickelt.

Arbeitsblatt
Wirtschaftslehre/kunde

Der Betriebsrat hat viele Aufgaben — 35

1. Aufgabe: Setzen Sie die fehlenden Wörter und Zahlen ein.

Der Betriebsrat wird alle _____ Jahre gewählt. Alle Betriebsangehörigen über _____ Jahre können den Betriebsobmann oder den _____ wählen. Die Jugendlichen eines Betriebes wählen eine _____, wenn mindestens _____ Jugendliche im Betrieb beschäftigt sind.

2. Aufgabe: Kreuzen Sie die richtigen Antworten in den freien Feldern an.

Die Arbeitnehmer wählen einen **Betriebsobmann**, wenn im Betrieb **mindestens**
- 5 wahlberechtigte Beschäftigte, | H |
- 15 wahlberechtigte Beschäftigte, | L |
- 25 wahlberechtigte Beschäftigte sind. | K |

Ein **Betriebsrat** kann gewählt werden, wenn im Betrieb **mehr** als
- 10 wahlberechtigte Arbeitnehmer, | ä |
- 15 wahlberechtigte Arbeitnehmer, | ü |
- 20 wahlberechtigte Arbeitnehmer arbeiten. | ö |

Wählen können alle Beschäftigten des Betriebes, die **mindestens** das
- 18. Lebensjahr, | r |
- 21. Lebensjahr, | s |
- 25. Lebensjahr vollendet haben. | t |

Eine **Jugendvertretung** kann gewählt werden, wenn im Betrieb **mindestens**
- 5 Jugendliche, | e |
- 10 Jugendliche, | f |
- 15 Jugendliche beschäftigt sind. | g |

Mit welchen Angelegenheiten muss sich der Betriebsrat im Interesse der Arbeitnehmer beschäftigen?
- Überwachung der Unfallverhütungsvorschriften | g |
- Überwachung der Freizeit der Betriebsinhaber | V |
- Überwachung der Tarifverträge | u |
- Festsetzung der Löhne | t |
- Festsetzung der Verkaufspreise | s |
- Mitbestimmung bei der Betriebsordnung | e |
- Mitbestimmung beim Einkauf von Material | M |
- Mitbestimmung bei Einstellungen | n |
- Mitbestimmung bei Entlassungen | R |
- Mitbestimmung bei der Wahl der Ferienorte der Arbeitnehmer | o |
- Mitbestimmung bei der Freizeit der Arbeiter | x |
- Mitbestimmung bei der Aufstellung eines Urlaubsplanes | a |
- Schlichtung bei Streitigkeiten zwischen Käufern und Verkäufern | b |
- Schlichtung bei Streitigkeiten zwischen Arbeitnehmern und Arbeitgebern | t |

3. Aufgabe:

Schreiben Sie die Buchstaben neben den angekreuzten Feldern der Reihe nach in die leeren Kästchen.

Es entsteht ein Merksatz. Wie lautet dieser?

☐☐☐☐ auf einen ☐☐☐☐☐ ☐☐☐☐

| Name: | Klasse: | Datum: | Bewertung: |

Mathematik

35 Berechnung von Körpern (2) – Oberfläche

Bei **Körpern** ist nicht nur das Volumen zu berechnen, sondern auch die **Oberfläche** des Körpers. Die beiden auf Blatt 34 gezeichneten Körper (Quader und Zylinder) haben, wenn man sie aufschneidet und auseinander klappt, eine **Mantelfläche** sowie eine **Deck-** und eine **Bodenfläche**. Die Einzelflächen werden addiert und ergeben die **Oberfläche** des Körpers.

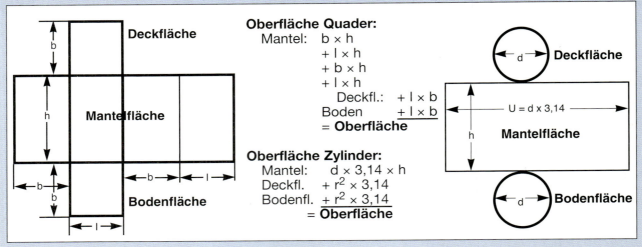

Oberfläche Quader:
Mantel: $b \times h$
$+ l \times h$
$+ b \times h$
$+ l \times h$
Deckfl.: $+ l \times b$
Boden $+ l \times b$
= **Oberfläche**

Oberfläche Zylinder:
Mantel: $d \times 3{,}14 \times h$
Deckfl. $+ r^2 \times 3{,}14$
Bodenfl. $+ r^2 \times 3{,}14$
= **Oberfläche**

Beispiel 1: Eine Kiste ist 12 cm lang, 6 cm breit und 25 cm hoch. Wie groß ist ihre Oberfläche?
Mantelfläche + Deckfläche + Bodenfläche (siehe oben, zusammengefasst):

$2 \times b \times h$, $2 \times 6 \times 25 = 300$ cm³
$+ 2 \times l \times h$ $+ 2 \times 12 \times 25 = 600$ cm³
$+ 2 \times l \times b$ $+ 2 \times 12 \times 6 = 144$ cm³
Oberfläche: 1.044 cm³

Beispiel 2: Eine Blechdose hat einen ⌀ von 16 cm und ist 22 cm hoch. Wie groß ist ihre Oberfläche?
Mantel:
$d \times 3{,}14 \times h$; $16 \times 3{,}14 \times 22 = 1.105{,}28$ cm³
Deckfläche = Bodenfläche, daher
$2 \times r^2 \times 3{,}14$; $2 \times 8 \times 8 \times 3{,}14 = 401{,}92$ cm³
Oberfläche: 1.507,20 cm³

Aufgabe:

Wenn Sie unsicher sind, wie Sie rechnen müssen, dann fertigen Sie eine kleine Skizze an und tragen sich die Maße ein, so wie die Muster oben zeigen.

1. Der Korpus eines Kleiderschrankes soll allseitig neu mit einem Furnier beklebt werden. Wie viel m² Furnier sind notwendig, wenn der Schrank 0,5 m breit, 2,4 m lang und 1,6 m hoch ist?
2. Eine Werkhalle mit Flachdach ist 38 m breit, 64 m lang und 7,5 m hoch. Wie viel m² Dachfläche hat die Halle? Wie groß ist die Gesamtfläche der vier Außenwände?
3. Ein zylinderförmiger Gasometer hat einen Durchmesser (⌀) von 40 m und ist 52 m hoch. Für einen neuen Anstrich ist die Oberfläche (ohne Bodenfläche) zu berechnen. Denken Sie daran: Die Deckfläche mit dem Radius berechnen, die Mantelfläche mit dem Durchmesser!
4. In einer Ölraffinerie wird das anfallende Benzin und Öl in großen Tanks gesammelt, die wie Zylinder aussehen. Wie viel m² beträgt die Oberfläche eines solchen Tanks bei einem ⌀ von 32 m und einer Höhe von 18 m? (Bodenfläche nicht mitrechnen.)

Information
Wirtschaftslehre/kunde
Die Gewerkschaften vertreten die Interessen der Arbeitnehmer

36

Vor mehr als 150 Jahren trat die Maschine ihren Siegeszug an. Fabriken entstanden, Handwerker wurden arbeitslos. Den Arbeitern und Arbeiterinnen ging es wirtschaftlich schlecht. Sie waren den Arbeitgebern schutzlos ausgeliefert und hatten keine Rechte. Ein Auszug aus dem Bericht einer Untersuchungskommission in England macht dies deutlich.

Wir schreiben das Jahr 1832. Ein Arbeiter antwortet der Kommission.

„Wie alt waren Sie, als Sie anfingen zu arbeiten?" – „Acht Jahre." – „Wie lange wurde damals gewöhnlich gearbeitet?" – „Von sechs Uhr morgens bis acht Uhr abends." – „Wie lange wurde gearbeitet, wenn die Fabrik viele Aufträge hatte?" – „Von fünf Uhr morgens bis neun Uhr abends." – „Wie lange war die Mittagspause?" – „Eine Stunde." – „Hatten Sie Zeit, morgens in der Fabrik zu frühstücken?" – „Nein." – Was taten sie, wenn Sie heimkamen?" – „Wir aßen nur noch und gingen sofort ins Bett."

Das waren die Lebensverhältnisse der Arbeiter: Die Arbeitszeit betrug 12 bis 16 Stunden täglich. Der Verdienst war so gering, dass Frauen und Kinder mitarbeiten mussten. Kranke wurden entlassen. Urlaub oder eine Fürsorge für Krankheit, Unfall oder Alter gab es nicht. Der Fabrikbesitzer konnte dem Arbeiter jederzeit kündigen.

Die Arbeiter erkannten, dass sie nur durch gemeinsames Handeln – „Solidarität" – eine Besserung der Lebensverhältnisse erreichen konnten. So schlossen sich zu Anfang des vorigen Jahrhunderts zuerst in England die Arbeiter zu Gewerkschaften zusammen.

1848 wurde in Deutschland von den Arbeitern der **Allgemeine Deutsche Arbeiterverein** gegründet. Ziel war, menschenwürdige Lohn- und Arbeitsbedingungen zu erkämpfen. Die Arbeitgeber hatten jedoch starken Einfluss auf den Staat und erreichten ein staatliches **Koalitionsverbot** (koalieren = zusammenschließen, verbünden). **1868** wurde dieses Verbot wieder aufgehoben und die ersten Gewerkschaften konnten gegründet werden. In den folgenden Jahren konnten die Gewerkschaften viel für den Arbeiterstand erreichen. **1933** wurden sie erneut verboten. Die Gewerkschaften wurden aufgelöst. Das Vermögen fiel der „Deutschen Arbeitsfront" zu, einer Vereinigung, in der Arbeitgeber und Arbeitnehmer zusammengefasst waren. Erst 1945 wurden sie wieder neu aufgebaut.

Heute gibt es
– den **Deutschen Gewerkschaftsbund DGB**, dem 8 Einzelgewerkschaften mit 6,7 Millionen Mitgliedern angehören. Es sind: IG Bauen – Agrar – Umwelt; IG Bergbau, Chemie, Energie; Gewerkschaft Erziehung und Wissenschaft; IG Metall; Gewerkschaft Nahrung – Genuss – Gaststätten; Gewerkschaft der Polizei; Transnet Gewerkschaft GdED (Eisenbahner) und die Vereinte Dienstleistungsgewerkschaft e. V. (ver.di). Diese ist 2001 aus dem Zusammenschluss der Angestellten-Gewerkschaft, der Gewerkschaft Handel, Banken und Versicherungen, der Gewerkschaft Öffentlicher Dienst, Transport und Verkehr und der Industriegewerkschaft Medien entstanden. Sie ist mit 2,5 Millionen Mitgliedern die größte Einzelgewerkschaft.
– den **Deutschen Beamten-Bund DBB** mit 1,2 Millionen Mitgliedern,
– und die Organisation Christlicher Gewerkschaftsbund Deutschlands **CGB** mit 306.000 Mitgliedern.

Früher kämpften die Gewerkschaften nur um **bessere Lebensbedingungen** für die Arbeiter. Dazu gehörten Vollbeschäftigung, Humanisierung der Arbeitswelt, Ausbau der Mitbestimmung und Vergrößerung des Arbeitnehmeranteils am Arbeitsertrag.
Heute kommen **Gesellschafts-** und **Bildungsaufgaben** hinzu, um die Aufstiegsmöglichkeiten der Arbeitnehmer zu verbessern.

Folgende Aufgaben haben die Gewerkschaften im Interesse der Arbeitnehmer zu erfüllen:

1. Sie **schließen** mit den Arbeitgebern Tarifverträge ab. Zu den wichtigsten Punkten dieser Verträge gehören: die Höhe der Löhne, die Dauer der Arbeitszeit, die Gewährung von Urlaub, Voraussetzungen für Einstellungen und Entlassungen.
2. Sie **beraten** und **vertreten** ihre Mitglieder bei **Arbeitsstreitigkeiten** vor dem **Arbeitsgericht**.
3. Sie **vertreten** die Belange der Arbeitnehmer **vor dem Gesetzgeber** und der **Öffentlichkeit**.
4. Sie **fördern** die allgemeine und fachliche **Weiterbildung** der Arbeiter und Angestellten.
5. Sie **gewähren** ihren Mitgliedern Unterstützung in **Notfällen** und zahlen ein **Streikgeld**, wenn es bei den Arbeitskämpfen zur Arbeitsniederlegung kommt.
6. Sie **fordern** eine bessere soziale Sicherheit für alle Arbeitnehmer.

© Bildungsverlag EINS GmbH

Information: Wirtschaftslehre/kunde

36 Die Gewerkschaften vertreten die Interessen der Arbeitnehmer

Um ihre Forderungen durchzusetzen, treten die Gewerkschaften mit den Arbeitgebervereinigungen als **Sozialpartner** in Verhandlungen ein. Bei einem Scheitern der Verhandlungen kann es zu Arbeitskämpfen (Streik, Aussperrung) kommen.
Zur Lösung ihrer Aufgaben benötigen die Gewerkschaften viel Geld. Alle Mitglieder müssen sich deshalb an den Kosten beteiligen, indem sie einen Beitrag zahlen.

Meinungen einiger junger Arbeitnehmer zur Gewerkschaft

„Bei uns in Westfalen ist die Jugendarbeit ziemlich tot."
(27-jähriger Lackierer)

„Wir sollten in der Hauptsache eine Kampforganisation sein, kein Rechtsschutzverein.."
(26-jähriger Baufacharbeiter)

„Hauptargument für mich mitzumachen war und ist die Tarifarbeit der Gewerkschaften. Löhne und Arbeitsbedingungen kann ich als Einzelne nicht beeinflussen.."
(24-jährige Metallfacharbeiterin)

„Mein letztes Frustrationserlebnis hatte ich, als sie in meinem Bezirk einen Rentner zum Vorsitzenden gewählt haben.."
(27-jähriger Lackierer)

Deutsch

36 Fremdwörter mit -ine und -ieren

Viele Wörter, die in der deutschen Sprache vorkommen, entstammen einer Fremdsprache. Sie werden daher auch anders geschrieben, als es nach den Regeln der deutschen Sprache sein müsste.
Beispiele dafür sind die Wörter mit der Endung **-ine** und **-ieren.**

Beispiele: Masch**ine**; marsch**ieren**;
Apfels**ine**; fris**ieren.**

Ein Sonderfall ist das Wort M**i**ne – M**ie**ne.
M**i**ne ist ein Sprengkörper, der Graphitstab im Bleistift und ein Bergwerk.

M**ie**ne ist der Gesichtsausdruck:
Gute M**ie**ne zum bösen Spiel.

Versuchen Sie immer, statt der Fremdwörter ein deutsches Wort zu verwenden.

Merke: In Fremdwörtern wird im Allgemeinen das **lange i ohne e** geschrieben. Nur bei **-ieren** wird **ie** geschrieben.

Aufgabe:

Schreiben Sie auf ein A4-Blatt folgende Wörter ab und setzen **i** oder **ie** ein.
1. spaz-ren, denunz-ren, furn-ren, kontroll-ren, kar-rt
2. Mandar-ne, Kant-ne, L-nie, Pant-nen, Law-ne
3. M-nensuchboote, Fris-rtoilette, Gard-nenleiste, Burgru-ne, Einquart-rung, Spaz-rgang, Ros-ne, Serv-rwagen
4. Vervollständigen Sie die Sätze beim Abschreiben:
   Sie gingen in Holzpant-nen spaz-ren.
   Das M-nensuchboot muss neue Geräte prob-ren.
   Diese Term-ne muss ich mir not-ren.
   Die Reg-rung muss den Haushaltsplan diskut-ren.

Arbeitsblatt
Wirtschaftslehre/kunde
Die Gewerkschaften vertreten die Interessen der Arbeitnehmer — 36

1. Aufgabe: Kreuzen Sie die richtigen Antworten an.

Die Gewerkschaft ist eine Vereinigung von
- Arbeitgebern — C
- Käufern — D
- Arbeitnehmern — E
- Verkäufern — F

Die ersten Gewerkschaften entstanden in
- Deutschland — G
- Frankreich — H
- England — I
- Russland — K

In Deutschland entstanden die ersten Gewerkschaften um
- 1650 — L
- 1750 — M
- 1850 — N
- 1950 — O

In Deutschland waren die Gewerkschaften verboten von
- 1921–1933 — H
- 1933–1945 — I
- 1945–1957 — K

Wie viele Einzelgewerkschaften haben sich zum DGB zusammengeschlossen?
- 6 — F
- 8 — G
- 26 — H

Die Gewerkschaften kümmern sich um

Abschluss
- von Privatverträgen — H
- von Staatsverträgen — I
- von Tarifverträgen — K

Erhöhung
- der Arbeitszeit — A
- des Lohnes — E
- des Urlaubs — I

Kürzung
- der Arbeitszeit — I
- des Lohnes — O
- des Urlaubs — U

Verlängerung
- der Arbeitszeit — R
- des Lohnes — S
- des Urlaubs — T

Beratung bei Arbeitsstreitigkeiten
- der Abgeordneten — Q
- der Arbeitgeber — R
- der Arbeitnehmer — S

Mitbestimmung im Betrieb durch
- die Abgeordneten — R
- die Arbeitgeber — S
- die Arbeitnehmer — T

Unterstützung in Notfällen
- der Käufer — E
- der Mitglieder — A
- der Verkäufer — O

Weiterbildung (Kurse, Schulung)
- der Käufer — Q
- der Mitglieder — R
- der Verkäufer — O

Sicherheit
- am Arbeitsplatz — K
- auf Straßen — L
- im Haushalt — M

2. Aufgabe:
Schreiben Sie die Buchstaben hinter den richtigen Kreuzen von oben nach unten in die folgenden leeren Kästchen.

Es entsteht der Spruch: ☐☐☐☐☐☐☐☐ macht ☐☐☐☐☐

Name:　　　　Klasse:　　Datum:　　Bewertung:

Mathematik

36 Berechnung von Gewichten (1)

Regel:
Die Berechnung der Rauminhalte von Körpern (siehe Thema 34) dient meistens dazu, das **Gewicht** dieses Körpers zu ermitteln.
Statt Gewicht spricht man heute von der **Masse** eines Körpers. Die Internationale Einheit (SI-Einheit) dafür ist das **Kilogramm (kg)**. In der Physik benutzt man auch den Begriff **Kraft** mit der Einheit **Newton (N)**. Die Physik berücksichtigt dabei z. B. die Erdanziehung, Gravitation, Beschleunigung von Körpern usw.
Für einfache Berechnungen oder z. B. beim Einkaufen kann man weiterhin vom **Gewicht** sprechen. Verschiedene Stoffe haben ein eigenes **Gewicht**. So ist Pappelholz leichter als Eiche und Blei ist schwerer als Aluminium. In Tabellen sind diese unterschiedlichen **Gewichte** nachzuschlagen. Die Gewichtseinheiten beziehen sich auf ein bestimmtes **Volumen**, z. B. dm^3 entspricht einem Gewicht mit der **Einheit kg**. Andere Einheiten sind **Gramm (g)** für ein Volumen von cm^3 und **Tonne (t)** für ein Volumen von m^3.
Beispiele: Man sagt immer noch, dass 1 dm^3 Wasser 1 kg wiegt. Andere Stoffe sind demgegenüber leichter oder schwerer, 1 dm^3 Benzin wiegt 0,8 kg, 1 dm^3 gemahlener Zement wiegt 1,6 kg.

Beispiele: Wie oben steht, **wiegt** 1 dm^3 Wasser 1 kg (herkömmliche Aussage).
Die größere Einheit als kg ist die Tonne (t). 1 t sind 1.000 kg und die größere Einheit als dm^3 ist m^3.
1 m^3 sind 1.000 dm^3.
Dann sind
1.000 dm^3 = 1.000 kg (Wasser) und
1 m^3 ist 1 t (Wasser).
Kleiner als kg ist das g (Gramm), kleiner als dm^3 ist cm^3.
1 kg = 1.000 g, 1 dm^3 = 1.000 cm^3.
1.000 g = 1.000 cm^3, und **1 g = 1 cm^3**.
1 dm^3 Benzin wiegt 0,8 kg, dann wiegt
1 m^3 Benzin 0,8 t und 1 cm^3 Benzin 0,8 g.
1 dm^3 Zement wiegt 1,6 kg, dann wiegt
1 m^3 Zement 1,6 t und 1 cm^3 Zement 1,6 g.
1 dm^3 Quecksilber wiegt 13,6 kg (siehe rechts) und
1 m^3 Quecksilber wiegt 13,6 t, 3 m^3 wiegen dann
3 × 13,6 t = 40,8 t.

Angaben verschiedener Stoffe in kg pro dm^3:

Brennholz	0,4
Koks	0,7
Steinkohle	1,0
Gefrierfleisch	0,7
Kaffee (Bohnen)	0,7
Zucker (in Säcken)	1,6
Bier	1,0
Bleimennige	6,0
Milch	1,0
Quecksilber	13,6
Teer	1,2
Holzspäne	0,2
Holzwolle, gepresst	0,5
PVC-Belag in Rollen	1,5
Glas in Tafeln	2,5
Kalk, gemahlen	1,3
Kies und Sand, trocken	1,8
Aluminium	2,7
Blei	11,4
Gusseisen	7,3
Kupfer	8,9
Stahl	7,9
Messing	8,5
Zement	1,6

Aufgabe:

1. Wie viel wiegt 1 dm^3 Blei?
2. Wie schwer ist 1 cm^3 Gusseisen?
3. Wie schwer sind 1 m^3 **a)** Milch; **b)** Kalk; **c)** Kaffee?
4. Wie schwer ist ein Eimer (12 dm^3) Teer?
5. Ein LKW mit einem Kessel von 20 m^3 Fassungsvermögen hat Zement geladen. Wie viel t wiegen diese 20 m^3?
6. Ein LKW hat 6,5 m^3 Kies geladen. Wie schwer ist die Ladung? Der LKW darf 10 t laden. Ist er überladen?

Information
Wirtschaftslehre/kunde
Zur Herstellung eines Autos benötigt man Rohstoffe

In den Tageszeitungen wurde berichtet, dass in der ersten Hälfte dieses Jahres mehr Autos **produziert** wurden als im gleichen Zeitraum des Vorjahres. **Produzieren** heißt **herstellen**, **erzeugen** oder **fertigen**. Die **Produktion** ist die Gütererzeugung, der Hersteller ist ein Produzent.

Um ein **Auto herzustellen**, benötigt man die verschiedensten **Materialien**:

Die Karosserie, der Motor, das Getriebe und andere Teile werden aus **Eisen** hergestellt.
Die Scheiben der Fenster und die Scheinwerfer oder die Birnen sind aus **Glas**. Die elektrischen Leitungsdrähte bestehen aus **Kupfer**. Diese Leitungen werden mit **Kunststoffen** isoliert.
Für die Polster gebraucht man **Wolle**, **Kunststoffe** oder **Leder**.
Die Reifen werden aus **Gummi** hergestellt.
Als Brennstoff für den Motor und zur Schmierung der beweglichen Teile werden **Benzin** und **Öl** verbraucht.

Eisen, Glas, Kupfer, Gummi, Öl usw. sind Stoffe, die durch verschiedene technische Verfahren gewonnen und in die gewünschte Form gebracht werden. Voraussetzung für die Herstellung dieser Materialien ist, dass man zuerst alle Stoffe in Form von **Rohstoffen** besitzt.

Unsere **Rohstoffquelle** ist die **Natur**. Sie liefert uns **Bodenschätze** wie **Erze**, **Erdöl**, **Kohle** und **Salze**. Diese sind in großen Mengen in der Erdrinde enthalten und werden von Menschen **abgebaut**. Ein Beispiel dazu:

Eisen wird in Form von **Eisenerzen** in verschiedenen Ländern abgebaut. Aus dem Eisenerz wird in den Hochöfen der Hüttenwerke das **reine Eisen** erschmolzen. Das reine Eisen kann dann weiter zu **Gusseisen** oder **Stahl** verarbeitet werden. Mit Gusseisen lassen sich Maschinenteile gießen. Stahl kann zu Stahlträgern, Schienen, Drähten oder Blechplatten gewalzt werden. In Formen gepresst lässt sich aus Blechplatten eine Autokarosserie herstellen.

Andere Rohstoffe entstammen der **Tier-** oder **Pflanzenwelt**. Zu ihnen gehören Getreide, Obst, Gemüse, Fleisch, Fische, Holz und Wolle. Pflanzen und Tiere müssen von den Menschen angebaut oder gezüchtet werden, damit man sie zur Herstellung von Rohstoffen nutzen kann.

Auch aus der **Luft** und dem **Wasser** gewinnt der Mensch Rohstoffe wie z. B. Sauerstoff, Stickstoff und Edelgase.

Die für die Industrie notwendigen **Rohstoffe** sind nicht in allen Ländern vorhanden. Manche Länder haben große Bodenschätze wie Erze, Kohle, Erdöl. Andere Länder sind bekannt für landwirtschaftliche Erzeugnisse wie Baumwolle, Getreide, Reis, Kaffee usw.

Die nachstehenden Länder haben besonders große **Rohstoffvorräte**:

USA, GUS, Europa:	**Kohle**	Australien, Südafrika, Großbritannien:	**Wolle**
Kanada, USA, Schweden:	**Eisenerz**	GUS, China, USA:	**Weizen**
USA, Venezuela, GUS:	**Erdöl**	Indien, China, Pakistan:	**Reis**

Die größten Rohstoffländer der Erde sind die USA, die GUS und China. Auch durch ihre riesigen Rohstoffvorräte haben diese Länder die Bezeichnung „Großmächte" erhalten.

Länder, die **arm** an Bodenschätzen sind, müssen mit rohstoffreichen Ländern **Handel treiben**, um selbst Rohstoffe zu bekommen.

Die Bundesrepublik Deutschland gehört zu den rohstoffarmen Ländern. Die eingeführten Rohstoffe werden in unseren Fabriken verarbeitet und teilweise als Fertigwaren wieder ausgeführt. Unsere guten Lebensbedingungen sind abhängig von einem regen Warenaustausch mit anderen Staaten.

Die rohstoffarmen Länder sind auf Handelsvereinbarungen mit den rohstoffreichen Ländern angewiesen. Nur die friedliche Zusammenarbeit zwischen allen Völkern kann die Menschen vor wirtschaftlicher Not bewahren.

Deutsch

37 Fremdwörter im Wirtschaftsleben

In der deutschen Sprache gibt es tausende von Fremdwörtern. Jeder kennt und benutzt einige davon. Manche wissen aber nicht recht, was sie bedeuten. Daher sollten alle besser deutsche Wörter gebrauchen. Im Wirtschaftsleben kommen folgende Fremdwörter häufig vor:

der Akkordlohn	= Stücklohn	die Kopie	= Abzug, Abschrift
die Aktie	= Anteilschein	der Kredit	= Darlehen
die Annonce	= Zeitungsanzeige	legal	= gesetzlich
der Bankrott	= Zahlungseinstellung	das Lexikon	= Nachschlagewerk
die Bilanz	= Rechnungsabschluss	das Magazin	= Lager
die Branche	= Geschäftszweig	das Monopol	= Alleinhandel
die Chance	= Möglichkeit	die Montanindustrie	= Bergbau und Hüttenwesen
die Definition	= Erklärung		
die Deflation	= sinkender Geldumlauf	objektiv	= sachlich
demontieren	= abbauen	die Obligation	= Schuldverschreibung
die Devisen	= Auslandsgeld	die Offerte	= Angebot
der Diskont	= Zinsabzug	die Prämie	= Belohnung
die Dividende	= Gewinnanteil	das Prinzip	= Grundsatz
das Dokument	= Urkunde	das Projekt	= Vorhaben
das Duplikat	= Zweitschrift	die Provision	= Vergütung
die Effekten	= Wertpapiere	die Qualität	= Güte
der Etat	= Haushaltsplan	die Quantität	= Menge
das Exemplar	= Einzelstück	der Regress	= Ersatzanspruch
das Experiment	= Versuch	die Reklame	= Werbung
der Export	= Ausfuhr	rentabel	= lohnend
die Filiale	= Zweigstelle	das Risiko	= Wagnis
der Giroverkehr	= bargeldlose Zahlung	der Spezialist	= Fachmann
die Hypothek	= Schuldbrief	der Status	= Zustand
illegal	= ungesetzlich	die Struktur	= Gefüge
die Inflation	= Geldentwertung	die Subvention	= Beihilfe, Unterstützung
das Interview	= Befragung	der Tarif	= Preisverzeichnis
das Inventar	= Bestand	der Test	= Probe
die Konfektion	= Fertigkleidung	traditionell	= herkömmlich
der Konkurs	= Zahlungsunfähigkeit	die Valuta	= Geldwert
der Konsument	= Verbraucher	die Zentrale	= Hauptstelle
der Kontrakt	= Vertrag		

Aufgabe:

Schreiben Sie auf ein A4-Blatt die folgenden fünf Sätze ab. Setzen Sie dabei für die grün gedruckten Fremdwörter deutsche Wörter ein (siehe oben)!

1. Wer viel lernt, hat im Beruf gute **Chancen**.
2. Der Börsenmakler macht mit **Effekten rentable** Geschäfte.
3. Besser eine geringere **Quantität** als eine geringere **Qualität**.
4. In einer **Annonce** wurden preiswerte **Kredite** angeboten.
5. Der **Konsument** soll ohne **Risiko** die **traditionellen Prinzipien** beibehalten können.

Arbeitsblatt
Wirtschaftslehre/kunde

Zur Herstellung eines Autos benötigt man Rohstoffe — 37

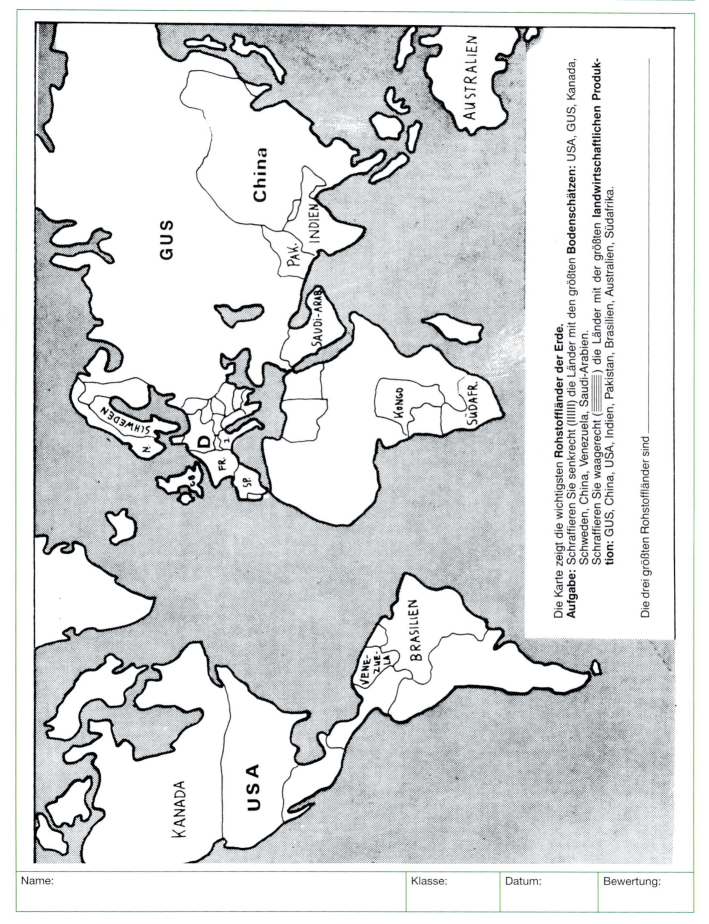

Die Karte zeigt die wichtigsten **Rohstoffländer der Erde**.
Aufgabe: Schraffieren Sie senkrecht (IIIII) die Länder mit den größten **Bodenschätzen**: USA, GUS, Kanada, Schweden, China, Venezuela, Saudi-Arabien.
Schraffieren Sie waagerecht (≡) die Länder mit der größten **landwirtschaftlichen Produktion**: GUS, China, USA, Indien, Pakistan, Brasilien, Australien, Südafrika.

Die drei größten Rohstoffländer sind _____

| Name: | Klasse: | Datum: | Bewertung: |

Mathematik

37 Berechnung von Gewichten (2)

Regel:
Vor der Berechnung von Gewichten steht meist die Berechnung des Rauminhaltes (siehe auch Blatt 36). Der **Rauminhalt** kann in **2 Einheiten** angegeben werden, einmal in **mm³, cm³, dm³** oder **m³** und in **Hohlmaßen** wie **Milliliter** oder **Liter**.
Es sind 1 Milliliter = 1 cm³ und 1 Liter = 1 dm³.
Entsprechend sind, bezogen auf Wasser, 1 Milliliter = 1 cm³ = 1 g und 1 Liter = 1 dm³ = 1 kg.
Bei Flüssigkeiten rechnet man auch noch mit **Hektolitern**, das sind 100 Liter oder 0,1 m³.

Beispiel 1: Ein Grab erhält einen Grabstein aus Granit. Der Stein ist quaderförmig, 18 cm dick, 70 cm breit und 1,2 m hoch. Wie schwer ist der Stein?

Lösung: Umwandeln in dm:
b = 1,8 dm; l = 7 dm;
h = 12 dm.
Formel: V = l × b × h
V = 1,8 × 7 × 12
V = 151,2 dm³
Gewicht: V × Gewicht Granit
151,2 × 2,8 =
423,36 kg

Beispiel 2: Ein Fass hat einen ⌀ von 5 dm und eine Höhe von 6 dm. Wie schwer ist die Füllung mit Erdöl?

Lösung: ⌀ = 5 dm; r = 2,5 dm
Formel: V = r² × 3,14 × h
V = 2,5 × 2,5 × 3,14 × 6
V = 117,75 dm³ oder Liter (man könnte sagen: 120 l)
Gewicht: V × Gewicht Erdöl
117,75 × 1,0 =
117,75 kg

Angaben verschiedener Stoffe in kg pro dm³ = Liter (Ergänzung zu Seite 148):

Butter in Kartons	0,8
Mehl in Säcken	0,5
Benzin	0,8
Erdöl, Dieselöl	1,0
rauchende Schwefelsäure	1,9
Bücher und Akten	0,9
Kleider/Stoffe in Ballen	1,1
Kartoffeln, geschüttet	0,8
Gips, gemahlen	1,5
Stahlbeton	2,5
Basalt	3,0
Granit und Schiefer	2,8

Aufgabe:

1. Ein mit Butter gefüllter Karton hat die Maße l = 45 cm, b = 20 cm und h = 20 cm. Wie schwer ist der Inhalt des Kartons?
2. Ein LKW hat Altkleider in Ballen geladen. Ein Ballen ist 40 × 50 × 80 cm groß. Wie schwer ist ein Ballen? Wie schwer ist die Gesamtladung, wenn der LKW 36 Ballen geladen hat?
3. Ein Tanklastzug hat einen Kessel von 2 m ⌀ und eine Länge von 9,5 m. Wie groß ist sein Fassungsvermögen in cm³ und wie schwer ist die Ladung, wenn er Benzin geladen hat?
4. Ein Eimer fasst 15 Liter.
   a) Wie viel dm³ sind dies?
   b) Wie viel kg Kartoffeln kann man damit transportieren, wenn man ihn randvoll macht?
5. Für ein Haus in Fertigbauweise müssen 12 Stahlbetonsäulen mit den Maßen l = 30 cm, b = 40 cm und h = 2,8 m angeliefert werden.
   a) Wie schwer ist eine Säule?
   b) Wie schwer sind die 12 Säulen zusammen?
   c) Wie viel Tonnen sind das?
   d) Wie oft muss ein LKW zur Anlieferung der Betonsäulen fahren, wenn er 3,5 Tonnen laden kann?
6. Für einen Umzug werden Kartons benutzt, die 30 × 60 × 50 cm groß sind. Wie schwer ist ein Karton, in dem Bücher transportiert werden?

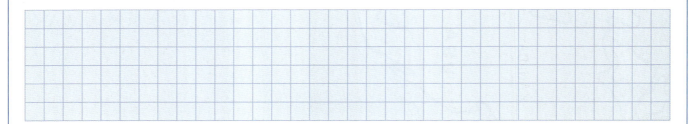

Information
Wirtschaftslehre/kunde

Ohne Arbeit und Kapital kann kein Auto gebaut werden

Das Auto der Familie Schnell besteht aus verschiedenen Materialien, welche aus Rohstoffen gewonnen und verarbeitet wurden. Die Rohstoffe entstammen dem Boden, der Tier- und Pflanzenwelt, dem Wasser und der Luft. Man kann sagen: **Alle Rohstoffe kommen aus der Natur.**

Die größten Rohstoffvorkommen in der Erde nutzen uns Menschen nichts, wenn wir sie nicht abbauen. Fruchtbares Ackerland, das brachliegt, hat für uns ebenfalls keinen Wert.

Aus dem Boden (Natur) können nur unter Mitwirkung der menschlichen Arbeitskraft Rohstoffe gewonnen werden. Die Arbeitsleistung vieler Menschen ist notwendig, um aus dem Rohstoff ein verkaufsfertiges Produkt herzustellen. Zunächst müssen die Rohstoffe abgebaut, gefördert oder erzeugt werden. Daran arbeiten der Bergmann, der Waldarbeiter, der Landwirt, der Gärtner und der Fischer. Die so gewonnenen Rohstoffe müssen be- und verarbeitet oder veredelt werden, wenn für uns brauchbare Güter daraus entstehen sollen. Diese Arbeiten werden in den Werkstätten und Fabriken des Handwerks und der Industrie verrichtet.

Zur Verteilung der Fertigwaren werden in Handels- und Verkehrsbetrieben viele Menschen beschäftigt. Sie verpacken, verladen, transportieren und verkaufen die Güter.

Mit seiner Hände Arbeit allein kann der Mensch aus den Rohstoffen noch kein Auto herstellen. Er benötigt dazu in den Fabrikhallen Hilfsmittel wie Werkzeuge und Maschinen.

Der Dreher hat die Drehbank, der Karosseriebauer erhält die Karosserieteile aus riesigen Pressen, der Lackierer hat eine Pressluft-Spritzpistole und die Putzfrau hat eine Bohnermaschine. Der Konstrukteur hat eine Rechenmaschine und beim Händler müssen ein Computer und ein Telefon vorhanden sein.

Wer Maschinen haben will, muss sie kaufen. Dazu gehört **Geld**, im Wirtschaftsleben sagt man **„Kapital"**. Das Kapital muss neben den **Rohstoffen** und der **Arbeit** vorhanden sein, wenn ein Auto gebaut werden soll. Wo kommt dieses Kapital her?

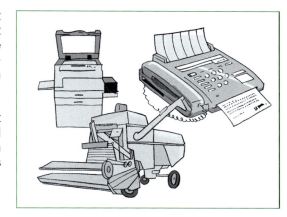

Ein Bauer kann den Acker mit seinen Händen bestellen: Er gräbt, sät und erntet mit den Händen. Er kann so viel ernten, dass er so eben davon lebt. Erntet er jedoch mehr, als er selber verbraucht, so kann er den Überschuss gegen einen Spaten und eine Harke eintauschen. Damit kann er besser und schneller arbeiten, noch mehr ernten und den Überschuss gegen einen Traktor eintauschen. Spaten, Harke und Traktor sind dann bereits sein **Kapital** (= Geld), das er zusätzlich zu seiner Arbeit einsetzen kann.

Aus der **Arbeit**, die irgendwann einmal geleistet wurde, ist **Kapital** entstanden.

Information: Wirtschaftslehre/kunde

38 Ohne Arbeit und Kapital kann kein Auto gebaut werden

Jeder, der spart, sammelt damit **Kapital**, welches er in irgendeiner Weise so einsetzen kann, dass es sich vermehrt: Wer spart, bekommt Zinsen. Wer sein Geld einem Betrieb leiht, wird am Gewinn beteiligt.

Zur Herstellung eines Autos oder eines anderen Produktes gehören daher **drei grundlegende Kräfte**, die man als **Produktionsfaktoren** bezeichnet:

Boden (Natur) der uns die Rohstoffe gibt und die verändert werden müssen, damit wir sie benutzen können.

Arbeit, welche die Menschen leisten müssen, um die Rohstoffe zu verändern und brauchbare Güter herzustellen.

Kapital, um Rohstoffe und Arbeit bezahlen zu können, vor allem aber, um Fabriken zu bauen, Maschinen zu kaufen und dadurch eine größere Produktion zu ermöglichen, die wiederum den Menschen zugute kommt.

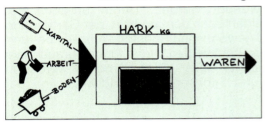

Je mehr bei uns produziert wird, desto mehr können wir verbrauchen. Unsere Lebensbedingungen hängen also in erster Linie von der Gütererzeugung ab. Fällt ein Produktionsfaktor aus (Rohstoffmangel, Streik, Kapitalmangel), so kommt es zu wirtschaftlichen Schwierigkeiten, die auch einen starken Einfluss auf das Leben des Einzelnen haben.

Deutsch

38 Abkürzungen

Auf Plakaten, in der Reklame, in Büchern, auf Schriftstücken usw. stehen häufig Abkürzungen, deren Bedeutung man kennen muss. Hier sind einige gebräuchliche Abkürzungen:

Abs.	= Absender		incl.	= einschließlich (inclusive)
a. D.	= außer Dienst		i. R.	= in Ruhe
AG	= Aktiengesellschaft		jr.	= Junior (der Jüngere)
Anm.	= Anmerkung		KG	= Kommanditgesellschaft
betr.	= betreffend, betrifft		m. E.	= meines Erachtens
BGB	= Bürgerliches Gesetzbuch		mind.	= mindestens
bzw.	= beziehungsweise		OHG	= Offene Handelsgesellschaft
ca.	= cirka, ungefähr		sen.	= Senior, der Ältere
d. h.	= das heißt		sog.	= so genannt
etc.	= und so weiter (et cetera)		u. a.	= unter anderem
evtl.	= eventuell, vielleicht		u. ff.	= und folgende Seiten
gegr.	= gegründet		usw.	= und so weiter
gem.	= gemäß		u. v. a. m.	= und vieles andere mehr
ggf.	= gegebenenfalls		vgl.	= vergleiche
GmbH	= Gesellschaft mit beschränkter Haftung		z. T.	= zum Teil
h. c.	= honoris causa (ehrenhalber)		zus.	= zusammen

Aufgabe:

Schreiben Sie auf ein A4-Blatt
1. folgende Abkürzungen für Unternehmensformen ab und deren volle Bedeutung dahinter: AG, GmbH, KG, OHG
2. die folgenden Sätze ab und ersetzen Sie die grün gedruckten Wörter durch deren Abkürzungen. Sie werden sehen, dass Abkürzungen ganze Sätze verstümmeln können. Dann sollte man besser nicht abkürzen!
Karl Hansen **senior** und Karl Hansen **junior** sind **zusammen mindestens** 80 Jahre alt.
Die Firma, **gegründet** 1912, führt **unter anderem** Silberwaren, Porzellan, Gläser **und so weiter**.
Als Beamter **außer Dienst** hatte Herr Korf Zeit, Ausstellungen, Museen **und vieles andere mehr** zu besuchen.

Arbeitsblatt
Wirtschaftslehre/kunde

Ohne Arbeit und Kapital kann kein Auto gebaut werden — 38

Aufgaben:

Setzen Sie in den unten stehenden Text die folgenden Begriffe richtig ein.

> Arbeit – Boden – Kapital – Rohstoffe

Zur Herstellung von Erzeugnissen, die der Mensch zum Leben benötigt, braucht man _____, die uns der _____ gibt. Die vorhandenen Rohstoffe müssen durch die _____ des Menschen verwandelt werden. Die menschliche Arbeit wird erleichtert durch Maschinen, die durch den Einsatz von _____ beschafft werden können.

Zeigen die folgenden Bilder ein Beispiel zum Begriff **Arbeit** oder **Kapital**? Entscheiden Sie sich und schreiben Sie den Begriff, der zutrifft, unter das Bild.

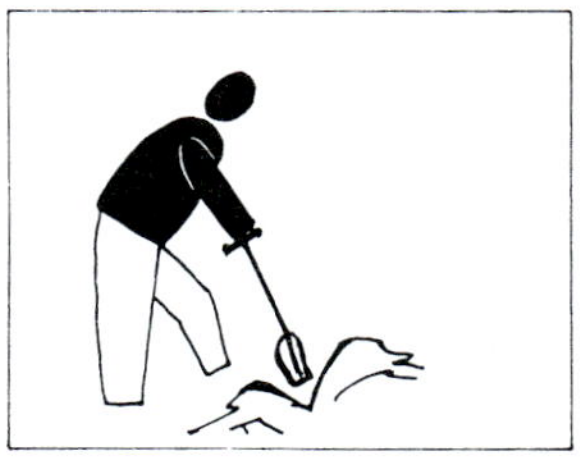

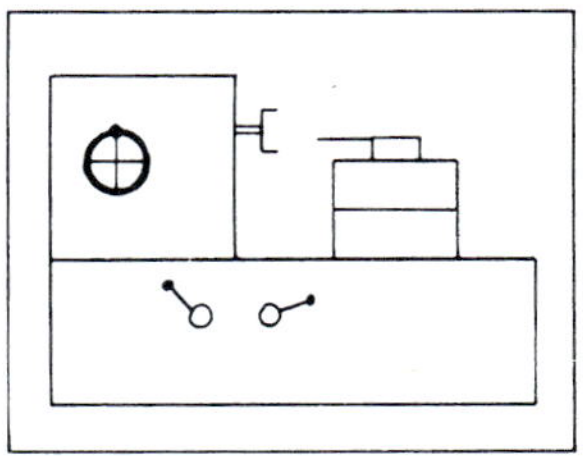

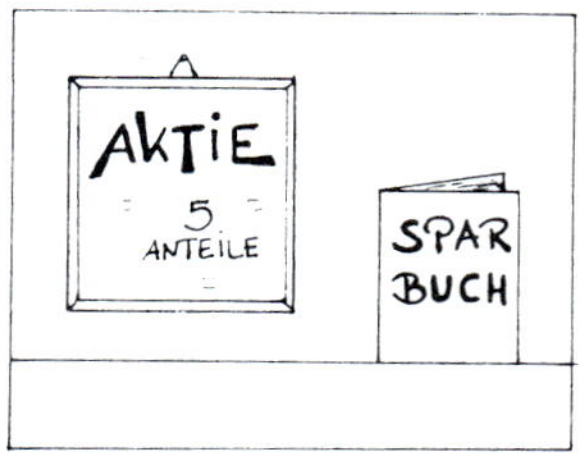

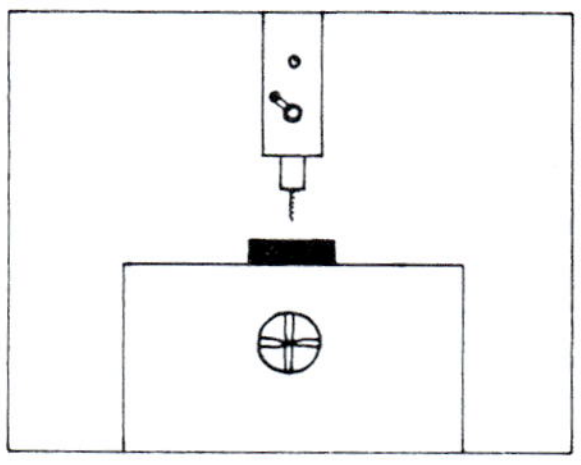

Kreuzen Sie in den Beispielen die **richtige Aussage** an.

1. Vor vielen tausend Jahren gab es Rohstoffe,
    - die nur durch Arbeit gewonnen wurden, ☐
    - die mit Maschinen verarbeitet wurden, ☐
    - die ungenutzt in der Erde lagen. ☐

2. Im modernen Wirtschaftsleben ist es wichtig,
    - vorwiegend **Rohstoffe** zu haben, ☐
    - hauptsächlich **Arbeit** einzusetzen, ☐
    - Rohstoffe, Arbeit **und** Kapital zu nutzen. ☐

3. Das Kapital steckt in den Maschinen, die
    - den Menschen bald ganz verdrängen, ☐
    - dem Menschen die Arbeit erleichtern, ☐
    - eines Tages wieder verschwinden werden. ☐

| Name: | Klasse: | Datum: | Bewertung: |

38 Preisberechnungen

Regel:
Der **Preis für eine Ware** setzt sich aus verschiedenen Einzelpreisen zusammen. Die Einzelpreise nennt man auch Kosten. Solche Kosten können sein:
Materialkosten: Das sind alle Kosten, die durch den Kauf des notwendigen Materials entstehen.
Lohnkosten: Alle mit der Herstellung einer Ware beschäftigten Menschen erhalten Löhne oder Gehälter.
Die **Gemeinkosten** umfassen alle Kosten, die zusätzlich zu den bereits genannten Kosten entstehen.
Beispiele: Zur Bearbeitung des Materials benötigt man Bearbeitungsmaschinen, die eine lange Lebensdauer haben und für die Herstellung verschiedener Waren benötigt werden. Solche Maschinen werden nur stundenweise gebraucht und abgerechnet.
Weiter braucht man Schmieröl, die Heizung für die Werkhalle, Lagerhallen, Strom, Wasser, Telefon, Briefmarken für die Geschäftspost, das Gehalt für den Buchhalter oder die Sekretärin, Steuerzahlungen usw.
Schließlich will der Unternehmer einen **Gewinn** erzielen, z. B. 10 % der Gesamtkosten.
Am Ende aller Berechnungen ist noch die **Mehrwertsteuer** von 19 % hinzuzurechnen!

Eine Preisberechnung kann dann so aussehen:			Ermittlung der Gemeinkosten:	
Materialkosten	13.720,–	EUR	32 Maschinenstunden zu 42,– EUR =	1.344,– EUR
+ Lohnkosten	3.422,–	EUR	Schmieröl, Energie, Werkzeuge	176,– EUR
+ Gemeinkosten (siehe rechts)	2.103,–	EUR	Kleinteile (Schrauben, Nägel usw.)	95,– EUR
= Gesamtkosten	19.245,–	EUR	18 Tage Lagerkosten, zusammen	360,– EUR
+ Gewinn 10 %	1.924,50	EUR	Büro und Vertrieb, zusammen	128,– EUR
= **Verkaufspreis**	**21.169,50**	**EUR**	Gemeinkosten	2.103,– EUR

Aufgabe:

1. Ermitteln Sie die Gesamtkosten (ohne Gewinn) bei folgenden Einzelkosten: Materialkosten 3.270,– EUR; Lohnkosten 2.130,– EUR und Gemeinkosten 8.200,– EUR.
2. Wie hoch sind die Gesamtkosten (ohne Gewinn): Materialkosten 32.000,– EUR; Lohnkosten 7.380,– EUR und Gemeinkosten 12.120,– EUR.
3. Wie groß ist der Gewinn, wenn er 10 % der Gesamtkosten von 3.650,– EUR beträgt?
4. Wie hoch ist der Verkaufspreis einer Ware, wenn der Unternehmer einen Gewinn von 8 % der Gesamtkosten von 4.840,– EUR hinzurechnet?
5. Ermitteln Sie den Verkaufspreis aus folgenden Angaben: Materialkosten 4.578,– EUR; Lohnkosten 916,– EUR; Gemeinkosten 2.746,– EUR sowie einen Gewinn von 10 %. Achtung: Rechnen Sie zum Verkaufspreis noch die Mehrwertsteuer von 19 % hinzu (Sie wollen später auf die Rechnung schreiben: Incl. 19 % MwSt)!
6. Materialkosten 32.000,– EUR; Lohnkosten 63257,– EUR; Gemeinkosten: Maschinenstunden 6420,– EUR; Kleinteile 498,– EUR; Verwaltung und Vertrieb 369,– EUR; Werkzeuge 1.283,– EUR. Ermitteln Sie a) den Gesamtpreis; b) den Verkaufspreis bei 12 % Gewinn. c) Ermitteln Sie zusätzlich die Mehrwertsteuer von 19 % (nicht hinzuzählen).

Information

Wirtschaftslehre/kunde

Arbeitnehmer erhalten für ihre Arbeitsleistung Lohn

Die meisten Menschen müssen durch „arbeiten" ihren Lebensunterhalt verdienen, als Arbeiter, Angestellte, Beamte oder Selbstständige.
Wer seine Arbeitskraft einem anderen zur Verfügung stellt, wird dafür mit **Geld entlohnt**.

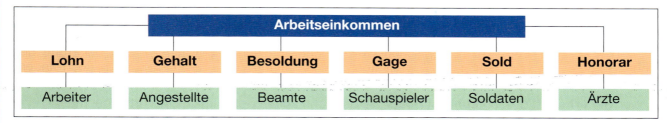

Die einzelnen Löhne sind in ihrer Höhe unterschiedlich, da unterschiedliche Tätigkeiten, Qualifikationen und Verantwortungen auch unterschiedlich entlohnt werden.

In der Regel unterscheidet man folgende Lohnformen:

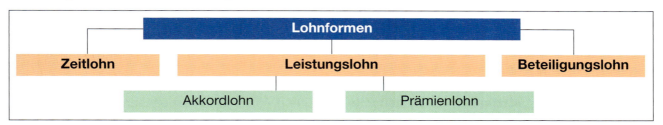

Zeitlohn

Unabhängig von der tatsächlich erbrachten Arbeitsleistung wird der Lohn nur nach der Arbeitszeit bemessen, z. B. Stunden-, Tages-, Wochen- oder Monatslohn. Diese Entlohnung nach der Zeit wird hauptsächlich dann angewandt, wenn
– die Leistung schlecht errechenbar ist (Büroarbeit, Sekretärin),
– besondere Genauigkeit und sorgfältige Arbeit verlangt wird (Prüfarbeiten z. B. Flaschenkontrollen in einer Abfüllerei, Qualitätsarbeiten),
– der Arbeitnehmer das Arbeitstempo nicht beeinflussen kann (Fließarbeit) oder
– bei Reparaturarbeiten.

Akkordlohn

Im Gegensatz zum Zeitlohn richtet sich der Akkordlohn nach der jeweils erbrachten Leistung. Je mehr Leistung der Arbeitnehmer erbringt, desto mehr verdient er. Man unterscheidet Stückakkord und Zeitakkord.
Beim **Stückakkord** richtet sich der Lohn **nach der Anzahl** der bearbeiteten **Mengeneinheiten**, z. B. Karin ist in einer Fabrik für Glühbirnen beschäftigt und hat die Aufgabe, die Glühbirnen in Kartons zu verpacken. Sie bekommt keinen Stundenlohn, sondern ihr Lohn richtet sich nach der Stückzahl der verpackten Glühbirnen.
Beim **Zeitakkord** muss in einer **fest vorgegebenen Zeit** eine bestimmte **Leistung** erbracht werden, z. B. als Bauhelfer muss Heinz Löcher ins Mauerwerk stemmen. Für ein Loch hat ihm der Vorarbeiter eine Zeit von 20 Minuten gegeben. Arbeitet Heinz länger als 20 Minuten, um diese Arbeit zu verrichten, so verdient er weniger, benötigt er weniger als 20 Minuten, so verdient er mehr.

Prämienlohn

Beim Prämienlohn wird zusätzlich zum Zeit- oder Akkordlohn eine Prämie (Belohnung) für besondere Leistungen gezahlt. Dieser zusätzliche Lohnanteil kann gezahlt werden
– beim Zeitlohn   z. B. für besonders gute Qualität der Arbeit,
– beim Akkordlohn   z. B. bei Überschreitung der Menge bei Stückakkord,
                                    bei Unterschreitung der Zeit bei Zeitakkord oder
                                    für sorgsames und sparsames Umgehen mit Werkstoff und Rohstoffen

39 Arbeitnehmer erhalten für ihre Arbeitsleistung Lohn

Information
Wirtschaftslehre/kunde

Beteiligungslohn

Der Beteiligungslohn richtet sich weder nach Leistung noch nach Zeit oder Akkord. Der Arbeitnehmer wird neben seinem Lohn/Gehalt **am** erwirtschafteten **Gewinn** des Unternehmens **beteiligt**. Dieser Gewinnanteil wird entweder einmal jährlich ausgezahlt oder bleibt im Unternehmen als Kapitalanteil des Arbeitnehmers (z. B. Belegschaftsaktien).

Die **Arbeitnehmer** erhalten einmal im Monat eine genaue Abrechnung über ihren Lohn. Natürlich sind die Löhne unterschiedlich hoch. Zwischen **Gewerkschaften** und **Arbeitgebern** wird die **Höhe der Löhne** in Tarifverträgen festgelegt. Das ist aber nur ein Mindestlohn. Es können auch noch andere Einflüsse berücksichtigt werden:

1. Wer **viel arbeitet**, dessen **Lohn** ist **höher** als der Lohn anderer gleichgestellter Arbeitnehmer.
2. Eine große Rolle spielt die **Ausbildung** des Arbeitnehmers. Der Facharbeiter verdient **mehr** als der angelernte Arbeiter. Je größer die **Verantwortung** des Arbeitnehmers ist, desto **höher** muss der Lohn sein.
3. Je größer die **Nachfrage** für eine bestimmte Tätigkeit ist (Haushaltshilfen, Facharbeiter in spanabhebenden Berufen), desto höher ist die Entlohnung.

Für gleiche Arbeit müssen die Mitarbeiter gleich bezahlt werden. Die Bemessung des Arbeitslohnes unterliegt auch dem Grundsatz der Lohngleichheit für Männer und Frauen. Diese Gleichberechtigung von Mann und Frau am Arbeitsplatz ist eine Auswirkung des in Artikel 3 GG (Grundgesetz) niedergelegten Gleichheitsgrundsatzes.

Kein Arbeitnehmer erhält seinen **Gesamtlohn (= Bruttolohn)** ausgezahlt. Der **Arbeitgeber** ist **verpflichtet**, vom Lohn **Abzüge** einzubehalten und abzuführen. Wie viel ein Arbeitnehmer dann als **Lohn (= Nettolohn)** ausbezahlt bekommt, kann er seiner Lohnabrechnung entnehmen.

Deutsch

39 Die Zeitungsanzeige (Arbeitsgesuch)

Wer arbeitslos ist oder eine neue Arbeitsstelle sucht, dem kann vielleicht eine Anzeige (Annonce) in der Zeitung helfen.

Beachte dabei: Große Anzeigen sind teuer. Eine kleine Anzeige genügt, aber nicht zu klein! Der Anzeige soll ein Arbeitgeber alles über den Bewerber entnehmen können.

| **Junger Mann,** 24 Jahre, Führerscheinklasse B, in ungekündigter Stellung, sucht neue Stelle als Fahrer. Angebote unter Nr. 316 an diese Zeitung. | **Arbeiterin,** 21 Jahre, ungekündigt, sucht gute Stelle als Hausgehilfin. Angebote an die Redaktion unter Nr. 3835. | **Junger Mann** aus Köln, 29 Jahre, seit 6 Jahren Beifahrer im Fernverkehr, sucht neue, gut bezahlte Stelle im Raum Hamburg. Angebote unter Nr. 44173 an diese Zeitung. |

Alle Anzeigen geben Auskunft über Alter, Wünsche und bisherige Tätigkeit. Für den neuen Arbeitgeber ist es wichtig zu wissen, wer der neue Arbeitnehmer ist. Die Angaben sind stichwortartig, aber möglichst vollständig.

Aufgabe:

Schreiben Sie auf ein A4-Blatt den Text für 2 Zeitungsanzeigen.

1. Sie sind arbeitslos und suchen eine Stelle in einem anderen Beruf. Geben Sie den bisherigen Beruf an und schreiben Sie, welchen neuen Beruf Sie ergreifen möchten.
2. Sie sind in ungekündigter Stellung, suchen aber eine bessere Stelle im gleichen Beruf wie bisher.

Arbeitsblatt
Wirtschaftslehre/kunde

Arbeitnehmer erhalten für ihre Arbeitsleistung Lohn — 39

---

1. Aufgabe: Überlegen Sie, um welche Lohnart es sich in den folgenden Beispielen handelt. Kreuzen Sie das richtige Kästchen an.

1. Heinz S. muss auf der Drehbank Bolzen drehen. Für die Fertigstellung eines Bolzens hat er 8 Minuten Zeit. Wenn er sich beeilt, kann er eine Menge Geld mehr als normal verdienen.

   Gehalt ☐
   Stundenlohn ☐
   Stück-Akkord ☐
   Zeit-Akkord ☐

2. Erwin K. hat es geschafft: Er ist jetzt Bote bei einer Bank, hat eine geregelte Arbeitszeit und bekommt als Angestellter einmal im Monat seinen Lohn.

   Gehalt ☐
   Stundenlohn ☐
   Stück-Akkord ☐
   Zeit-Akkord ☐

3. Hannelore P. sitzt in einer Fabrik für Fernsehgeräte am Fließband und steckt Widerstände und Kondensatoren auf Schaltplatten. Wenn sie eine Platte bestückt hat, bekommt sie 0,10 EUR. Wenn sie schnell arbeitet, kann sie mit einem hohen Lohn rechnen.

   Gehalt ☐
   Stundenlohn ☐
   Stück-Akkord ☐
   Zeit-Akkord ☐

4. Paul B. ist als Lagerarbeiter immer wieder mit anderen Arbeiten beschäftigt. Aber er hat eine geregelte Arbeitszeit. Morgens und abends wird an der Stempeluhr sein Kommen und Gehen festgestellt, sein Lohn kann mit der Arbeitszeit schnell errechnet werden.

   Gehalt ☐
   Stundenlohn ☐
   Stück-Akkord ☐
   Zeit-Akkord ☐

---

2. Aufgabe: Setzen Sie in den folgenden Text die beiden Wörter **mehr** bzw. **weniger** richtig ein.

1. Es ist selbstverständlich, dass ein Facharbeiter durch seine Ausbildung _____ verdient als ein ungelernter Arbeiter.

2. Wer schlechte Arbeit leistet, verdient natürlich _____ als jemand, der besonders gut arbeitet.

3. Jeder von uns möchte _____ Geld verdienen und muss deshalb seine Arbeitsleistung verbessern.

4. Wer viel gelernt hat, kann im Beruf _____ Geld verlangen als jemand mit mangelhafter Vorbildung.

5. Die Leistung hängt auch von der Gesundheit ab. Wer einen gesunden Körper hat, der kann auch _____ leisten als einer, der stets kränkelt.

6. Zur Gesunderhaltung des Körpers sollte jeder genügend lange schlafen, gut essen, _____ rauchen, _____ Sport treiben und in allem das rechte Maß halten.

7. Außerdem muss man im Leben immer hinzulernen, denn wer nicht hinzulernt, leistet und verdient immer _____.

8. Wer also an sich selber arbeitet, kann _____ leisten und dadurch _____ verdienen als andere.

| Name: | Klasse: | Datum: | Bewertung: |

Mathematik

39 Lohnberechnungen

Der Lohn für eine geleistete Arbeit kann auf verschiedene Weise berechnet werden.
Beim Stundenlohn ist der Lohn **für eine Stunde** festgelegt.
Der Lohn für den **Zeitraum eines Monats** heißt Monatslohn oder Gehalt. Die meisten Angestellten und Beamten erhalten ein Gehalt.
Der **Akkordlohn** ist ein Lohn, der für die Herstellung eines Werkstückes gezahlt wird. Erhält der Arbeitnehmer für **einen** hergestellten **Gegenstand** einen bestimmten, vorher festgelegten Lohn, spricht man vom **Stückakkord**. Wird dem Arbeitnehmer für die Herstellung eines Gegenstandes eine vorher festgelegte **Zeit** gutgeschrieben, nennt man dies **Zeitakkord**.
Von allen Löhnen (Bruttolöhnen) müssen **Steuern** und die **Sozialversicherungsbeiträge** abgezogen werden. Aus dem **Bruttolohn** entsteht dann der **Nettolohn**, der ausgezahlt wird.

Beispiel 1:
Ein Arbeiter hat einen Stundenlohn von 8,96 EUR. Er arbeitet in einer Woche 39 Stunden. Wie viel EUR hat er verdient?

8,96 EUR × 39 Std. =
338,91 EUR

Beispiel 2:
Ein Kaufmann hat ein Gehalt von 2.835 EUR pro Monat. Ihm wird ein Betrag von 46 % für Steuern und Sozialversicherung abgezogen. Wie viel EUR bleiben ihm?

100 % sind 2.835 EUR
1 % sind 28,35 EUR
46 % sind
46 × 28,35 = 1.304,10
2.835,00 – 1.304,10 EUR
= **1.530,90 EUR**

Beispiel 3:
Ein Maurer soll eine Mauer von 64 m Länge um ein Grundstück herstellen. Pro Meter zahlt man ihm 43,50 EUR. Wie viel EUR muss der Arbeitgeber nach Fertigstellung bezahlen?

64 × 43,50 EUR
= **2.784,– EUR.**
In der gleichen Zeit hätte der Maurer sonst 2.270,– EUR verdient.

Beispiel 4:
Für das Verpacken eines Gerätes werden einer Arbeiterin 20 Minuten gutgeschrieben. Sie verpackt an einem Tag 28 Geräte. Wie viel Stunden werden ihr gutgeschrieben?

28 Geräte × 20 Min.
= 560 Min.
560 Minuten sind
9 Std. 20 Min.

Aufgabe:
1. Wie hoch ist der Wochenlohn eines Arbeiters, der einen Stundenlohn von 9,96 EUR erhält und der in der Woche 38,5 Stunden arbeitet?
2. Wie viel EUR verdient eine Packerin, wenn sie für das Verpacken eines Gerätes 1,10 EUR erhält und am Tag 28 Geräte verpackt?
3. Ein Angestellter verdient im Monat 2.048 EUR. Ihm werden 32 % Steuern und Sozialversicherungsbeiträge abgezogen. a) Wie viel EUR werden ihm abgezogen? b) Wie hoch ist sein Nettolohn?
4. a) Wie hoch ist der Bruttolohn eines Beifahrers, der 194 Stunden im Monat arbeitet und einen Stundenlohn von 9,56 EUR hat? b) Wie hoch ist sein Nettolohn, wenn ihm 30 % Steuern und Sozialversicherungsbeiträge abgezogen werden?

Zum Knobeln: Welche Zahl muss anstelle des Fragezeichens eingefügt werden?

			5			
		4	2	4		
	3	2	5	?	3	
1	3	4	2	4	3	1

Information
Wirtschaftslehre/kunde

Banken und Sparkassen verwalten Geld
40

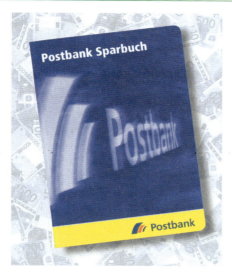

Durch seine Arbeitsleistung verdient der Werktätige Geldmittel, um seinen Lebensunterhalt zu bestreiten. Der größte Teil des Einkommens wird für Waren und Leistungen des täglichen Lebens ausgegeben. Ein Teil des Lohnes sollte jedoch zur Bildung von Eigentum und Vermögen gespart oder angelegt werden.

Will jemand **sparen** oder sich an einem Betrieb **beteiligen**, so kann er sich an eine **Bank** oder **Sparkasse** wenden. **Banken** und **Sparkassen** sind Geldinstitute. Sie verwalten Sparguthaben und zahlen **Zinsen** dafür. Da sie kleine Spareinlagen sammeln, entsteht erst durch viele Sparer ein großes Kapital, welches dann wieder verliehen werden kann.

Stefanie Kästner ist Kundin einer Sparkasse und hat ein **Sparbuch**. (Sie könnte auch bei einer Bank oder bei der Post sparen). Ihr **Sparguthaben** betrug bis vorgestern 2.200,– EUR. Gestern holte sie 200,– EUR ab, denn sie will sich einen Mantel kaufen. Die 200,– EUR wurden von ihrem Sparbuch „abgebucht". Jetzt beträgt das Guthaben nur noch 2.000,– EUR. Zahlt sie Geld ein, so wird dies wiederum ins Sparbuch eingetragen.

Nach Ablauf eines Jahres bekommt Stefanie K. für ihr Guthaben **Zinsen**. Meist beträgt der Zinssatz 2 %. Man kann auch sagen: Stefanie K. leiht der Sparkasse Geld, dafür erhält sie einen Lohn von 2 %.

Günter Pape möchte sich ein Auto kaufen, doch fehlen ihm 2.500,– EUR. Er will nicht so lange warten, bis er das Geld gespart hat. Deshalb geht er zur Sparkasse und leiht sich diese Summe. Man sagt: Er nimmt ein **Darlehen (= Kredit)** auf. Dafür muss er allerdings 10–15 % Zinsen zahlen. Er vereinbart, das Geld innerhalb von 2 Jahren zuzüglich der Zinsen zurückzuzahlen.

Es kann sein, dass Günter P. mit dem Darlehen einen Teil des Geldes bekommt, welches von Gertrud K. gespart wurde. Günter P. muss mehr Zinsen zahlen, als Gertrud K. erhält, da die Sparkasse für ihre Kosten eine Entschädigung nimmt. Würde das Geldinstitut die Spargelder nicht weiterverleihen, könnte es keine Zinsen zahlen.

Sparkassen sind vom **Staat** eingerichtet und gehören zu Städten **(Stadtsparkassen)** oder zu Kreisen **(Kreissparkassen)**.

Banken sind **private Geldinstitute**, meist Aktiengesellschaften (AG). Ursprünglich vermittelten Banken die Geldgeschäfte von Kaufleuten und Betrieben. Heute sind die Aufgaben von Sparkassen und Banken gleich. Man kann bei Banken sparen und bei Sparkassen Geldgeschäfte tätigen.

Die meisten Firmen zahlen aus Sicherheitsgründen und Arbeitsersparnis die Löhne nicht mehr bar aus. Jeder **Arbeitnehmer** hat bei einer Bank oder Sparkasse ein **Lohn-** oder **Gehaltskonto**, auf das der Lohn von der Firma **überwiesen** wird. Der Arbeitnehmer kann seinen Lohn dann bei dem Geldinstitut abholen.

Während ein Sparkonto **nur** Sparzwecken dient, ist ein **Lohn-** oder **Gehaltskonto ein Zahlungskonto**. Der Fachmann nennt es **Girokonto**.

Wer noch nicht voll geschäftsfähig ist (unter 18 Jahren), erhält vom kontoführenden Geldinstitut eine so genannte S-CARD. Hat der Arbeitgeber Lohn oder Gehalt auf das Konto überwiesen, kann der „Minderjährige" nach Vorlage einer Empfangsbestätigung am Schalter damit Geld abholen.

© Bildungsverlag EINS GmbH

Information
Wirtschaftslehre/kunde

40 Banken und Sparkassen verwalten Geld

Der voll **geschäftsfähige** Arbeitnehmer erhält auf Wunsch eine **ec-CARD**. Bei Vorlage der Scheckkarte kann er natürlich auch am Schalter des Geldinstitutes seinen Lohn vom Konto abheben. Unter Verwendung einer persönlichen Geheimzahl (PIN) kann man zu jeder Tages- und Nachtzeit an Sparkassenautomaten Bargeld erhalten.

Heinrich Klug hat ein Girokonto, auf welches sein Lohn überwiesen wird. Er hebt nicht sein ganzes Geld ab, sondern setzt die Bank oder Sparkasse als „Geldverwalter" ein: Miete, Zeitungsgeld, Rundfunk- und Fernsehgebühren, Gebühren für Gas, Strom und andere regelmäßig wiederkehrende Zahlungen lässt er sich durch einen **Dauerauftrag** von der Bank ausführen.

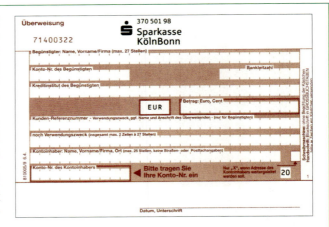

Die **Bankkarten**, wie zum Beispiel die S-Card der Sparkassenorganisationen dienen aber nicht nur der Legitimation dem Kreditinstitut gegenüber beim Geld abholen. Sie bieten auch die Möglichkeit zum Ausdruck von Kontoauszügen oder Bezahlen von Waren und Dienstleistungen ohne Bargeld.

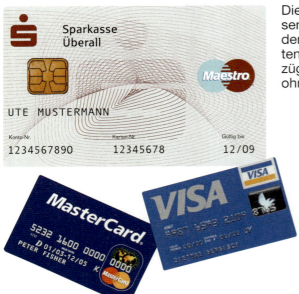

Als weiteres bargeldloses Zahlungsmittel dient die **Kreditkarte**. Der Kunde kann für jeden Betrag einkaufen, solange sein Konto gedeckt ist. Kreditkarten sind in vielen Ländern gebräuchlich. Bei uns sind unterschiedliche Kreditkarten im Umlauf: MasterCard, VISA CARD, American EXPRESS.

Bei vielen Geldinstituten gibt es heute die Möglichkeit, **Zahlungsvorgänge** über das **Internet** oder per Telefon auszuführen (Direktbanken).

Jeder Kontoinhaber kann sich über Zugänge und Abbuchungen einen Kontoauszug beschaffen, damit er über seinen jeweiligen Kontostand unterrichtet ist. Dafür haben die Geldinstitute die Kontoauszugsdrucker.

Viele Menschen bezahlen heute nur noch ihre täglichen Ausgaben mit Bargeld. Den übrigen Geldverkehr wickeln sie über ihr Girokonto ab. Man zahlt **bargeldlos**. Die bargeldlose Zahlung ist sicher und zeitsparend.

Neben den Zahlungsmöglichkeiten bieten Geldinstitute noch eine Reihe von Dienstleistungen an:

Man kann bei ihnen Wertpapiere kaufen und verkaufen und sich damit an Betrieben beteiligen und sein **Geld anlegen**.

Sie vermitteln **Hypotheken**, wenn jemand ein Haus bauen will.
Wertsachen werden von den Geldinstituten in **Schließfächern** verwahrt.
Wer ins Ausland fährt, kann **ausländische Geldsorten (Devisen)** kaufen.

Die **Ausgabe von Banknoten** ist nur Sache der **Deutschen Bundesbank**. Alle übrigen Geldinstitute können nur von dort Banknoten bekommen.

Arbeitsblatt
Wirtschaftslehre/kunde

Banken und Sparkassen verwalten Geld

1. Aufgabe:

Sie haben bei einer Sparkasse ein **Lohn-** oder **Gehaltskonto**. Sie möchten einen Teil Ihres Lohnes abheben. Füllen Sie die abgedruckte **Empfangsbescheinigung** richtig aus.
Setzen Sie den Betrag von 240,– EUR ein. Datum und Unterschrift nicht vergessen!

Stadtsparkasse Düsseldorf
Bankleitzahl 300 501 10

Empfangsbescheinigung über Auszahlung

Von der Stadtsparkasse Düsseldorf habe ich zu Lasten des genannten Kontos den auf diesem Beleg ausgewiesenen Betrag in Euro in bar erhalten.

Konto-Nummer	Betrag (EUR/Ct)

Unterschrift des Zahlungsempfängers

legitimiert durch:
persönlich bekannt:

Datum	Text	Konto-Nr./Kartenfolge-Nr.	Betrag (EUR/Ct)

2. Aufgabe:

Als Volljähriger haben Sie im Versandhaus Schick & Co. ein Paar Schuhe gekauft.
Sie zahlen mit einer **Überweisung**, denn Sie haben ein Girokonto bei der Sparkasse Düsseldorf.
Füllen Sie die abgedruckte Überweisung richtig aus.
Setzen Sie den abgedruckten Namen der Firma, den Betrag von 80,– EUR in Buchstaben und Zahlen ein.
Ort, Datum und Unterschrift nicht vergessen!

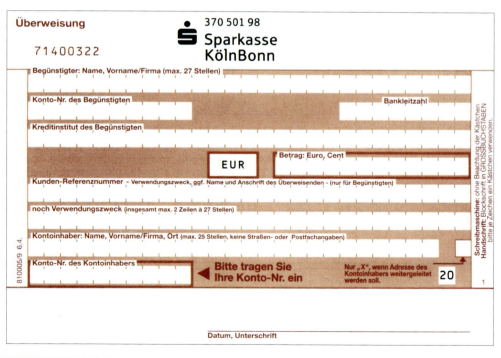

Name: Klasse: Datum: Bewertung:

© Bildungsverlag EINS GmbH

Mathematik

40 Währungsrechnen

Sparkassen und Banken verwalten nicht nur Spar- und Girokonten, wie sie die meisten Arbeitnehmer haben. Sie handeln mit Aktien und anderen Wertpapieren, vermitteln alle möglichen Geldgeschäfte, so auch fremde Währungen. Wenn auch in Zukunft die europäische Währung, der „Euro", eine ganze Anzahl von europäischen Währungen verschwinden lässt, so gibt es auf der Welt weiterhin „Fremdwährungen", mit denen in anderen Ländern gezahlt werden muss. Wer seinen Urlaub in diesen Ländern verbringen will, muss Geld in der Währung des Urlaubslandes **kaufen**. Wie viel das fremde Geld im Verhältnis zum EUR wert ist, steht in den Tageszeitungen.

Die Euro-Währung ist seit dem 1.1.2002 in den Ländern Belgien, Deutschland, Finnland, Frankreich, Griechenland, Irland, Italien, Luxemburg, Niederlande, Österreich, Portugal und Spanien alleiniges Zahlungsmittel. Wer in diese Länder reist, kann dort mit dem Geld, das er in Deutschland benutzt, bezahlen. Vom 1.1.2002 an sind die **Wechselkurse** für andere Währungen in EUR angegeben. In Düsseldorf standen am 28. April 2007 folgende Wechselkurse, umgerechnet in EUR, in der Zeitung:

Land	Währung	Ankauf	Verkauf
Australien	1 AUS $	0,58	0,65
Großbritannien	1 £	1,41	1,51
Dänemark	100 D. Krone	12,85	13,95
Norwegen	100 N. Krone	11,72	13,11
Schweden	100 S. Krone	10,26	11,46
Hongkong	100 $	8,53	10,36
Japan	100 ¥	0,59	0,63
Kanada	1 Kan. $	0,63	0,69
Polen/Zloty	100 Zt	23,84	31,70
Schweiz/Franken	100 sfr	59,42	62,00
Tschechien/Krone	100 Kč	3,10	3,81
Türkei: keine Angabe			
Ungarn	100 Forint	0,36	0,46
USA	1 US $	0,71	0,76

Hinweise:

Die Tabelle enthält nur die Kurzbezeichnungen der Währungen. Man muss also darauf achten, die richtige Währung zu finden: 1 Australien-Dollar kostet 0,65 EUR, 1 US-Dollar kostet 0,76 EUR. Es gibt dänische, norwegische und schwedische Kronen. Finnland hat Euro. Großbritannien kennzeichnet seine Währung mit £, dem britischen Pfund. Auch andere Länder rechnen mit Pfund, z. B. Ägypten mit dem ägyptischen Pfund. Manche Länder haben Geldscheine für riesige Beträge, z. B. die Türkei. Die Bank verkauft 1 £ (= Pfund) für 1,51 EUR. Will ich aber das übrig gebliebene Urlaubsgeld zurückgeben, gibt sie mir für 1 £ nur 1,41 EUR zurück. Der Unterschiedsbetrag soll die Kosten der Bank decken. Also nie mehr Geld eintauschen, als man wirklich benötigt!

Beispiele:
1. Für eine Englandreise, die er im Reisebüro voll bezahlt hat, will jemand als Taschengeld noch 200,00 Pfund mitnehmen. Wie viel EUR muss er dafür zahlen? Denken Sie an den Dreisatz! Benutzen Sie die Tabelle.
   1 Pfund kostet 1,51 EUR.
   200,00 Pfund kosten 200 × so viel, also 200 × 1,51 EUR = 302,00 EUR.
2. Jemand möchte in Dänemark einkaufen und tauscht 120 EUR gegen dänische Kronen. Wie viel Kronen erhält er?
   Die Rechnung ist umgekehrt:
   Für 13,95 EUR erhält er 100 Kronen.
   Für 1,– EUR erhält er 100 : 13,95 Kronen = 7,17 dän. Kronen.
   Für 120,– EUR erhält er 120 mal so viel, also 120 × 7,17 Kronen = 860,40 Kronen.

Aufgabe:

Rechnen Sie auf einem anderen Blatt aus und tragen Sie nur das Ergebnis ein. Nur Verkaufswerte! Benutzen Sie möglichst den Taschenrechner.

1. Wie viel EUR sind 1.000 ¥ (Japan)? _____
2. Wie viel EUR sind 500 norw. Kronen? _____
3. Wie viel EUR sind 200 US $? _____
4. Wie viel Zt sind 500,– EUR? _____
5. Wie viel ung. Forint sind 750,– EUR? _____
6. Wie viel EUR sind 500 Kan. $? _____
7. Wie viel EUR sind 150 brit £? _____
8. Wie viel EUR sind 2.500 D.Kronen? _____
9. Wie viel sfr sind 120 EUR? _____
10. Wie viel Kč sind 400,– EUR? _____

Knifflig: Andere Länder haben auch eine andere Schrift und andere Zahlzeichen. Die Zahlzeichen in den arabischen Ländern sehen so aus:

0 = ٠	5 = ٥	10 = ١٠
1 = ١	6 = ٦	11 = ١١
2 = ٢	7 = ٧	12 = ١٢
3 = ٣	8 = ٨	20 = ٢٠
4 = ٤	9 = ٩	30 = ٣٠

Dazu kommt, dass sie von rechts nach links schreiben (nicht innerhalb einer Zahl). Also bedeutet 42567 = ٤٢٥٦٧, das Datum 25. 12. 1998 = ١٩٩٨. ١٢. ٢٥.

Wie heißt diese Zahl? ٣١٠٤ = _____ . Datum: ١٩٩٧. ٦. ٢٢. = _____

Information
Wirtschaftslehre/kunde

Vor Schulden wird gewarnt

Wer etwas kaufen will, braucht dazu Geld. Eigentlich kann niemand mehr kaufen, als er bezahlen kann.
Trotzdem kaufen manche mehr, als sie sich leisten können. Sie machen **Schulden**. Dazu trägt vielfach die **Reklame** bei, der viele Menschen nicht widerstehen können. Andere geraten in finanzielle Schwierigkeiten, weil sie von Geschäftemachern ausgenutzt werden.
Darum muss vor Schulden immer wieder gewarnt werden. Zweifellos kann jeder einmal in eine Situation kommen, in der er dringend Geld benötigt. Dann muss er aber bedenken: **Niemand verschenkt Geld!** Wer sich Geld leiht, muss es **mit Zinsen** zurückzahlen.
Manche Firmen tun trotzdem so, als ob sie Geld verschenken. Aber stimmt das? Wenn Herr Kaufmann das Angebot der nebenstehenden Anzeige annimmt, muss er sich fragen: Wie viel EUR sind monatlich zurückzuzahlen, wenn ich 4.000,– EUR leihe? Ist auf Jahre hinaus mehr zu zahlen, als ich mir leisten kann? Wie viel Zinsen sind zu zahlen? Wenn ich schon Schulden habe, warum soll ich neue machen? Sind die Anschaffungen wirklich dringend nötig?

Karla M. las eine Anzeige in der Zeitung: **Bargeld an Berufstätige, schnelle Auszahlung!** Als sie sich Geld lieh, musste sie einen Vertrag unterschreiben, dessen Bedingungen sie nicht genau verstand. Später stellte sie fest, dass sie insgesamt 24 % Zinsen zahlen musste.

Klaus R. hatte bereits Schulden. Er zahlte monatlich 150,– EUR für sein Auto ab. Nun wollte er bei einem Finanzierungsinstitut noch mehr Geld leihen. Das Institut versprach, ihm Geld zu geben und seine Schulden zu bezahlen. Klaus R. brauchte dann nur noch an das Institut zu zahlen. Eine Verwaltungsgebühr von 100,– EUR wurde sofort fällig. Klaus R. wurde jedoch enttäuscht. Die Autofirma wollte das Geld von ihm, nicht vom Institut. Der Vertrag mit dem Institut kam nicht zustande, 100,– EUR Verwaltungsgebühr waren verloren.

Anita B. wusste, dass sie bei Banken oder Sparkassen einen Kredit bekommen konnte. Banken und Sparkassen werden vom Staat überwacht und können nicht willkürlich Zinsen nehmen. Anita B. musste angeben, ob sie bereits Schulden gemacht hatte und ihre Angaben wurden überprüft. Da sie schuldenfrei war, konnte sie ein Darlehen zu einem günstigen Zinssatz bekommen.

Jürgen Groß hatte einem Freund Geld geliehen. Er wollte keine Zinsen haben, denn sein Freund befand sich in einer Notlage. Aber eine schriftliche Anerkennung der Schuld wollte Bruno Groß doch in Händen haben. Er ließ sich das nebenstehende Schriftstück von seinem Freund Bruno Simon unterschreiben. Wer Schulden macht, muss bei der Finanzfirma, Bank oder Sparkasse einen Vertrag unterschreiben. Genau so sollte es jeder bei Bekannten, Freunden und Verwandten tun. Man vermeidet dadurch Streitigkeiten.

Hat man keinen vorgedruckten Schuldschein, so kann ein entsprechendes Schriftstück auch mit der Schreibmaschine oder handschriftlich angefertigt werden.

Bevor man sich Geld leiht, muss man die Bedingungen vorher genau prüfen:
Ist das Geld dringend nötig?
Wie hoch sind die Zinsen? (24 % Zinsen sind zu viel!)
Wie viel EUR muss ich wie lange zurückzahlen?
Ist der Vertrag für mich verständlich abgefasst? (Auch das Kleingedruckte lesen!)
Verspricht eine Finanzfirma mehr, als sie halten kann? (100,– EUR verlorene Verwaltungsgebühren sind viel Geld!)
Kann ich meinem Freund Geld leihen, ohne mit ihm Streit zu bekommen? (Eine Schuldanerkenntnis schafft klare Verhältnisse!)

Deutsch

41 Der Lebenslauf

Bei Prüfungen oder Stellenbewerbungen müssen Sie Ihren Lebenslauf einreichen. Wenn Sie einen Lebenslauf schreiben, so achten Sie auf folgende Gliederung:

1. Herkunft   2. Schulbesuch   3. Tätigkeiten bis heute   4. Besondere Tatsachen

Der Lebenslauf muss manchmal handschriftlich ausgeführt werden. Die Handschrift zeigt schon etwas von den Eigenschaften eines Menschen. Beginnen Sie die Sätze möglichst nicht mit „Ich"!

Beispiel:

Karin Bigge   Essen, 12. Juli 20..

Lebenslauf

Am 12. August 19.. wurde ich als drittes Kind der Eheleute Willi Bigge und Marion Bigge, geb. Horn, in Bochum geboren. Mein Vater ist seit 14 Jahren Chemiefacharbeiter bei der Firma Kohle-Chemie in Essen.

Von 19.. bis 19.. besuchte ich die Grundschule in Bochum. Nach einem Wohnungswechsel war ich von 20.. bis 20.. Schülerin der Hauptschule in Essen. Seit 20.. besuche ich einmal in der Woche die Berufsschule in Essen.

Nach meiner Entlassung aus der Hauptschule arbeitete ich ein halbes Jahr als Aushilfe bei Tegmeier und Co. Seit dem 1.05.20.. bin ich als Beifahrerin bei der Firma Westfalen-Brot in Essen beschäftigt.

Seit zwei Jahren spiele ich im Sportverein Grün-Rot Essen Hallenhandball.

Noch in diesem Jahr möchte ich den Führerschein Klasse B machen und besuche deswegen eine Fahrschule.

Karin Bigge

Aufgabe:
Schreiben Sie auf ein DIN A4-Blatt Ihren Lebenslauf bis zum heutigen Tage. Verwenden Sie dazu das gegebene Beispiel.

Arbeitsblatt
Wirtschaftslehre/kunde

Vor Schulden wird gewarnt 41

1. Aufgabe: Setzen Sie die Wörter

> beim – beim – Borgen – Feinde – Freunde – sind – Zurückzahlen

in die nachfolgenden Sätze richtig ein. Die eingesetzten Wörter, nacheinander gelesen, ergeben ein französisches Sprichwort.

1. Für ein Darlehen sind Sparkassen besser als gute _____.
2. Niemand wird _____ Geldleihen reich.
3. Ein Sprichwort sagt: _____ bringt Sorgen.
4. Die Zinsen, die Sie als Schuldner bezahlen, _____ der Gewinn des Gläubigers.
5. Schon mancher hat sich mit seinen Schulden _____ gemacht.
6. Achten Sie _____ Vertragsabschluss auf das Kleingedruckte!
7. Wie viel sie sich geborgt haben, merken manche erst beim _____.

2. Aufgabe: Sie haben Ihrem Arbeitskollegen Hans Borgmann 100,– EUR geliehen. Um sich zu sichern, schreiben Sie einen Schuldschein aus. Benutzen Sie dazu das folgende Formular. Vergessen Sie nicht Ort und Datum. Unterschreiben Sie mit dem Namen des Schuldners Hans Borgmann.

Sie lassen dem Schuldner von heute an einen Monat Zeit, das Geld zurückzuzahlen.

Schuldschein über EUR _____

Hierdurch bekenne ich, von _____

in _____ die Summe von _____

in Buchstaben EUR _____

als Darlehen heute erhalten zu haben. Ich verpflichte mich, diese Summe

nebst ____ % (____ vom Hundert) jährlicher Zinsen bis zum _____

zurückzuzahlen.

_____, den _____

_____
(Unterschrift des Schuldners)

| Name: | Klasse: | Datum: | Bewertung: |

Mathematik

41 Für Schulden zahlt man Zinsen

Regel:
Wer bei einem Kreditinstitut oder auch bei Freunden einen **Kredit** aufnimmt, also **„Schulden macht"**, muss diese nicht nur zurückzahlen, sondern auch noch eine **„Leihgebühr"**, nämlich **Zinsen**, zahlen. **Zinsen werden in Prozent** (= %) angegeben und für eine bestimmte **Zeit**, meist ein Jahr, berechnet. Ein **Zinssatz** um 6 % ist üblich. Das heißt: Für 100,– EUR sind in einem Jahr 6,– EUR Zinsen zu zahlen. Im halben Jahr sind dies die Hälfte der Zinsen, also 3,– EUR.
Bei Kreditinstituten wird der Ausdruck **„Auszahlung"** verwandt. Hier wird vielfach nicht der ganze Kredit ausgezahlt, sondern ein kleiner Teil sofort einbehalten.
Eine Auszahlung von **97 %** bedeutet: Von 100,– EUR Kredit werden nur 97 %, das sind **97,– EUR**, ausgezahlt. Die **Zinsen** werden jedoch von der Gesamtsumme berechnet.

Beispiel 1: Jemand leiht sich bei einer Bank einen Kredit von 5.000,– EUR. Der Kredit hat bei einem Zinssatz von 7 % eine Laufzeit von 2 Jahren. Wie viel EUR Zinsen sind zu zahlen?
100 % = 5.000,– EUR
  1 % =   50,– EUR
  7 % = 7 × 50 = 350,– EUR
                in einem Jahr.
In 2 Jahren sind dies
          2 × 350 = 700,– EUR
Nach 2 Jahren sind **5.700,– EUR zurückzuzahlen**.

Beispiel 2: Bei der Sparkasse bekommt jemand einen Kredit für den Bau eines Hauses, eine so genannte Hypothek. Er erhält 120.000,– EUR, Auszahlung 98 %, zu 6,5 % Zinsen. Laufzeit 20 Jahre.
1. Er erhält nur 98 %, das sind 117.600,– EUR.
2. Er muss im Jahr 6,5 % von 120.000,– EUR, das sind 6,5 × 1.200,– EUR = **7.800,– EUR** Zinsen zahlen.
3. Er muss bei 20 Jahren Laufzeit jedes Jahr den 20sten Teil der Hypothek, also 117.600 : 20 = **5.880,– EUR** zurückzahlen. Zusammen ergibt dies:
Er muss im Jahr 7.800 + 5.880 = **13.680,– EUR** zahlen.

Aufgabe:
1. Für einen Kredit von 12.000,– EUR, Laufzeit 3 Jahre, verlangt der Kreditgeber 6 % Zinsen. Wie viel Zinsen sind dies in den drei Jahren?
2. Ein Kredit von 5.000,– EUR, der nach 5 Jahren zurückgezahlt werden soll, soll 8 % Zinsen bringen. Wie viel EUR Zinsen kommen in den 5 Jahren zusammen?
3. Ein unseriöser Kreditgeber verlangt 15 % Zinsen und gibt einen Kredit von 5.000,– EUR, Laufzeit 3 Jahre. Wie viel Zinsen sind zusammen für die drei Jahre zu zahlen?
4. Ein Kleinkredit soll **monatlich 0,8 %** Zinsen bringen. Kredit: 1.000,– EUR. a) Wie viel Zinsen sind **im Monat** zu zahlen? b) Wie viel EUR Zinsen sind dies **im Jahr**? c) Monatlich 0,8 % können Sie nun umrechnen auf Jahreszinsen. Wie viel % sind dies im Jahr?
5. Eine Hypothek von 200.000,– EUR soll zu 97 % ausgezahlt werden. Wie viel EUR werden dem Kreditnehmer ausgezahlt?

Knifflig: Welche Zahl muss an die Stelle der Fragezeichen gesetzt werden?

| 2 | 5 | 8 | 11 | ? | 17 | 20 | ? | 26 | ? |

| Name: | Klasse: | Datum: | Bewertung: |

Information
Wirtschaftslehre/kunde
Privatversicherungen helfen bei Schäden — 42

In der **Sozialversicherung** sind die Arbeitnehmer zwangsweise versichert. Damit sind sie geschützt für den Krankheitsfall, im Alter, bei Arbeitslosigkeit und bei Unfällen am Arbeitsplatz.

Darüber hinaus kann sich jeder gegen Schäden versichern, die im privaten Leben vorkommen können, z. B. durch Feuer, Krankheit, Unfall oder Tod. Verschiedene Versicherungsgesellschaften stehen hierfür zur Verfügung. Wer eine Versicherung abschließt, kann im Schadensfall die **vereinbarte Versicherungssumme** in Anspruch nehmen. Der Versicherte muss dafür monatlich oder jährlich **Versicherungsprämien** bezahlen.

Es gibt Versicherungen für **Personen-** und **Sachschäden**. Bei der Vielzahl von Möglichkeiten muss sich jeder fragen: Welche Versicherung kommt für mich in Frage? Dazu einige Beispiele:

1. Personenversicherungen

Herr Hausmann überlegt, wie es seiner Familie wohl ergeht, wenn er plötzlich in jungen Jahren stirbt. Wird die Hinterbliebenenrente aus der Sozialversicherung ausreichen? Wie kann er seine Familie zusätzlich sichern?	Herr Hausmann kann eine **Lebensversicherung** abschließen. Wenn er stirbt, erhält seine Familie die Versicherungssumme, die Herr Hausmann mit der Versicherungsgesellschaft vereinbart hat.
Frau Meise ist als Geschäftsinhaberin nicht sozialversicherungspflichtig. Sie ist daher nicht gesichert wie ein Arbeitnehmer. Wie kann sie sich für alle Fälle sichern?	Gegen die Folgen von Krankheiten kann sie eine private **Krankenversicherung** abschließen. Außerdem kann man ihr eine **Lebensversicherung** empfehlen, deren Versicherungssumme sie mit 65 Jahren in Form einer monatlichen Rente erhält.
Albert K. ist Vertreter. Wenn er viel verkaufen kann, verdient er viel. Was geschieht aber, wenn er einen Unfall hat und kein Geld mehr verdienen kann? Er ist nämlich nicht sozialversicherungspflichtig!	Er kann eine **private Unfallversicherung** abschließen. Diese Versicherung ermöglicht einen Schutz vor den Folgen aller Unfälle, die im täglichen Leben vorkommen können. Natürlich kann jeder eine solche Versicherung abschließen.

In der heutigen Zeit ist es für jeden jungen Menschen wichtig, sich bei der Altersvorsorge nicht nur auf die Rentenversicherung zu verlassen. Besser ist es, durch private Vermögensbildung zusätzlich Vorsorge zu treffen für Zeiten, in denen man seinen Lebensunterhalt nicht mehr durch Berufstätigkeit bestreiten kann.

2. Sachversicherungen

Familie Groß besitzt ein Einfamilienhaus. Was geschieht, wenn dieses Haus abbrennt? Dann ist die Familie obdachlos, muss zur Miete wohnen und ihr Haus neu aufbauen. Woher soll sie das Geld nehmen?	Familie Groß schließt eine **Feuerversicherung** ab. Die Versicherung zahlt dann die Schäden, die als Folgen des Brandes entstehen, also Neubau, Miete usw.
Zählt man die Kosten für die Wohnungseinrichtung der Familie Huber zusammen, so kommt man auf 25.000,– EUR. Wer bezahlt aber den Schaden, wenn durch Einbruch etwas gestohlen wird, wenn durch Feuer oder durch Bruch der Wasserleitung Teile der Wohnungseinrichtung vernichtet werden?	Für solche Fälle kann Familie Huber eine **Hausratversicherung** abschließen. Der Hausrat (die Wohnungseinrichtung) ist dann versichert gegen Feuer, Einbruch und Wasserschäden, vielfach auch Glasschäden. Tritt einer dieser Schäden auf, so bezahlt die Versicherung die Kosten für die Wiederbeschaffung.
Bei Familie Hansen mit ihren 4 Kindern ist immer etwas los. Wenn eines der Kinder unachtsam auf die Straße läuft und einen Verkehrsunfall verursacht, müssen die Eltern den Schaden bezahlen. Wie können sie sich versichern?	Die Eltern haften für ihre Kinder. Herr Hansen schließt daher eine **Haftpflichtversicherung** ab. Schäden, die seine Familie verursacht, bezahlt dann die Versicherung, und zwar **Personen- und Sachschäden**.

Neben diesen Versicherungen kann sich jeder in besonderen Fällen zusätzlich versichern lassen:
Wer einen Hund oder andere Tiere hat, muss damit rechnen, dass diese Tiere einen Schaden anrichten. Er kann eine **Tierversicherung** abschließen.
Der Besitzer eines Kraftfahrzeuges **muss** eine **Kraftfahrzeug-Haftpflichtversicherung** abschließen.

Deutsch

42 Die Bewerbung

Wer eine neue, vielleicht bessere Stelle haben will, muss sich um eine solche Stelle **bewerben**. Angebote solcher Stellen findet man in den Zeitungen. Mit der Bewerbung bieten Sie jemandem Ihre Arbeitskraft an.

Die Bewerbung muss **sauber** und **übersichtlich** sein. Je besser die Bewerbung, desto eher bekommen Sie die Stelle.

Zu einer **Bewerbung** gehören:
1. das Bewerbungsschreiben als Brief,
2. der Lebenslauf,
3. Zeugnisabschriften oder beglaubigte Fotokopien der Zeugnisse,
4. ein Lichtbild.

Das **Bewerbungsschreiben** soll folgende Punkte enthalten:
1. die eigentliche Bewerbung,
2. Hinweis auf Zeugnisse, Lebenslauf und Lichtbild (das sind **Anlagen**),
3. die besondere Eignung, die für die Stelle benötigt wird,
4. den Schlusssatz mit der Bitte um Einladung zu einem persönlichen Gespräch

Beispiel:

Stefan Kunze   *5. Mai 20..*
Königsstraße 23
40212 Düsseldorf

Firma Elpart
Paulusstr. 15
40237 Düsseldorf

Ihre Anzeige in der „Rheinischen Post" vom 4. Mai 20..

Sehr geehrte Damen und Herren,

hiermit bewerbe ich mich um die ausgeschriebene Stelle als „Allroundman". Über meinen Schulbesuch und meine bisherigen Tätigkeiten geben Ihnen die beigefügten Zeugnisse Auskunft. Außerdem lege ich ein Lichtbild bei.

Wie die Zeugnisse zeigen, waren meine bisherigen Arbeitgeber mit mir zufrieden, so dass ich hoffe, dass auch Sie mit mir zufrieden sein werden.

Über eine Einladung zu einem persönlichen Gespräch würde ich mich sehr freuen.

Mit freundlichen Grüßen

Stefan Kunze

Anlagen: Zeugniskopien, Lebenslauf, Lichtbild

Aufgabe:

Schreiben Sie auf ein A4-Blatt eine Bewerbung, wie das Beispiel zeigt. Sie haben in einer Zeitung eine Anzeige gefunden, in der ein Beifahrer (bei Mädchen: eine Packerin) gesucht wird. Da Sie schon zwei Jahre als Beifahrer (Packerin) gearbeitet haben, möchten Sie diese neue Stelle haben. Schreiben Sie die Bewerbung, erfinden Sie die Anschrift einer Firma und schreiben IHREN Absender.

Arbeitsblatt
Wirtschaftslehre/kunde

Privatversicherungen helfen bei Schäden — 42

1. Aufgabe:
Liegt hier ein Personen- oder ein Sachschaden vor?
Kreuzen Sie die richtigen Antworten an.

1. Auf der Straße rutscht eine alte Frau auf einer weggeworfenen Bananenschale aus und verletzt sich.
   Personenschaden ☐
   Sachschaden ☐

2. Beim Brand einer Wohnung wird ein Teil der Möbel zerstört.
   Personenschaden ☐
   Sachschaden ☐

3. Bei einem Einbruch wurde einem Sammler ein Teil der Briefmarkensammlung gestohlen.
   Personenschaden ☐
   Sachschaden ☐

4. Frau Berghaus hatte eine Putzfrau, die beim Fensterputzen von der Leiter fiel und sich den Knöchel brach.
   Personenschaden ☐
   Sachschaden ☐

2. Aufgabe:
Überlegen Sie, welche Versicherung die verschiedenen Personen in den 6 Beispielen abschließen könnten. Welche Versicherung würden Sie ihnen empfehlen?
Tragen Sie jede der folgenden Versicherungsarten einmal richtig ein.

> Feuerversicherung – Haftpflichtversicherung – Hausratversicherung – Lebensversicherung – private Krankenversicherung – private Unfallversicherung

1. Nach einer Erbschaft konnte sich Familie Schreiber endlich eine Wohnung nach ihren Wünschen einrichten. Wertvolle Möbel und Bilder hatten sie nun, aber sie fürchteten, dass einmal etwas passieren könnte, was dies alles zerstörte.

   Schreibers sollten eine _____ abschließen.

2. Da Frau Hall selbstständig ihr Geschäft führt, ist sie nicht sozialversicherungspflichtig und daher noch nicht in der Krankenkasse. Was kann sie für den Krankheitsfall tun?

   Man kann Frau Hall eine _____ empfehlen.

3. Bei der Firma Paulsen lagern häufig feuergefährliche Stoffe. Wenn dort ein Brand ausbricht, kann das fürchterliche Folgen haben.

   Hier ist eine _____ dringend notwendig.

4. Wenn Handwerksmeister Braukamp plötzlich stirbt, steht seine Familie völlig mittellos da.

   Der Familie kann nur eine _____ helfen.

5. Für die Schäden, welche Kinder anrichten, haften die Eltern. Wie kann sich Familie Heller schützen? Bei ihnen ist immer etwas los, da sie 5 Kinder haben.

   Hellers könnten eine _____ abschließen.

6. Als Architekt ist Hermann K. nicht sozialversicherungspflichtig, auf den Baustellen aber häufig unfallgefährdet. Wie kann er sich sichern?

   Eine _____ kann Hermann K. helfen.

Name:	Klasse:	Datum:	Bewertung:

Mathematik

42 Abschlusstest

Dieser Test enthält keine Aufgaben zu den Grundrechnungsarten, sondern nur angewandte Aufgaben aus der Prozent- und Dreisatzrechnung und deren Anwendung sowie Aufgaben aus der Flächen- und Körperberechnung.

Aufgabe:

1. Eine Akkord-Kolonne mit 6 Stukkateuren verputzt in einem Neubau 720 m² Wände in 36 Stunden. Wie lange brauchen 8 Stukkateure für die gleiche Fläche?
2. Eine Baugrube wird ausgeschachtet. Es fallen 3.456 m³ Erdaushub an, der von 6 LKWs abtransportiert wird. Nach Änderung der Baupläne fallen 4.608 m³ Erdaushub an. Wie viele LKWs werden benötigt, wenn die Erde in der gleichen Zeit abgefahren werden soll?
3. Beim Barkauf räumt ein Händler dem Käufer 12 % Rabatt ein. Wie viel EUR zahlt der Käufer für eine Ware von 9.650,– EUR?
4. Für einen Ratenkauf verlangt der Händler einen Aufpreis auf ein Gerät von 1.160,– EUR von 5 %. Wie teuer wird das Gerät durch diesen Aufpreis?
5. Von einem Dreieck sind die Winkel 71° und 63° bekannt. Wie groß ist der dritte Winkel?
6. Ein Dreieck hat eine Grundlinie von 30 cm und eine Höhe von 22,5 cm. Seine Seiten sind 37,5 cm, 30 cm und 22,5 cm lang. Wie groß sind Umfang und Fläche des Dreiecks?
7. Ein Halbkreis hat einen Radius von 16 m. Wie groß ist seine Fläche?
8. Welchen Rauminhalt hat ein Saal von 24 m Breite, 84 m Länge und 18 m Höhe?
9. Auf den vorgenannten Saal kommt statt einer geraden Decke eine halbrunde Decke.
   a) Wie hoch ist der Saal nun in der Mitte? b) Welches Volumen in m³ hat der Saal nun?
10. Einem Walzwerk werden Stahlplatten mit den Abmessungen 8 cm × 125 cm × 200 cm geliefert.
    a) Wie schwer ist eine Platte bei einem Gewicht von 7,9 kg pro dm³ in kg und in t?
    b) Wie viele Platten kann ein LKW mit einer Tragfähigkeit von 12,5 t laden?

Bildquellenverzeichnis

AKG-Images, Berlin: S. 145

Bilderbox, Thening (Österreich): S. 5.1, 9.4, 9.5, 17.2, 87.7

Bundesagentur für Arbeit: S. 97

Bundesdruckerei GmbH, Berlin: 69

Deutscher Bundestag/Lichtblick/Achim Melde: S. 49

Globus Infografik, Hamburg: S. 58, 75, 77, 134

Hauptverband der gewerblichen Berufsgenossenschaften (Fotograf: Danetzki): S. 102.1, 102.5

Hauptverband der gewerblichen Berufsgenossenschaften (Fotograf: Senn): S. 102.2, 102.3, 102.4

MEV Bildarchiv, Augsburg: S. 9.1, 9.3, 9.6, 17.1, 21 (3x), 22, 25, 26, 61 (4x), 81.3, 87.3-87.6, 113 (5x), 122 (2x), 134

Picture-Alliance/dpa: S. 29

Picture-Alliance/dpa/dpa-web: S. 54

Postbank: S. 129, 131, 161

Project Photos: S. 2, 3, 4, 5, 6.1, 6.2, 9.2

Sharp Electronics Europe: S. 12, 20, 32, 36, 40, 44, 76

Volkswagen: S. 149

Was ist auf der CD?

Mit diesem Lernprogramm können Sie Aufgaben zur Wirtschaftsmathematik üben. Als Lernende erarbeiten Sie mithilfe der Einführungsseiten die Inhalte selbstständig. Anhand der Übungen überprüfen und festigen Sie Ihr Wissen.

Natürlich eignet sich dieses Lernprogramm zur multimedialen Anreicherung des Unterrichts. Thematisch eingebunden erfolgt der Zugriff auf EXCEL.

Wie startet die CD?

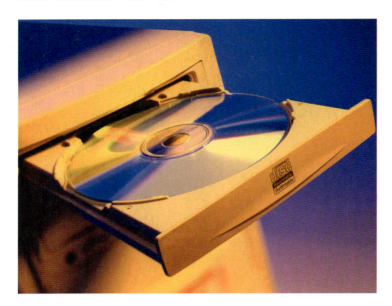

Die CD ist mit einer Autorun-Funktion versehen, die nach Einlegen der CD automatisch die CD startet. Wenn an Ihrem PC die Autorun-Funktion deaktiviert ist, können Sie im „Arbeitsplatz" auf das CD/DVD-Laufwerksymbol doppelklicken und dann die Datei „index.html" doppelklicken.

Nach dem Start der CD gelangen Sie zum Hauptmenü der CD. Über das Inhaltsverzeichnis können Sie die einzelnen Seiten ansteuern.

Zum Betrachten der Arbeitsmaterialen wird der Acrobat® Reader® benötigt. Sollte der Acrobat® Reader® auf Ihrem PC noch nicht installiert sein, finden Sie diesen im Ordner „Acrobat" auf der CD.

Wechseln Sie in den Windows-Explorer und führen Sie dort die Datei „AdbeRdr810_de_DE.exe" aus. Bitte folgen Sie den Anweisungen auf dem Bildschirm.

Alle Informationen und Materialien öffnen sich in einem neuen Fenster, das anschließend geschlossen werden kann, ohne die Benutzeroberfläche verlassen zu müssen.

Adobe und Reader sind Marken oder registrierte Marken von Adobe Systems Incorporated in den USA und/oder anderen Ländern.